과학과 과학교육에서
문제 발견과 귀추

김영민 · 서혜애 · 박종석

북스힐

머리말

과학적 문제 발견은 과학 발달에 있어서 매우 중요하다. 문제 발견이 없으면 문제 해결도 없기 때문이다. 그렇기 때문에 아인슈타인은 과학에서 무엇보다 중요한 것이 과학적 문제 발견이라고 했을 것이다. 그럼에도 불구하고 과학적 문제 발견에 대해 초중등 과학 교육에서는 중요하게 다루고 있지 않다. 그 이유 중에 하나는 과학을 배우고 있는 학생들 수준에서 과학적 문제를 발견하기는 어렵기 때문이라고 생각된다. 그러므로 과학 교육에서는 과학적 문제 발견에 대해 이미 과학자들이 어떻게 과학적 문제를 발견했는지를 이해하도록 하는 것이 과학적 문제 발견을 가르치는 한 가지 방법이라고 생각된다. 과학적 문제 발견 사례는 무수히 많다. 그러므로 그 모든 사례를 분석하여 다루는 것은 불가능한 일이다. 따라서 본 저술에서는 잘 알려진 과학자들이 과학적 문제를 어떻게 발견했는지를 분석하여 서술하였다.

과학적 문제가 발견되면 그 문제를 해결하는 일이 뒤따르게 된다. 과학적 문제를 해결하기 위해서는 대부분의 경우 가설을 설정하게 된다. 그 가설을 설정하기 위한 사고 과정은 귀추(abduction)로 설명될 수 있다.

본 저술에서는 이 두 가지에 대해 중점적으로 설명하였다. 먼저 과학에서 문제 발견이 어떻게 발생하고 그 과정에서 과학자들은 어떤 행동을 보이는지를 탐색하였다. 그리고 발견된 문제를 해결하기 위해 과학자들은 어떠한 과정을 거치는지 특히 어떻게 가설을 형성하고 그로부터 문제를 해결해 가는지를 탐색하였다. 그러기 위해 잘 알려진 과학자들의 문제 발견과 가설 형성 과정을 심층적으로 분석하였다.

제1부 '과학적 문제 발견과 창의성'에서는 문제와 문제 발견이란 무엇인지를 창의성과 관련지어 설명하였고, 과학자들의 문제 발견 사례 및 패턴을 분석하여 서술하였다. 제2부 '과학에서의 귀추와 창의성'에서는 과학에서 귀추와 가설 형성의 관계, 과학에서의 귀추 사례와 패턴, 과학에서 귀추의 역할과 속성, 유비와 귀추의 관계 등을 서술하였고, 제3부 '과학교육에서 문제 발견과 귀추적 사고 교육'에서는 과학교육에서 문제 발견과 귀추적 사고 교육의 예시, 과학적 창의성과 창의성 교육에 대해 서술하였다.

이 저술의 내용은 과학을 공부하는 학생들뿐만 아니라 과학을 가르치는 교사들과 연구자들, 그리고 과학에 대해 관심을 가진 일반인들에게도 도움을 줄 수 있을 것으로 생각된다.

이 저술이 과학에 대해 흥미를 가지고 있는 사람들에게 그리고 과학을 공부하는 학생들과 과학을 가르치는 교사들에게, 그리고 과학 분야에 진로를 택한 사람들에게 도움이 되기를 바라며, 이 저술을 위해 도움을 주신 한국연구재단과 출판을 담당해 준 북스힐 출판사 관계자들, 그리고 이 분야를 함께 연구한 대학원생들에게 고마움을 표한다.

2017년 저자 일동

차례

PART 03 과학교육에서 문제 발견, 귀추, 그리고 창의성 교육

서론

새로운 지식은 새로운 현상을 발견하거나 새로운 아이디어를 창안하는 과정과 그것을 검증하는 과정에서 얻어진다(Lawson, 2000). 새로운 현상의 발견은 해결해야 할 문제로 이어지고, 새로운 아이디어의 창안은 대부분 문제로부터 시작된다. 또한 새롭게 창안된 아이디어는 가설인 경우가 많으며, 특히 검증되어야 하는 아이디어는 가설을 형성해야 하는 경우가 대부분이다. 즉 새로운 지식을 얻는 과정에서는 문제 발견과 가설 형성이 중요한 역할을 한다. 그러므로 문제 발견과 가설 형성은 창의성에서 매우 중요한 요소에 속한다. 문제 발견이 없으면 문제를 해결할 수 없으며, 가설 형성은 발견된 문제를 창의적으로 해결하는 첫걸음이 되기 때문이다.

문제 발견의 중요성

발견된 문제를 창의적으로 해결할 수 있는 방안을 만들어내는 사람들을 창의적으로 사고하는 사람이라고 부른다. 그러나 문제를 창의적으로 해결할 수 있는 사람이라 하더라도 만일 누군가가 문제를 발견하여 제시하지 못한다면 그의 창의적 재능은 발현될 수 없을 것이다. 그렇기 때문에 아인슈타인과 인펠트(Einstein & Infeld, 1938, p.92)는 "본질적으로, 문제의 형성은 종종 문제 해결보다 더 중요하다. 문제 해결의 과정은 많은 경우 수학적이고 실험적 기능이지만 새로운 질문을 던지고 새로운 가능성을 제기하고, 새로운 관점에서 과거 문제를 고려하는 것은 창의적인 상상력을 요하며 이를 통해 과학이 실질적으로 진보하게 된다."라고 말함으로써 과학에서의 문제 발견의 중요성을 역설한 바 있다. 그런가 하면, 무어(Moore, 1955, p.77)는 "나는 미리 예상하지 못한 문제를 해결할 때, 종이와 연필만 가지고 종이 위에 그림을 그리기 시작한다. 즉, 별다른 생각 없이 아무렇게나 선(lines)을 긋고 색조(tones)를 입혀서 어떤 형태를 만든다. 그리고는 '왜 이런 그림이 됐을까'를 계속 생각하면서 그 그림이 시사하는 바가 무엇인지 점점 감을 잡아가다가 어느 시점에서는 구체적으로 그 그림이 시사하는 바를 인지하게 되고, 이를 바탕으로 문제를 통제하고 관리하게 된다."라고 말함으로써 예술에서의 문제 발견의 과정과 중요성을 강조한 바 있다.

여기서 무어는 '생산적이거나 창조적인 문제의 출현'에 대해 이렇게 설명하고 있다. '생산적이거나 창조적인 문제'가 출현하기 전에는 '해결해야 할 문제'에 대한 아무런 실마리도 없고, 따라서 아무것도 할 수가 없다. 즉, 아무것도 해결할 수가 없는 것이다. 미술에서 화가는 이러한 '생산적이거나 창조적인 문제'를 발견한 후에, 그러한 '문제'를 '해결해야 할 문제'로 설정하고 그에 대한 통제와 관리를 시작하게 된다. 딜론(Dillon, 1982)에 의하면, 생산적 사고 연구의 대가인 베르타이머(Wertheimer) 또한 사고의 기능은 주어진 문제의 해결보다는 문제를 발견하고 더 심도 깊은 질문을 찾아가는 것이라고 했으며, 생산적 질문을 발견하고 형성하는 것이 때로는 주어진 질문에 답하는 것보다 더욱 중요하고 더 큰 성취라고 주장했다. 이 밖에도 폴야(Polya, 1962), 스타코(Starko, 2000) 등도 문제 발견은 문제 해결과 분명히 구분되며 그것이 문제 해결보다 더 중요하며 문제를 발견하고 형성하는 것이 창의적 사고의 핵심적 측면이라고 주장했다. 그만큼 문제 발견은 과학 분야뿐만 아니라, 예술 그리고 다른 모든 분야에서 창의성의 중요한 과정의 하나이다.

문제를 인지하는 결정적인 방법은 '해결할 문제가 없는 무형의 상태(formless

situation)'에서 '해결해야 할 문제가 있는 유형의 상태'로 어떻게 변하는가를 파악하는 것이다. 이에 대해, 무어(Moore)는 '별다른 생각 없이 아무렇게나 그린 선들(lines)'을 활용했고 뢴트겐(Roentgen)은 과학적 지식을 바탕으로 흐릿한 사진 감광판(photo-graphic plate)을 활용했다(Getzels, 1979). 체계적으로 구체화된 문제는 지식의 소산이고, 더 많은 지식을 얻기 위한 자극제(stimulus)이며, 그 자체로 지식이기도 하다. 그렇기 때문에 폴라니(Polanyi, 1958, p.120)는 문제를 보는 것 자체가 지식 습득에 보탬이 되며, 해결되어야 하거나 해결할 가치가 있는 문제를 인지하는 것 자체가 대단한 발견이므로 곧 지식이라고 했다.

독특한 인간 활동의 한 부분은 문제를 해결하는 것뿐 아니라 문제를 발견하거나 문제를 창조하는 데 주어져 왔다. 나중에 예술이나 과학의 발전으로 이어질 개연성(problematic)을 가진 인간의 이러한 관심과 참여(engagement)는 미스터리 소설 읽기, 미지의 세계 여행, 깊은 동굴 탐험 등과 같은 인간의 속성에 속한다(Berlyne, 1966). 이러한 모든 활동에서, 인간은 문제를 발견하려고 한다. 이는 문제 발견 그 자체가 종종 자신에게 기쁨을 가져다주기 때문이다(Getzels, 1979). 그리고 문제가 난해할수록 문제 해결에 따른 인간의 성취감은 더 커지게 된다(Bunge, 1967). 뉴턴(Newton)이 자신의 저서 〈광학(Opticks)〉에서 제시한 31가지 '질문(Queries)'과 같이, 문제를 찾아내고 구체화하는 것은 궁극적으로 얻어지는 해결책만큼이나 인지 과학적 성취에 있어 중요할 수 있다(Bunge, 1967).[1)]

가설 형성의 중요성과 과정

문제에 대한 해결책을 찾는 데 있어, 형사(혹은 탐정)와 과학자 사이의 차이에 대한 아인슈타인과 인펠트(Einstein & Infeld, 1938, p.76)의 묘사는 매우 그럴듯하다. 즉, "형사에게 범죄 사건이 주어지면, 그 형사는 '누가 콕 로빈을 죽였을까?(Who Killed Cock Robin?)'라는 문제를 제기하고 증거를 찾아 나선다. 그러나 과학자에게 이 사건이 주어지면, 모든 과학자가 그런 것은 아니지만 적어도 일부는

1) 이에 대해서는 본 저술 제1부에서 구체적으로 설명하였다.

자신이 직접 범죄를 저질러 보아야 한다." 이 말은 어떤 사건에 대해 실험적 검증을 해 본다는 것이고 이 과정에서 우선 되어야 할 것은 가설을 형성하는 것이다. 가설은 해결해야 할 문제에 대한 잠정적인 결론이라고 볼 수 있다. 과학적 문제에 대한 잠정적 해답이라고 볼 수 있는 가설을 형성하는 것 또한 문제 발견 뒤에 일어나는 중요한 사고 과정이다. 하나의 가설은 연구자에 의한 많은 작업을 거쳐 받아들여지거나 버려지게 된다. 관찰된 현상들의 원인에 대한 임시적인 설명으로 고안된 명제나 명제들의 집합으로 정의되는 '가설 지식'(Lawson, 1995)의 중요성은 아무리 강조해도 지나치지 않다.

일반적으로 가설은 가정, 추정, 추측, 임시적인 설명, 그럴듯한 원인 등의 의미로 사용된다. 과학적 탐구에서 가설은 자연현상에서 발생되는 의문에서 과학적 설명으로 진입할 수 있는 관문의 역할을 하기 때문에 과학적 탐구의 가장 핵심적인 중간지식의 하나로 여겨져 왔다(권용주 외, 2003). 대체로 과학자, 과학 철학자, 과학교육자들이 제시한 가설의 의미는 크게 다섯 가지로 사용되고 있는데, 가정으로서의 가설, 예상으로서의 가설, 임시적인 설명으로서의 가설, 임시적인 법칙으로서의 가설, 임시적인 원인적 설명으로서의 가설 등이다(정진수, 2004).

그렇다면 가설은 어떻게 세워지는 것일까? 단순히 추측 또는 귀납의 몇몇 형태가 과학적 가설의 근원이 되는가? 가설을 형성하는 과정은 때때로 '케플러의 추측'(Szpiro, 2003)과 같이 단순한 추측(conjecture)으로 설명되기도 하지만, 많은 학자들이 가설 일반화에서 무의식, 직관, 창의력의 역할을 시사함으로써 이 질문에 대해 "아니다"라고 답했다(Koestler, 1964; Polanyi, 1966). 그들의 관점은 대체적으로 "창의적 직관에 의한 가설 형성(Hypothesis Formation by Creative Intuition)"으로 특징지을 수 있다.

가설 형성과 귀추

과학적인 가설을 형성하기 위해서는 배경 지식이 중요한 역할을 한다(박종원, 2001, 2003; 오필석, 2008). 가설 형성 과정에서 배경 지식이 중요한 까닭은 배경 지식의 어떤 요소들이 가설을 낳는 귀추적 추론의 규칙 속에 등장할 수 있기 때문이다.

연역적 방법으로 진행되지 않는 많은 추론적 결론들이 귀추에 의해 이루어진다. 예를 들어, 어제 저녁에 잘 주차해 둔 자동차로 아침에 출근하려고 시동을 걸었을 때 시동이 걸리지 않는다면, 우리는 자동차 배터리에 문제가 생겼다는 주장으로 이 사실을 설명할는지 모른다. 이것은 시동이 걸리지 않는 사실에 대한 연역적인 결론은 아니다. 왜냐하면 전선이 끊어졌을 수도 있고, 스마트키라면 스마트키에 문제가 생겼을 수도 있기 때문이다. 따라서 귀추는 어떤 사실 또는 법칙 또는 어떤 새로운 현상의 관찰을 설명하거나 발견하는 그럴듯한 진술들을 만드는 가설들을 추론하는 과정이다.

퍼스(Peirce, 1955)와 한슨(Hanson, 1958)은 가설 형성은 귀추적 사고(abductive reasoning)라고 하는 논리적 사고 과정을 거치게 된다고 주장했다. 이들과 로슨(Lawson, 2000)의 최근 해석에 따르면 귀추적 사고는 '현재의 현상을 이미 알려진 다른 상황에 유추하여 설명하는 추론 과정'으로 설명된다. 퍼스(Peirce, 1955)는 "가설은 사실들 또는 그 일부를 설명하지 못하면 받아들여질 수 없다."고 주장했으며, 한슨(Hanson, 1958)은 퍼스의 아이디어에 기초하여 귀추(abduction)란 관찰된 현상에 대한 설명을 창조하는 과정이라고 주장했다. 로슨(Lawson, 2002)은 '오븐 속의 바비큐가 더 이상 익지 않는' 이유를 추론하는 과정의 예를 들어 더 구체적으로 귀추적 사고를 설명하기도 했다. 최근에는 좀 더 상세한 과정을 연구하여 박종원(2003)은 가설 생성 과정을 현상의 관찰, 인과적 질문 제기, 가설의 탐색, 가설의 제안으로 설명하였으며, 권용주 외(2003)는 귀추적 사고 과정을 의문 생성으로부터 의문 상황 분석, 경험 상황 동정, 원인적 설명자 동정, 가설적 설명자 고안의 과정을 거치는 것으로 설명하였으며, 정진수 외(2005)는 가설 생성 과정을 삼원귀추 모형(Triple Abduction Model)으로 설명하였다. 그런가 하면, 오필석, 김찬종(2005)은 귀추적 방법을 지구과학 탐구의 한 방법으로 보고 귀추적 탐구 모형을 제시하기도 하였다.

퍼스(Peirce, 1955)는 본질적으로 귀추를, 새로운 가설을 생성하는 추론적인 창의적 과정으로 해석하였다. 그런가 하면 마그나니(Magnani, 2001)는 귀추가

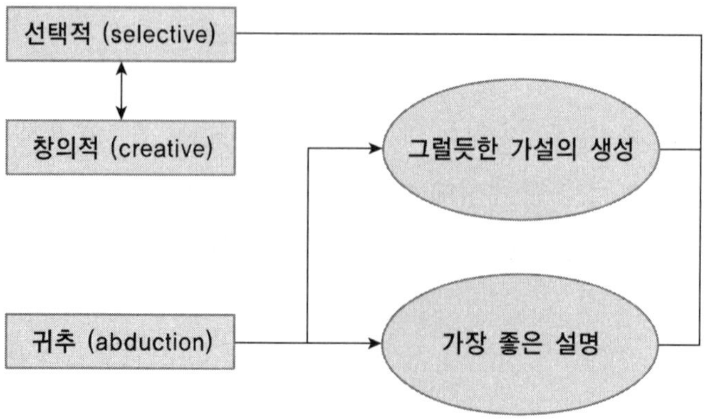

[그림 1] 귀추의 두 가지 의미(자료원: Magnani, 2001, p.20)

두 가지의 인식론적 의미를 가지고 있다고 주장했다. 그 한 가지는 단지 그럴듯한 가설들을 생성하는(선택적으로 또는 창의적으로) 것으로서의 귀추의 의미이고, 다른 한 가지는 가장 좋은 설명을 추론하고 가설을 평가하기도 하는 것으로서의 귀추이다(그림 1). 비유추론은 과학적 개념형성에서 생산적이며, 귀추에서 비유추론의 역할은 매우 분명하다. 즉 비유추론과 귀추는 매우 관계가 깊다는 것이다. 과학적 발견 과정에서는 비유추론뿐만 아니라, 도표, 사고 실험, 시각적 상 등을 포함하는 많은 종류의 귀추적 사고가 사용된다.[2)]

문제 발견 및 귀추 교육

과거든 현재든 창의적인 과학자들은 끊임없이 과학적 문제를 발견하고 그 해결을 위한 노력을 계속해 왔다. 어떤 과학자는 과학적 문제를 발견하고 제기하였으나 자신이 그 문제를 해결하지는 못했으며, 어떤 과학자는 다른 과학자가 제기한 과학적 문제를 해결하였으며, 어떤 과학자는 자신이 발견하고 형성한 문제를 스스로 해결하기도 하였다. 예를 들면, 갈릴레오는 '빛의 속도는 도대체 얼마인가?'라는 과학적 문제를 형성했지만 그 자신이 그 문제를 해결하지는 못했으며(Einstein

2) 이에 대해서는 제2부 5장과 6장에서 구체적으로 서술하였다.

& Infeld, 1938), 헤르츠(Hertz)는 맥스웰(Maxwell)에 의해 예측된 전자기파의 존재 문제를 해결하였다. 그런가 하면, 케플러는 옛날 이론 속에 숨어 있는 시각 이미지의 오류 문제를 발견하였고 스스로 그 문제를 해결하였다(Crombie, 1990).

한편 과학에서 문제 발견과 가설 형성이 중요하다면 과학 교육에서 학생들에게 문제 발견과 가설 형성 능력을 향상시켜야 하는 것은 당연한 일이다. 김영민(2006, 2007)은 학교 교육에서 문제 발견 능력의 중요성 및 과학사를 이용한 문제 발견 능력 향상 전략을 제시한 바 있고, 로슨(Lawson, 2000)은 학교 교육에서도 학생들이 가설을 형성하고 그로부터 예측된 것을 증거에 비추어 검증할 수 있는 기회가 제공되어야 한다고 주장하였다. 학생들의 문제 발견 능력이나 가설 형성 능력을 향상시키는 데 있어서는 무엇보다 먼저 과학적 문제 발견이란 것이 무엇인가, 과학적 문제 해결을 위한 가설을 형성한다는 것이 무엇인가에 대한 이해가 필요하다. 이것을 이해시키는 방법으로 효과적일 것으로 생각되는 것은 먼저 뉴턴, 멘델, 케플러 등과 같이 잘 알려진 창의적 과학자들이 어떻게 문제를 발견하고 문제를 해결하기 위해 어떤 가설들을 세웠는지에 대한 사례를 통해 이해하는 것이다. 이러한 사례 제시에 있어서는 과학사적으로 실패한 가설들을 제시하고 그것이 어떤 문제가 있었는지를 분석해 보는 활동도 필수적으로 필요할 것이다.

문제 발견 능력이나 가설 형성 능력을 향상시키는 데 있어서 두 번째 과정으로는 과학적 문제 발견 상황을 제시하여 문제를 발견해 보도록 훈련을 시키는 것과 과학적 문제 해결을 위한 가설을 세워보도록 훈련시키는 것이다. 이 과정에서 중요한 것은 좋은 과학적 문제 발견 상황과 과학적 가설 형성 상황을 개발하여 제시하는 것이다.

밀러(Millar, 1989), 밀러와 드라이버(Millar & Driver, 1987)가 지적한 바와 같이, 학생들의 가설 형성 능력을 증진시키기 위하여 단순히 특정한 탐구 기능만을 가르치거나 연습시키는 것은 충분하지도 않고 바람직하지도 않다. 오히려 학생들이 과학적인 탐구 상황과 문제 해결 과정을 경험하여 그 속에서 가설 형성을 비롯한 다양한 탐구 기능을 익히도록 하는 노력이 필요하다. 학생들로 하여금 이러한 과정을 거치도록 하기 위해서는 과학사적으로 문제 발견 사례들과 가설 형성 사례들(실패한 가설 포함)을 분석하여 정리하는 것과 이러한 사례들을 모형화하여 학생들의 문제 발견 능력 향상 및 가설 형성 능력 향상을 위한 프로그램 개발에 적용하고 이렇게 개발된 프로그램을 실제로 적용해 보며 효과를 분석한 내용 또한 과학교육에서 매우 필요하다.

학생들은 가설을 그럴듯하고 개연성 있게 만드는 조건들에 대해서도 명확히 인식할 필요가 있다. 왜냐하면 그러한 인식은 학생들이 보다 좋은 과학적인 가설을 창안하는 데 필요한 방법론적인 지침이나 규범의 역할을 하리라고 기대되기 때문이다. 오필석(2008)은 설득력 있는 가설의 조건으로 이론과의 정합성, 인과적인 과정에 대한 진술, 관측 자료와의 일치와 같은 세 가지 기준을 제시하였다. 하지만, 실제 과학자들의 탐구 상황에 동원되는 준거들은 이보다 훨씬 다양할 것으로 생각된다. 복수 작업가설(multiple working hypotheses)의 방법은 일찍부터 지구과학의 유력한 탐구 방법의 하나로 지목되어져 왔으며(Chamberlin, 1890), 가설 형성을 위한 사고 전략 못지않게 배경 지식이 중요한 역할을 한다. 오필석(2008)은 그의 한 논문에서 전문적인 지구과학자뿐만 아니라 학생들도 어떤 문제 현상을 설명하기 위하여 복수의 가설을 설정한다는 사실을 보여 준 바 있으며 또한 학생들이 배경 지식을 알게 된 후에는 충분히 좋은 과학적인 가설을 형성할 수 있었다고 한다. [3)]

3) 과학교육에서 문제 발견과 귀추적 사고 교육에 대한 구체적인 내용은 제3부에서 설명하였다.

PART 01

과학적 문제 발견과 창의성

듀이(Dewey, 1910)의 연구를 시작으로 많은 창의성 연구에서 새로운 문제 해결을 통한 결과물을 만들어낼 수 있도록 도와주는 인지적 과정들을 밝히려는 노력이 계속되고 있다. 초기 연구에서는 문제 해결 과정의 하나로 문제 발견이 연구되었다. 듀이(Dewey, 1910)의 초기 체계에서는 문제 해결 과정을 5단계로 제시하였다: (a) 어려움이 감지되거나 느껴지는 것, (b) 문제가 자리 잡고 정의되는 것, (c) 가능한 해결책이 제시되는 것, (d) 이런 해결책에 내포된 의미들이 자세하게 설명되는 것, (e) 해결책의 테스트를 통하여 그것을 받아들이거나 거부하는 것. 그 후 월러스(Wallace, 1926)는 네 단계로 된 창의적 사고에 대한 고전적인 모델을 제시했다: (a) 준비, (b) 숙성, (c) 깨달음, (d) 명료화. 듀이가 제시한 단계에서는 '어려움이 감지되거나 느껴지는 단계'가 문제 발견 단계이고, 월러스가 제시한 단계에서는 '준비' 단계가 이에 해당된다. 그러던 중 칙센트미하이와 겟젤스(Csikszentmihalyi & Getzels, 1971)는 문제 발견(problem finding)의 초기 연구 중 가장 영향력 있는 연구를 진행했다. 그들은 문제를 발견된 문제와 제시된 문제를 구분하였고 '창의성이란 순수한 형태의 발견된 문제 해결 과정과 결과물'이라고 주장하였다. 사실상 문제 발견의 개념은 과학 분야에서 처음 나타났다고 볼 수 있다(Dudek & Côté, 1994). 아인슈타인과 인펠트(Einstein & Infeld, 1938)는 '문제를 발견하는 것은 종종 문제의 해결보다 더 본질적이다.'라고 주장함으로써 창의성에서 문제 발견의 중요성을 피력하였다. 과학적으로 질문하고 문제를 구성하고 해답을 찾는 것은 과학자의 일이다. 제1부에서는 일반적인 문제와 문제 발견의 의미, 과학에서의 문제와 문제 발견의 의미, 문제 발견의 중요성, 그리고 문제 발견과 창의성과의 관계에 대해 소개하였다.

문제와 문제 발견

|제1장|

'문제'라는 용어는 우리 일상생활에서 여러 가지 의미로 쓰인다. 집과 회사, 경제와 교육, 예술과 과학 등에 있어서 세상은 이미 온통 수많은 문제로 가득 차 있다. 그러나 이러한 문제가 다 해결할 수 있거나 이해할 수 있는 성질의 문제로 나타나는 것은 아니다. 이러한 문제를 해결하기 위해서는 생산적이고 때로는 극단적인 방법으로 문제를 구체화해야만 할 때도 있다. 이렇게 많은 문제에 둘러싸여 있음에도 불구하고 문제를 발견할 필요성이 있는가? 그 필요성과 과정, 그리고 창의성과의 관계에 대해 살펴보자.

문제란?

국어사전(교학사, 2004)에 제시되어 있는 '문제'의 정의를 살펴보면, '해답을 필요로 하는 물음', '당면한 사항', '사회적으로 화젯거리가 되는 일', '말썽거리가 될 만한 일' 등이다. 수학 문제라고 할 경우 문제는 해답을 요구하는 물음이 된다. 환경오염에 관한 문제를 논의한다고 할 경우의 문제는 논쟁이나 연구의 대상이 되는 것이다. 문제에 직면하였다고 할 경우의 문제는 해결하기 어렵거나 대처하기가 난처한 대상 또는 그런 일을 말한다. 이외에도 문제 인물 등과 같이 앞서와는 다른 의미로도 문제라는 말을 사용한다. 그런가 하면 겟젤스(Getzels, 1975)는 문제를 '바람직하지 않은 상황, 어려움 또는 장애'를 뜻하는 의미와 '탐색이나 호기심을 유발하는 질문'이라는 두 가지 의미로 구분하였다. 생활하면서 어려움을 느끼게 되면 우리는 문제가 생겼다고 말한다. 이때의 문제는 어려움이나 장애를 의미한다. 이와는 달리 기존에 알고 있던 개념, 법칙, 이론과 불일치하거나 새로운 현상을 보았을 때 알아보고 싶은 질문이 형성되는 경우도 문제라고 할 수 있다. 이와 같이 우리는 문제를 일상생활 속에서 흔히 겪을 수 있는 어려움이나 장애로서의 문제와 인지적으로 또는 경험적으로 알아보고 싶은 질문으로서의 문제로 나눌 수 있다는 것이다.

전윤식 외(2003)는 여러 학자들의 문제에 대한 분류를 종합하고, 문제가 사용되는 상황을 고려하여 문제를 여섯 가지로 나누었다. 겟젤스(Getzels, 1979)가 제시한두 가지 문제, 즉 어려움이나 장애물로서의 문제와 탐구를 위해 제기된 질문 외에 네 가지를 더 제시하였다. 그 네 가지 중 첫째는 모순으로서의 문제이다. 이때의 문제는 주로 학문적 세계에서 발생하는 것으로 모순은 관찰자가 지각한 것과 관찰자가 바람직한 상태라고 여기는 것 사이의 차이를 의미한다. 둘째, 놀라운 사실로서의 문제이다. 퍼스(Peirce)는 과학의 발전과 추리와의 관계에 대한 논의에서 기존의 이론으로 설명할 수 없는 현상을 놀라운 사실이라고 불렀다. 이 놀라운 사실을 설명하기 위해서는 새로운 가설이 요구되며, 새로운 가설을 생성하는 것이 과학 발전의 원동력이라고 하였다. 이때, 놀라운 사실이 과학적 탐구를 위한 문제가 된다. 셋째, 기회로서의 문제이다. 라이(Lai, 1991)가 문제와 기회를 상반되는 것으로 여기기보다는 서로 상보적인 것으로 여겨야 한다고 주장한 것을 받아들여 문제를 재구조화하고 변형시키면 기회가 되므로 문제와 기회는 동일한 것의 다른 형태이며 서로 호환 가능하다는 것이다. 넷째, 의사결정으로서의 문제이다. 여러 기회 중에서 어느 것을 실행할 것인지를 결정하는 것도 문제에 속한다고 볼 수 있다는 것이다.

문제의 특성과 상황

이와 같이 정의되는 문제에는 여러 가지 특성이 있다.

첫째, 문제는 구조화의 정도가 다르다. 사이몬(Simon, 1978)은 문제를 해결하기 위한 정보가 모두 문제 속에 들어 있고 적절한 정보가 무엇인지 분명하게 정해져 있으면 그 문제는 구조화된(well-structured) 문제라고 하였다. 구조화된 문제는 대부분 해결책과 해결책을 찾는 방법도 알려져 있다. 반면, 비구조화된(ill-structured) 문제는 문제 자체가 애매모호하거나 문제 해결에 필요한 정보가 충분히 또는 전혀 제시되어 있지 않다. 문제 해결자는 비구조화된 문제를 해결하기 전에 먼저 문제 자체를 구조화하거나 정의해야 한다. 따라서 비구조화된 문제는 단일한 해결책만 가지는 것이 아니다. 문제 해결자가 그 문제를 어떻게 구조화하고 정의하느냐에 따라 해결책은 다를 수 있다(Reiter-Palmon et al., 1997). 그런가 하면 제이와 퍼킨스(Jay & Perkins, 1997)는 여러 학자들이 제시한 문제 상황을 고찰한 뒤, 높게 구조화된 또는 잘 정의된(highly structured or well-defined) 문제 상황, 중간 수준으로 구조화된(moderately structured) 문제 상황, 낮게 구조화된 또는 잘 정의되지 않은(ill-structured or ill-defined) 문제 상황으로 구분하였다.

둘째, 문제는 존재하는 방식이 다양하다. 문제는 '명시적(explicit)'으로 존재할 수도 있고, '암시적(implicit)'으로 존재할 수도 있으며, '잠재적(potential)'으로 존재할 수도 있다(Dillon, 1982; Lai, 1991). 명시적으로 존재하는 문제는 그 문제를 직면하거나 알아채기 전에 명백히 존재하는 문제를 말한다. 학교에서 학생들에게 제시하는 대부분의 문제는 명시적으로 존재하는 문제이며, 교사는 이렇게 명시적으로 존재하는 문제를 수업시간이나 시험시간에 학생들에게 제시한다. 이 경우 학생은 명시적으로 존재하는 문제를 인식하는 것이 필요하다. 그러나 어떤 문제는 암시적으로 존재하기 때문에 인식하기 어려운 경우도 있다. 이런 문제는 문제 발견자가 의식적으로 어려움, 모순, 놀라운 사실, 질문 등을 탐색하여 발견해야 하는 문제이다. 또한, 어떤 문제는 잠재적으로 존재할 수 있는데, 창의적 산출이나 발명과 가장 관련이 높은 것은 이렇게 잠재적으로 존재하는 문제를 생성하여

〈표 1-1〉 문제의 존재 차원과 문제 발견 행동

존재적 차원	심리적 차원	문제 발견 행동
존재하는	명시적	문제 인식
나타나는	암시적	문제 발견
잠재적인	미완성	문제 발명

자료원: Dillon(1982)

이것을 해결하는 것이다. 문제 발견은 암시적이거나 잠재적인 문제 상황에서만 발생할 수 있으며, 이미 문제가 분명한 명시적인 상황에서는 문제 발견이 필요하지 않다. 딜론(Dillon, 1982)이 제시한 문제의 존재 차원과 관련된 심리적 차원, 문제 발견 행동을 정리하면 〈표 1-1〉과 같다.

셋째, 문제는 융통성이 있다. 어떠한 문제도 다른 형태로 변형될 수 있다. 즉 현재 상태와 목표 상태 사이의 모순은 개선을 위한 기회가 될 수 있으며, 이런 기회는 의사결정의 형태로 바뀔 수 있다(전윤식 외, 2003).

넷째, 문제는 계층화될 수 있다. 하나의 보편적 문제는 보다 깊이 있는 문제로 세분화될 수 있다. 즉 어떤 문제는 관련성 있고, 심도 깊은 새로운 문제를 산출할 수도 있다(Getzels, 1982; Jay, 1996).

한편 문제의 특성도 다양하지만 문제가 제시되는 상황도 다양하다. 겟젤스(Getzels, 1979)는 문제 상황을 세 가지 유형으로 분류하였다. 즉, '제시된 문제 상황(presented problem situation)'과 '발견된 문제 상황(discovered problem situation)' 그리고 '창조된 문제 상황(created problem situation)' 등이 그것이다. '제시된 문제 상황'에서는, 문제가 이미 존재하고, 그 문제가 문제 해결자(problem solver)에게 제시된다. 예를 들어, 학교 교사가 '직사각형의 면적은 한 변 a와 크기가 다른 한 변 b를 곱한 값이다.'라고 가르치고, '만약 a=3이고 b=4일 때, 직사각형의 면적은 얼마인가?'라는 문제를 제시한다면 이 문제 상황은 제시된 문제 상황이 된다. 이 경우는 문제 해결자에게 문제가 제시되고, 익히 알려진 공식(formulation)과 해결 방법이 있고, 문제 제시자는 이미 그 해답을 가지고 있다.

'발견된 문제 상황'은 어떤 문제가 존재하고, 이 문제를 다른 누군가가 제시한 것이 아니라 자기 스스로 가시화한 문제로, 익히 알려진 공식이나 해결방식 혹은 그 해답이 있을 수도 있고 없을 수도 있다. 예를 들면, 뢴트겐(Roentgen)이 다른 사람들이 보기 전에 흐릿한 사진 감광판을 보고 '감광판이 왜 흐릿해졌을까?'라고 의문을 가진 상황은 스스로 감지한 문제(self-initiated problem)로, 나중에 X-ray를 발명하는 토대가 됐을 뿐 아니라, 원자과학(atomic science)의 혁명을 가져오게 된다. 이 상황에서의 문제는 타인에 의해 제시된 것이 아니다. 즉, 누구도 뢴트겐(Rontgen)에게 문제를 제시하지 않았다. 다만, 그 스스로 문제를 발견한 것이며, 이는 제시된 문제 상황과는 명백히 다른 문제 상황인 것이다.

'창조된 문제 상황(created problem situation)'은 누군가가 문제를 창조해내거나 만들어내지 않는 한 문제 자체가 존재하지 않는 경우이다. 예를 들어, 과학자들은 '빛의 성질은 무엇이고 그 속도는 얼마나 빠른가?'하는 문제를 만들어냈고, 예술가는 기존에 존재하지 않았던 정물 문제(still-life problem)를 만들어냈다. 이러한 문제 상황은 딜레마에 부딪힌 상황이 아니라 무엇인가를 발견하고 구체화하기 위해 노력하는 상황이다.

문제 발견

문제에 대한 정의가 다양하듯이 문제 발견(problem finding)에 대한 정의도 학자에 따라 다양하다. 겟첼스와 칙센트미하이(Getzels & Csikszentmihalyi, 1976)에 의하면, 문제 발견은 문제를 상상하고(envisage), 취하고, 생성하는 것이다. 제이(Jay, 1996)에 의하면, 문제 발견은 문제를 창안(initiating)하고, 상상(conceiving)하고, 형성(formulating)하는 행동이다.

문제 발견과 비슷한 전문적인 용어는 문제 제기(problem posing), 파악(identification), 인식(recognition), 발견(discovery), 표현(expressing), 구성(construction), 정의(definition), 형성(formulation), 창조 또는 발명(creation or invention), 재구성(reformulation) 등이 있는데, 이러한 용어들은 동의어로

〈표 1-2〉 문제 발견의 유형과 특성

문제 발견 유형	문제 발견 활동	특성
새로운 문제의 생성 (producing new problem)	문제 인식(problem recognition) 문제 발견(problem discovery) 문제 창조(problem creation)	· 명시적 문제 인식하기 · 암시적 문제 발견하기 · 잠재적 문제 창조하기
문제의 재구성 (reformulating problem)	변형(transformation) 재구조화(restructuring)	· '어려움'을 '기회'와 '의사 결정'으로 이끌어 내기 · 목표 상태를 분명하게 정의하기
문제의 정교화 (elaborating problem)	정교화(elaborating)	· 더 높은 수준의 문제 생성하기

혼용되기도 하지만, 엄밀히 말하면 그 의미가 조금씩 다르다(윤경미, 2004). 이는 문제 상황과 관련되며, 어떠한 문제 상황인가에 따라 문제 인식, 문제 발견, 문제 형성, 문제 파악 등의 용어가 사용될 수 있다.

전윤식 외(2003)는 문제의 특성이 문제 발견과 관련된 용어들을 분류하는 기준이 될 수 있다고 하였다. 예를 들어, 문제의 특성 중 문제가 존재하는 방식과 새로움을 기준으로 삼으면 문제 발견은 새로운 문제를 생성하거나 구성하는 것이 된다. 문제의 융통성에 초점을 두면 새롭게 생성된 문제를 재구성(reformulation)하는 것이 문제 발견이 된다. 문제들 사이의 계층에 초점을 두면 정교화가 문제 발견의 주요한 방법이 된다. 따라서 문제 발견의 유형은 새로운 문제의 생성(producing new problem), 문제의 재구성(reformulating problem), 문제의 정교화(elaborating problem)로 나뉜다(표 1-2).

새로운 문제의 생성(producing new problem)은 이제까지 문제로 존재하지 않았거나 인식되지 않았던 것을 새로운 문제로 만드는 것으로, 여기에는 문제 인식(problem recognition), 문제 발견(problem discovery), 문제 창조(problem creation)가 있다. 문제 인식은 일상생활에서 조우하게 되는 일상적이며 다양한 일들에 대해서 문제로 인식하는 것을 의미하며, 이때 문제에 대한 민감성이 중요하다. 문제 발견은 암시적으로 존재하는 문제 상황에서 새로운 문제를 마음

속에 그려보거나 발견하는 것을 의미한다. 겟젤스와 칙센트미하이(Getzels & Csikszentmihalyi, 1976)는 사람들은 주변 상황이나 추이를 면밀히 검토한 다음에야 새로운 문제를 마음 속에 그려보거나 발견할 수 있으며, 이런 유형의 문제 발견은 창의성에 중요한 역할을 한다고 했다. 문제 창조(problem creation)는 문제가 잠재적으로 존재할 때 필요하며(Dillon, 1982), 환경적 요인보다는 심리적 활동이 새로운 문제를 창조하는 데 중요한 역할을 한다(Lai, 1991). 다시 말해, 외부 현실 세계에는 문제가 존재하지 않는 것처럼 보이지만, 사람들은 유추, 발산적 사고, 추론, 반성적 사고 등과 같은 심리적 활동을 이용하여 새로운 문제를 창출한다.

문제의 재구성(reformulating problem)은 문제 발견이 최초의 문제를 생성하는 것뿐만 아니라 새롭게 생성된 문제를 재구성하는 것도 포함한다는 관점을 반영하는 것이다. 여기에는 문제의 변형(transformation)과 재구조화(restructuring)가 속한다. 변형(transformation)은 문제의 정의로 언급된 '어려움'이나 '모순'을 '기회'로 바꾸고, 여러 가지 '기회'로부터 '의사결정'을 이끌어 내는 것이 대표적인 예라 할 수 있다. 또한, 사이몬(Simon, 1978)에 의하면, 처음 생성된 문제가 비구조화된 문제이면, 문제를 해결하기 전에 반드시 재구조화해야 한다. 재구조화(restructuring)는 문제의 목표상태의 범위를 제한하여 분명하게 정의하는 것을 말한다.

문제의 정교화(elaborating problem)는 더 심도 있고 복잡한 문제를 창출하기 위한 방법이다. 어떤 문제는 해결됨으로써 그 문제로부터 완전히 벗어났지만 또 다른 더 높은 수준의 문제가 생성되는 경우가 있다. 따라서 정교화는 본래의 문제보다 더 나은 새로운 문제를 생성하는 것과 관련이 있으며, 이처럼 더 복잡하고 깊이 있는 문제를 끊임없이 생성함으로써 과학의 발전이 가능해진다.

문제의 구성과 창의성

문제 해결 과정에서의 문제 발견은 문제 해결 이전 과정의 문제의 인식, 문제의 재형성, 문제의 변환과 정교화 등을 모두 포함하는 포괄적인 개념이라고 할 수 있다. 따라서 여기서 '발견'의 개념은 우연히 발견되는 경우를 포함하여 찾고자 하는 의도와 노력이 내포된 개념으로 인식되어야 한다. 그러므로 문제를 발견한다는 것은 단순히 일상생활에서의 어려움이나 장애물 파악을 의미하는 것이 아니라, 자신이 처한 상황 즉 제공된 문제 상황에서 탐구를 위한 심도 깊은 질문과 새로운 문제를 형상화하고 구성 및 창조하는 것을 말한다. 다시 말해, 문제 발견은 제공된 문제 상황에서 문제를 부여하고 형성하고 창조하기 위한 행동, 태도, 사고 과정으로서 문제 표현(problem expressing), 문제 구성(problem construction), 문제 제기(problem posing), 문제 형성(problem formulation), 문제 파악(problem identification), 문제 정의(problem definition) 등의 용어를 포함하는 단일차원이 아닌 다양한 행동과 기술, 경향성의 복합체라고 할 수 있다(Dudek & Côté, 1994; Runco, 1994; Runco & Okuda, 1988). 따라서 문제 발견은 자신이 처한

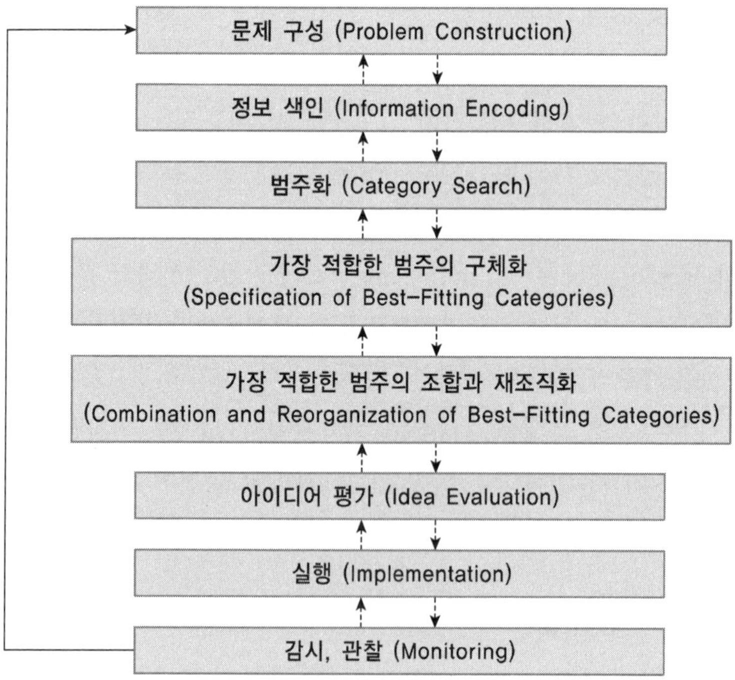

[그림 1-1] 문제 구성의 단계들 사이의 관계(자료원: Mumford et al., 1991)

상황에서 생각해볼 수 있는 모든 가능성에 대한 민감성과 문제를 찾는 과정의 집중력뿐만 아니라, 추구할 가치가 있는 문제를 선택하기 위한 평가적 사고 요소도 포함한다고 볼 수 있다.(Hoover, 1990)

멈포드 등(Mumford et al., 1991)은 문제 발견의 과정을 문제 구성의 과정으로 보고 그 과정을 '범주화(category search)-정보 색인(information encoding)-문제 구성(problem construction)'으로 제시하였다. 그리고 이 과정을 포함하여 핵심적 창의 과정들 사이의 관계를 [그림 1-1]과 같이 제시하였다. [그림 1-1]에서 보는 바와 같이 문제의 구성은 창의적 사고 과정의 중요한 요소이며, 그 시발점이 된다. 겟젤스와 스밀란스키(Getzels & Smilansky, 1983)는 문제 구성과 문제 해결 능력의 관계를 연구하였다. 이 연구에 따르면, 수준 높은 문제를 생성해 낼 수 있는 사람은 효율적인 해결책도 만들어낼 수 있다는 것이 발견되었다. 그러나 그 문제 해결은 문제 구성에 필수적인 것은 아니었다. 룬코와 오쿠다(Runco & Okuda, 1988)의 연구는 문제 구성 능력을 측정하는 것이 창의적인 문제 해결능력을 예측하는 데 도움이 된다는 것을 보여주었다.

창의성과 문제 발견

|제2장|

창의성을 말할 때에는 영역을 포괄하는 일반적인 의미의 창의성을 말하기도 하고 영역 특정적인 창의성을 말하기도 한다. 영역을 포괄하는 창의성은 일반적인 창의성이라고 할 수 있고, 영역 특정적인 창의성의 경우에는 과학적 창의성, 예술적 창의성 등과 같이 어떤 영역에서의 창의성을 말한다.

일반적 창의성의 정의

오늘날의 세상은 과거 그 어느 때보다 편리하면서도 복잡하며, 앞으로는 더욱 더 그러할 것으로 예측된다. 세상이 편리해지고 복잡해지도록 만드는 데에는 변화가 필요하며, 변화를 일으키는 데 가장 중요하게 작용하는 요소는 창의성이다. 창의성은 변화에 대해 반응하고 변화를 이끌어내고 변화를 만들어내기 때문이다. 그리고 창의성은 의미 있고 효과적인 변화를 만들어낸다. 이러한 변화의 과정은 문제 찾기 또는 문제 발견과 문제 해결의 과정을 통해 이루어진다. 그래서 창의성은 변화로 이루어진 역사적 발전을 만들어내는 원동력이며, 문화적 진화를 이끌어내는 힘이라 할 수 있다(Runco, 2004). 이러한 창의성을 정의하는 데 가장 핵심적인 요소는 독창성이라 할 수 있다. 그러나 독창성만으로 창의성을 설명하기에는 한계가 있다. 그래서 창의성을 간단하게 정의하기가 쉽지 않다.

최근 50여 년간 논의되어온 창의성의 정의를 살펴보면, 초기에는 독창성의 핵심인 발산적 사고(확산적 사고)를 강조하여 창의성을 인지적 요소의 일부로 정의하거나(Guilford, 1968), 발산적 사고를 발휘하는 개인적 성향으로 간주되었고(MacKinnon, 1962), 문제 해결능력의 한 형태로 설명되기도 하였다(Guildford, 1950; Newell, Shaw, & Simon, 1962). 이러한 연구들은 발전하여, 새로움을 창출하는 사고 과정, 개인적 성향, 동기 유발 등과 같은 여러 요소들이 상호작용함으로써 창의성이 발휘된다고 주장되었으며(Amabile, 1983; Hennessy & Amabile, 1988), 가장 최근 연구에서는 전체적, 통합적 접근 방법이 필요하다고 역설하고 있다(Cropley, 1997; Urban, 1997). 따라서 창의성의 정의는 다양한 관점에서 인지적 접근, 개인적 성격 및 동기 특성적 접근, 문제 해결과 산출물적 접근, 사회심리적 접근 또는 통합적 접근 등으로 논의해 볼 수 있다.

먼저, 창의성을 인지적 접근에서 정의하면, 창의적 사고와 관련된 인지 능력이나 사고 과정의 관점을 강조할 수 있다. 길포드(Guilford, 1950)는 창의적인 사람은 문제에 대해 하나의 정답을 제시하기 보다는 새로운 답이나 많은 아이디어를 생산하는 능력이 있다고 가정하고 발산적 사고를 통해 창의성을 이해하고자 하였다. 이러한 가정하에 길포드(Guilford, 1968)는 지능구조모형(structure-of-intellect model)을 제시하였다. 이 모형의 180개 요소 가운데 지능 구성 요소는 120개 이상이며, 또 그 가운데 24개가 발산적 사고 요소이다. 길포드는 발산적 사고를 창의성의 기본이 되는 사고 유형으로 보고 창의성이란 '새롭고 신기한 것을 낳는 힘'이라 정의하였다.

창의성을 개인적 성격 및 동기 특성적 접근에서는 창의성을 발휘하는 사람들의 성격 특성에 대해 많이 논의되어 왔다(Amabile, 1983; Barron, 1969; Barron & Harrington, 1981; Gough, 1979; MacKinnon, 1962). 창의성을 발휘하는 사람들의 성격 특성에는 독립성, 자신감, 복잡한 것의 선호, 심미성, 모험 감수하기, 자율성, 개방성 등이 관련되어 있다. 일상에서 끊임없이 새로운 것을 추구하는 사람들은 불확실성을 직면할 용기가 있고, 남들과 다르게 살며, 자기 자신의 생각을 신뢰한다. 이들은 탈관습적이고 개인주의적이어서 때로는 상대하기 어려운 사람으로 비추어지기도 한다(Runco & Nemiro, 1994). 창의적인 사람들의 중요한 개인적 성향의 자질은 자신에 대한 신뢰, 다양한 대상과 사물에 대한 호기심과 위험을 감수하는 능력, 그리고 순간에 대해 즉각적으로 반응하는 자발성 등이다(Miliora, 1987).

동기를 창의성의 주요한 요소로 간주하는 정의들도 있다. 동기에 대한 논의를 보면, 학습자가 지식 기반에 있어 문제 해결의 산출이 가능한 조건을 갖추고 있다 하더라도 학습자 스스로 문제 해결에 대해 흥미가 없거나 동기화되지 않아 행동의 시작조차 하지 않는다면 학습 활동은 일어나지 않을 것이며, 혹시 행동을 시작했다 하더라도 동기에 의해 창의적 문제 해결의 질과 결과는 확연히 달라진다(박성익 외, 2003)는 것이다. 아마빌(Amabile, 1983)은 사람들이 외부에서 주는 보상에 의해서 보다는 순수한 즐거움으로 인해 행동에 임할 때 더 창의적이 된다고 하였다. 그래서 스턴버그(Sternberg, 1999)는 지적능력, 지식, 사고방식, 개인적 특성, 환경, 동기 유발의 여섯 가지를 창의성의 요소로 제시하였다.

한편, 창의성을 문제 해결의 한 과정으로 보는 견해에서는 창의성을 개인의 인지적, 성격 또는 동기적 특성으로 보는 견해와 달리 문제를 해결하는 과정 또는 해결을 통해 얻은 결과로서의 산출물을 창의성으로 보는 입장이다. 이런 입장에서의 학자들은 창의성을 단지 사람의 특성 요인으로 보지 않고 문제를 해결하는 과정과 결과에 작용하는 모든 것을 창의성으로 간주하고 창의성을 해석하였다.

토렌스(Torrance, 1988)는 창의성이란 '곤란한 문제를 인식하면, 그것을 해결하기 위하여 아이디어를 내고, 가설을 세우고 검증하며, 그 결과를 전달하는 과정'이라 정의하면서 창의성을 문제를 찾아 해결하는 문제 해결 과정의 일환으로 보았다. 아이작슨과 트레핑거(Isaksen & Treffinger, 1985)는 창의적 문제 해결을 '문제 이해, 아이디어 산출, 행동 계획 및 실행의 3단계를 거치면서 수렴적 사고와 발산적 사고가 작용하여 창의적, 생산적 사고가 일어나는 문제 해결의 과정'으로 정의하면서, 창의적, 생산적 사고는 지식 기반, 동기, 상위 인지적 통제를 기반으로 발산적 사고와 논리적 사고 기능을 활용하여 이루어지는 것으로 구조화하였다. 우반(Urban, 1995)도 인지적 측면에서의 발산적 사고와 활동, 일반 영역에서의 지식과 기능, 특정 영역에서의 지식과 기능의 세 가지 요소를, 정의적 측면에서 참을성과 개방성, 동기와 동기화, 과제초점 맞추기의 세 가지 요소를 창의성의 여섯 가지 요소로 정의하고, 이들의 역동적이고 기능적인 체계를 통해 창의적 문제 해결에 이른다고 하였다.

또한, 새롭고 우수한 창의적 산출물이 사람들 또는 사회에 의해 종종 인정되지 않는 사실이 발생함에 따라 창의성에서 환경 조건의 중요성을 강조(Grudin, 1990; MacKinnon, 1962)하는 경우도 있다. 이 연구들은 매우 수준 높은 주관적 창의성이 중요함에도 불구하고, 이를 알아보고 격려하며 채택하는 사람들이 없다면 창의성으로 간주될 수가 없다는 점을 지적하고 있다. 이러한 준거를 마련하는 이론으로는 창의성의 체계 모형, 생태학적 모형, 진화 생태계 모형 등을 들 수 있다(Barron, 1995; Csikszentmihalyi & Wolfe, 2000; Gruber & Davis, 1988; Harrington, 1990; Treffinger, Sortore, & Cross, 1993).

창의성의 유무를 판단하는 전문가들은 명백한 객관적 평가 기준을 적용하기보다는 자신의 과거 경험, 훈련, 사회 경향성, 개인적 가치, 개인별 선호도 등을 적용하는 것으로 조사되었다(Simonton, 1988). 다시 말해 창의성을 창출한 생산자와 그것을 판단하고 받아들이는 사람들의 상호작용에 의해 창의성이 결정된다는 것을 재차 강조하고 있다. 결론적으로 창의성은 개인 또는 집단에 의해 만들어지지만, 그러한 것들을 인정하는 것은 사회 체제라는 것이다.

칙센트미하이와 울프(Csikszentmihalyi & Wolfe, 2000)는 창의성의 사회 · 문화적 맥락을 강조하는 체계 모형을 제안하였는데, 이는 생물학적 진화 모형과 유사하다. 다윈의 진화 이론에 따르면, 새로운 종의 진화는 개체의 생존 및 번식을 위해 주어진 환경 조건에 대해 개체가 적응함으로써 이루어진다고 하였다. 이처럼 창의성의 체계 모형은 창의성을 새로운 종이 새로운 환경에 어떻게 적응하느냐에 비유하고 있다. 개인은 기존 문화의 정보를 흡수하여, 새로운 사고 또는 산출물을 창출하며, 창출된 사고나 산출물은 사회 · 문화적 환경의 영향 아래에서 자연 선택의 과정을 거치면서 다음 세대로 전해진다는 이론이다.

이러한 모형과 유사한 이론으로서, 해링턴(Harrington, 1990)과 배론(Barron,

1995)의 생태계 모형과 그루버와 데이비스(Gruber & Davis, 1988)의 진화 생태계 모형을 들 수 있다. 생태학적 측면에서 개체는 소속되는 집단에서 다른 개체와 지속적으로 상호작용을 한다. 즉, 한 사람의 독창적인 사고나 창의적인 행위는 다른 사람의 인정이나 격려와 같은 주변 환경과의 상호작용을 통해 발전된다. 해링턴은 사회 체제가 창의적 사고를 창조하거나 파괴할 수 있으며, 제한하거나 확장시킬 수 있다고 하였다.

칙센트미하이와 울프(Csikszentmihalyi & Wolfe)의 창의성 체계 모형의 생물학적 관점과 달리, 생태계 모형과 진화 생태계 모형은 생태계를 구성하는 자원을 창의성의 주요 요소로 제안하였다. 해링턴은 생태계의 자원을, 배론은 생태계의 균형을 유지하려는 항상성과 변화를 추구하려는 적응성을 창의성에 비유하여 설명하였다. 그리고 그루버와 데이비스의 진화 생태계 모형은, 창의적 사고나 산출물을 창출한 개인에게 사회적 성공과 보상을 제공하는 사회 체제와의 복잡한 관계를 강조하였다.

이와 같은 관점은 역사적 · 사회적 · 제도적 맥락이 창의적 개인에게 미치는 영향과 아울러 창의적 개인이 사회에 주는 영향을 고려하고 있다. 즉, 창의성의 체계 모형, 생태학적 모형, 진화 생태계 모형은 창의성이 사회를 진화시키는 원동력이며, 사회는 창의성을 제한하거나 확장하는 기능을 제공하는 것으로 간주하고 있다.

길포드와 뉴웰 등은 창의성을 문제 해결력으로 정의하였다(Guildford, 1959; Newell, Shaw, & Simon, 1962). 이들의 견해는 여러 학자들의 연구로 이어졌는데, 새롭고 문제 상황에 적절한 것을 만들어낼 수 있는 능력(Sternberg, 1994), 주어진 문제나 감지된 문제로부터 통찰력을 동원하여 새롭고 신기하고 독창적이며 유용한 산출물을 만들어내는 능력(Urban, 1995), 문제와 연관성이 있고 효과적인 새로운 사고나 산출물을 생산하는 능력(Cropley, 1999) 등을 창의성으로 정의하였다. 여기에서 이들이 주장하는 것은, 창의성이 인지적 요소, 개인적 성향, 사회적 환경에 복합적으로 작용하며, 문제 해결 능력에 영향을 미친다는 것이다.

이와 유사한 관점에서 정범모(2001)는 창의성을 '창의력은 새롭고 보람 있는 것을 만들어내어 실현하는 힘'으로 정의하였다. 정범모도 창의성을 인지적 측면에서 정의하고 있지만, 새로울수록 더 창의롭고, 새롭더라도 유용하며 가치가 있어 보람된 것을 만들어내는 힘을 강조하였다. 이는 길포드의 정의에서 독창성의 기반이 되는 발산적 사고력을 더욱 확장시킨 것이며, 실제 세계에서 새로운 것을 만들어내고 만들어낸 것이 보람 있어야 한다는 것이다.

이와 같은 창의성의 이론과 정의는 창의성과 사회 · 문화적 요소간의 관계가 매우 긴밀하다는 것을 알 수 있다. 따라서 창의성이 높다는 것은 이미 존재하는 것을 비교 기준으로 적용하여 독창성, 가치, 실현 가능성을 평가한 결과이다. 즉, 기존의 문화적 · 사회적 맥락에서 만들어진 기준으로 창의성의 유무와 탁월성을 평가할 수 있다는 것이다. 다시 말해, 창의성은 특정 아이디어나 산출물이 사회 · 문화 속에서 가치를 인정받고, 실현 가능한 문제 해결 능력이어야 한다는 것이다. 새롭고 독창적이기만 해서는 안 되며, 그것이 사회적 · 문화적으로 가치가 실현될 때에 창의적이라는 것이다. 이처럼 창의성은 사회 · 문화적 맥락에서 가치 있고 실현 가능한 독창적 사고나 산출물로서 문제를 해결할 수 있는 능력으로 정의될 수 있다(그림 2-1).

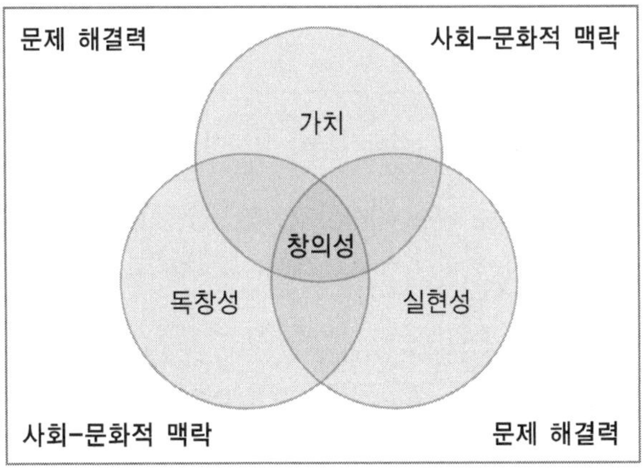

[그림 2-1] 창의성 모형(자료원: 서혜애, 2003, p.117)

창의성의 구성요소

이와 같이 정의되는 창의성에 영향을 미치는 구성요소를 살펴보자. 창의성의 구성요소를 논의하는 일은 교육학자 입장에서는 창의성을 신장시키기 위해 구성요소를 어떻게 일깨워주는가를 계획하는 근거가 된다. 아마빌(Amabile, 1983)은 창의성에 영향을 미치는 구성요소를 내적 동기, 영역 관련 지식 및 기능을 들었고, 스턴버그와 루버트(Sternberg & Lubart, 1991)는 지적 능력, 지식, 사고 유형, 성격 특성, 동기 등을 제시하였다. 이러한 인지적 요소에는 일반적 영역의 지식과 기능 기반, 동기적 요소, 특정 영역의 지식과 기능 기반, 비판적 사고, 발산적 사고를 포함시킬 수 있다(김경자 등, 1997). 한편, 다세이와 레논(Dacey &

〈표 2-1〉 창의성의 구성요소

구분	구성요소	하위 구성요소	비고
인지적 요소	발산적 사고력	독창성, 정교성, 연결시키는 능력, 재구성력, 재조직력, 유창성, 융통성, 문제 민감성 등	[1]발산적 사고 [2]창의성 기능 [3]사고유형
	일반지식과 사고력	메타 인지, 비판적 사고력, 논리적 사고력, 분석적 사고력, 종합력, 기억 연결망, 포괄적 견해 등	[1]일반지식과 기능 [1]비판적 사고 [3]지적능력
	영역지식과 기능	영역별 지식과 기능, 전문성 등	[1,2]영역지식 및 기능 [3]지식
개인적 성향	과제 집착력과 집중력	주제, 대상, 상황, 산출물에 집중하는 능력, 안정적 속도, 지구력, 집착력, 선택하는 능력, 열정 등	[1]동기적 요소 [2]내적동기 [3]성격특성
	동기유발	새로움에 대한 흥미, 호기심, 지식과 탐구에 대한 욕구, 의사소통, 자기실현화, 헌신, 책무감, 외적 동기, 도구적 이익 등	[1]동기적 요소 [2]내적동기 [3]동기
	개방성과 모호성에 대한 인내	실험하는 것, 즐기는 것, 위험감수에 대한 적극성, 비추종성, 자율성, 유머, 역행하거나 여유를 가지는 것 등	[1]동기적 요소 [2]내적동기 [3]성격특성

자료원: [1]김경자 등(1997), [2]Amabile(1983), [3]Sternberg & Lubart(1991), Urban(1995)

Lennon, 1998)은 생물학적 요소, 개인적 성향, 인지적 요소, 미시적 환경, 거시적 환경을 들었다.

우반(Urban, 1995)은 창의성의 구성요소를 인지적 요소와 개인적 성향으로 구분하였다. 인지적 요소에는 확산적 사고력, 일반지식과 비판적 · 논리적 · 분석적 사고력, 특정 영역지식과 기능이 포함되어 있고, 개인적 성향에는 과제 집착력과 집중력, 동기 유발, 개방성과 모호성에 대한 인내심이 포함되어 있다. 또한, 우반은 아마빌, 스턴버그, 루버트, 김경자 등이 주장한 구성요소를 포함하여 포괄적으로 구분하고, 구성요소별 하위 요소들을 구체적으로 포함시키고 있다(표 2-1).

창의성은 한두 가지 구성요소에 의해 결정되기보다는 여러 구성요소들의 상호작용에 의해 발휘된다. 이는 전체적 · 통합적 접근 방법으로 설명되며(Cropley, 1997; Urban, 1997), 창의성의 생태계설과 연결된다(Barron, 1995; Harrington, 1990; Treffinger, Sortore, & Cross, 1993). 따라서 교육을 통해 창의성을 신장시키고자 한다면, 교수 · 학습 방법에서 창의성의 여러 구성요소들의 상호작용을 신중히 고려해야 한다. 여기서는 우반(Urban, 1995)의 창의성 구성요소에 의거하여 인지적 요소와 개인적 성향 및 환경 요소를 고찰하였다.

인지적 요소

인지적 요소는 발산적 사고력, 일반지식과 사고력, 영역지식과 기능으로 분류된다. 발산적 사고력은 창의적으로 문제를 해결하는 과정에서 문제를 새로이 발견하고, 새로이 정의하고, 새로운 해결책 또는 대안을 찾아보는 상황에서 활용된다(조석희, 2002). 따라서 발산적 사고력은 창의적 사고력과 문제 해결력으로 연결된다(Guilford, 1967; Mumford et al., 1991; Newell, Shaw, & Simon, 1962). 또한 특징적 요소로는 독창성, 유창성, 융통성, 정교성, 문제에 대한 민감성, 연결시키는 능력, 재구성력, 재조직력 등을 들 수 있다.

일반지식과 사고력은 학교 밖의 광범위한 경험에서 무의식중에 얻어지는 지식을 주로 의미하며, 이는 사고의 자원으로서 새로움을 창출하는 데 중요한 역할을 한다. 일반지식과 연관되는 사고력에는 수렴적 · 비판적 · 논리적 · 분석적 · 종합적 · 통합적 사고력과 메타인지, 기억연결망 등이 포함된다(Urban, 1995). 특히, 비판적 사고력은 문제를 해결하기 위해서, 적절한 과제나 문제를 찾고 정보를 이해하고 해석하며, 정보의 정확성과 관련성을 판단하고 가정, 오류, 편견을 찾아내며, 귀납적으로 결론을 도출하고 평가하는 데 활용된다(Cropley & Urban, 2000; Resnick, 1987).

영역지식과 기능은 문제 해결에 직접적으로 연관되는 특정 영역의 지식과 기능으로서 창의적 문제 해결력에 영향을 미치는 중요한 요소로 인식되고 있다. 영역지식은 창의성의 기반으로서 매우 중요하며(Brown, 1989), 새로이 창조되는 지식이 기존의 지식과 연결될 때 창의성에 민감하게 영향을 미친다(Walberg & Stariha, 1992). 특히, 영역지식은 창의성 발현 단계의 초기에 작용하는 요소로서, 기존의 지식과 새로이 창출되는 지식 간의 격차를 줄이는 데 많은 영향을 주며(Henle, 1974), 창의적 사고의 창출 과정에서 필수적인 전제 요소로 간주된다(Feldhusen, 1995). 영역지식은 교과별 기초 개념과 지식, 사고방식, 문제 해결 유형과 관련된다. 영역지식의 측면에서 새로운 사고는 기존에 이미 인정된 사고와 비교하여 창의성을 판별할 수 있다.

개인적 성향

창의성의 개인적 성향에 대한 연구는 여러 학자들에 의해 이루어졌다(Barron & Harrington, 1981; Decay, 1989; Dellas & Gaier, 1970; Eysenck, 1997; Farisha, 1978; Treffinger, Isaksen, & Fierstien, 1983). 델라스와 가이어(Dellas & Gaier, 1970)의 연구에 따르면, 창의성이 높은 사람들은 다음과 같은 성향을 보이는 것으로 나타났다. 즉, 개인적 태도와 사회적 행위에서의 독립성, 독점성, 내향성, 개방성, 광범한 영역의 관심, 직관, 융통성, 외적 저해 요소들에 대한 저항, 반사회적 태도 등이 두드러진다는 것이다. 이와 유사하게 창의성이 높은 성향으로서 자율성, 여론 등을 추종하지 않는 성향, 자극에 대한 개방성, 유연성, 모호성에 대한 인내, 내적 집착력, 자기중심적 성향 등을 제시하기도 하였다(Eysenck, 1997).

그러나 이러한 개인적 성향이, 창의성이 높은 모든 사람에게 일관되게 나타난다고 보기는 어렵다. 창의성이 높은 사람은 환경 조건에 따라 양면성을 띤 역설적 성향을 가진다고 한다(Helson, 1996). 칙센트미하이(Csikszentmihalyi, 1996)는 개인적 성향의 복합성을 강조하였는데, 여기서 복합성이란, 민감성과 집착력을 통합하거나, 고도의 지성을 순수성과 통합하는 것 등을 이른다. 때로는 자율성과 자신감, 거친 남성적 성향과 민감성, 직관, 책임감, 섬세한 여성적 성향을 동시에 보이는 것처럼 개인적 성향은 양면적이기도 한다. 극도로 치우친 양면적인 성향과 함께 균형있게 조화된 성향이 창의성이 높은 사람의 특성이라고 말할 수 있다. 즉, 창의성이 높은 개인적 성향은 극도로 상반된 상황을 통합하는 능력으로 특징지을 수 있다.

이와 같은 다양하고 복합적인 특징을 가진 개인적 성향은 과제 집착력과 집중력, 동기 유발, 개방성과 모호성에 대한 인내의 3개 항목으로 분류될 수 있다(Urban, 1995). 과제 집착력과 집중력은 주제, 대상, 상황, 산출물에 집중하는 능력, 안정적 속도, 지구력, 집착력, 선택하는 능력, 열정 등을 포함한다. 동기 유발에는 새로움에 대한 흥미, 호기심, 지식과 탐구에 대한 욕구, 의사소통, 자기 실현화, 헌신, 책임감, 외적 동기, 도구적 이익이 포함되며, 개방성과 모호성에 대한 인내의 항목에는 실험하는 것, 즐기는 것, 위험 감수에 대한 적극성, 비추종성, 자율성, 유머, 역행하거나 여유를 가지는 것 등이 포함된다.

따라서 학생들의 창의성을 계발하기 위해서는 새로운 사고나 경험에 대한 개방성, 도전성, 자율성, 자기중심적 성향, 긍정적 자기 평가, 자부심, 자신의 모든 측면을 수락하는 성향, 복잡성을 추구하는 성향, 애매모호한 상황을 인내할 수 있는 성향 등을 다양하게 함양하도록 지도해야 한다.

환경 조건

사람들은 다양한 능력을 가지고 태어나지만, 성장을 할수록 사회적인 제약을 받아 창의성 발현 가능성이 감소된다. 사회가 인간이 사고하는 데 걸림돌이 된다면, 새로운 사고나 획기적인 변화, 발전을 기대하기는 어렵다. 설령 기존의 규칙을 거스르는 아이디어라 해도 그것을 받아들일 수 있는 열린사회야말로 창의성을 격려하는 데 필요한 요소이다. 여기서 창의성 발현에 적합한 환경 조건은 개인적 · 주관적 차원, 집단적 · 지역적 차원, 사회적 · 역사적 · 지구촌적 차원으로 구분할 수 있다(Urban, 1995).

개인적 · 주관적 차원의 환경 조건이란 개인에게 직접적으로 영향을 미치는 개인적 상황을 의미한다. 다시 말해 개인이 새로운 아이디어를 산출할 수 있도록 자극하는 다양한 상황과 풍부한 소재가 제공되는 것을 의미한다. 개인적 차원이 충족된다면, 새로움에 대한 필요성, 지식과 탐구에 대한 욕구 등의 동기 유발의 수준이 높아질 것이다.

집단적 · 지역적 차원의 환경 조건은 가족, 동료 집단, 학교, 지역사회가 포함된다. 가정의 환경 조건은, 부모가 자녀의 자유를 허락하고 의견을 존중하며, 적당한 수준의 감정적 거리를 유지하고, 규칙보다는 가치를 우선으로 하며, 성적보다는 성취를 강조하고, 부모가 전문성을 추구하는 것의 모범을 보여주며, 미래에 대한 이상을 가지며, 유머가 있는 가정을 유지하는 것을 의미한다. 학교에서는 급우들이 이질감을 수용해 주거나, 교사가 새로움과 그것에 따르는 실패를 수용해 주는 것을 의미한다. 그럼으로써 설령 아이디어가 모호하다 하더라도 인내심이 생기게 되어 위험을 감수할 수 있고 더욱 적극적으로 창의성을 발휘할 수 있다. 지역사회에서는 지역사회 도서관 등에서 다양한 지식과 정보를 공급하고, 다양한 행사, 모임 등을 활발히 전개함으로써 개인적으로 기초지식의 기반을 강화할 수 있는 사회 인프라가 구축되어 있어야 한다.

사회적 · 역사적 · 지구촌적 차원의 환경 조건에는 문화, 정치, 과학적 조건 등이 포함된다. 창의성을 지닌 사람이 인정받고 독창적 능력을 발현하도록 긍정적으로 지원하는 사회, 새로운 생각을 개방적으로 수용하는 사회, 눈앞의 만족이나 쾌락에 안주하지 않고 뭔가 새로운 것을 추구하도록 지원하는 사회, 문화적 매체가 사회계층의 차별 없이 제공되는 사회, 다양하고 상반되는 문화를 경험할 수 있거나 교류가 이루어지는 사회, 창의성에 대한 보상이 제공되는 사회를 의미한다. 지식 위주, 학력 중심, 출세 지향적 가치, 경쟁의 논리보다는 개인의 잠재력이 최대한으로 발휘될 수 있도록 지원해야 한다. 그래서 개인이 자유와 희망을 추구할 수 있는 사회로서 자신의 재능을 발굴할 수 있는 기회가 조성된 사회를 의미한다.

이처럼 창의성의 구성요소들이 창의성 발현에 영향을 미치는 변인들이라면, 어떤 환경과 상황에서 변인들이 효율적으로 작용하는가를 살펴보아야 한다. 다시 말해 어떠한 환경에서 개인의 창의성이 가장 잘 발휘되는지 고찰해야 한다는 것이다.

일반적 창의성과 문제 발견

창의성의 인지적 구성요소로는, '지적 능력'이 주요 요소로 강조됨과 동시에 '창의성 관련 기능'이 포함되고 있다(Lubart, 1994). 창의성의 지적 능력은 기존의 사고 틀을 탈피하여 새로운 방법으로 문제를 보는 '종합적 능력', 어떤 아이디어가 추구할 가치가 있는지 구분하는 '분석적 능력', 다른 사람에게 아이디어의 가치를 설득시킬 수 있는 '실용성 맥락의 능력'으로 구분되기도 한다(Sternberg & Lubart, 1999). 그리고 '창의성 관련 기능'에는 문제를 발견하는 능력, 문제를 정의하는 능력, 유용한 문제를 선택하는 능력, 문제 해결 방법을 선택하는 능력, 효과를 평가하는 능력 등이 포함될 수 있다(Barron & Harrington, 1981; Perkins, 1981; Sternberg & Lubart, 1991).

대부분의 인지론 연구자들은 창의성과 문제 해결력을 동일한 인지 현상으로 보거나(Guilford, 1967; Newell, Shaw & Simon, 1962) 창의성을 문제 해결의 한 형태로 간주하기도 한다(Mumford et al., 1991). 펠드후센과 트레핑거(Feldhusen & Treffinger, 1986)는 창의성의 "융통성, 유창성, 독창성은 실제적이고 복잡한 문제 해결 능력과 불가분의 관계에 있다."고 주장하면서 창의성과 문제 해결력을 하나의 복합적인 개념으로 설명하였다. 여기서의 문제 해결력은 문제 발견 과정을 포함한다.

창의적 문제 해결 과정에는 발산적 사고력과 비판적 사고력이 함께 요구된다. 발산적 사고력은 새로운 방식으로 결합하거나 새롭고 신기하고 독창적인 산출물을 내는 과정으로 설명되기도 한다. 또한, 문제를 발견하여 정의하고, 독창적인 해결책을 마련하는 데 기여하는 사고력이라고도 한다(Feldhusen & Treffinger, 1985). 즉, 다양한 관점에서 융통성 있게 생각하며, 새롭고 독창적인 방식으로 문제를 다루는 것을 의미한다. 창의성의 구성요소에는 유창성, 융통성, 독창성, 정교성이 포함된다(Guilford, 1950; Torrance, 1964). 이 가운데 정교성은 비판적 사고 과정에서 주로 작용하므로, 유창성, 융통성, 독창성만을 발산적 사고력의 구성요소로 볼 수도 있다.

비판적 사고력은 문제를 정의하고, 문제와 관련된 정보들의 적절성과 신뢰성을 판단하여, 문제에 적절한 해결책을 찾아 구체화하는 논리적이고 체계적으로 사고하는 기능으로, 논리적이고 분석적인 사고를 토대로 문제를 명료화하고, 가능한 대안들의 타당성을 평가함으로써 문제의 해결책을 구체화하는 데 필요로 하는 사고력이다. 비판적 사고력의 구성요소로는 적절성, 신뢰성, 정교성을 들 수 있다.

창의성의 인지적 구성요소에는 발산적 사고력과 비판적 사고력을 포함하는 문제 해결 능력 등과 같은 고차원적 사고력이 포함되며, 이를 포괄적으로 '창의적 사고력'이라 한다. 궁극적으로 창의적 사고력은 삶에서 당면하게 되는 문제를 현명하고 합리적으로 처리하고, 더 나아가 지식기반사회에서 창조적 인간으로서 삶을 영위할 수 있는 능력을 신장시켜 주는 필수 요건이라고 할 수 있다.

이러한 맥락에서 볼 때 지식기반사회에서 창의적 문제 해결이 중요한데, 창의적 문제 해결 모형(Feldhusen, 1993; Isaksen & Treffinger, 1991; Osborn, 1963; Parnes, 1967)은 일반적으로 6단계로 제시된다. 1단계는 문제 해결의 출발점을 찾기 위해 중요하게 생각하는 목표와 영역의 관심 영역을 발견하는 관심영역 발견 단계이며(mess-finding), 2단계는 문제를 파악하기 위해 정보를 수집하고 분석하는 단계로 데이터 찾기 단계이고(data-finding), 3단계는 문제를 정의하는 문제 발견 단계이다(problem-finding). 그리고 4단계는 최종적으로 진술된 문제를 해결할 아이디어를 생각해 내는 아이디어 발견 단계이며(idea-finding), 5단계는 생각해 낸 아이디어를 평가하고 최선의 아이디어를 선정하는 해결책 발견 단계이고(solution-finding), 그리고 6단계는 선정한 아이디어를 실천에 옮기기 위하여 행동 계획을 수립하는 수용책 발견 단계이다(acceptance-finding).

일상생활에서는 일반적으로 문제가 발생한 다음에 그 문제를 해결하는 데 창의성이 발현되기 때문에 문제 발견 단계에서 창의성이 발현되는 경우는 거의 없다. 일상생활에서는 일부러 문제를 찾으려 하지는 않는다는 것이다. 문제 발견 단계에서부터 창의성과 연결되는 경우는 학술적인 경우, 그리고 예술과 문학의 경우이다. 학술적인 경우에는 연구할 문제 발견이 되겠지만 예술과 문학의 경우에는 문제 발견이라기보다는 소재 발견이라고 하는 것이 더 적절하다. 그리고 이 영역에서의 문제 발견 또는 소재 발견은 감정이입(empathy) 및 상상력(imagination)과 관계가 깊다.

역사적으로 문학비평에서의 감정이입(empathy)에 대한 논의는 공감적 상상력(sympathetic imagination)과 함께 일찍부터 이루어졌다(Margulies,1989)고 한다. 경제이론으로 널리 알려진 애덤 스미스(Adam Smith, 1723~1790)는 "우리의 상상력은 보다 정확하고 완벽하게 우리의 마음속에서 또 다른 상황을 재생산하고, 보다 손쉽게 공감(sympathy)적 감정을 유발한다. 그러므로 상상력은 우리로 하여금 상황을 알게 하고 개인을 둘러싼 사건들에 대해서 알아내도록 고취시킨다."(Engell, 1981).

예술적 창의성에서의 문제 발견(소재 발견)과 상상력의 중요성은 반 고흐에게서도 찾아볼 수 있다. 고흐(Gogh, 1958)는 화가인 그의 친구에게 쓴 편지(Soth, 1986)에서 상상력은 '반드시 발달시켜야 할 능력'이며, 우리를 보다 창의적인 사람으로 만들어주는 요소라고 주장했다. 예술가들은 그들의 경험으로부터 창조한다는 점에는 의심의 여지가 없다. 그리고 최근에는 그들의 내적 경험들이 그들의 창의성의 근원으로 인지하는 관점이 확산되고 있다(Wakefield, 1994).

직관과 논리도 예술적 또는 문학적 문제 발견에서 상당한 역할을 한다. 감정과 의사소통을 하기 위한 상징들은 직관으로 이해될 수 있다(Mackinnon,1967)고 한다. 이러한 상징들은 표현에 필수적인데, 왜냐하면 예술과 문학에서는 많은 경우 은유적으로 감정을 전달하기 때문이다. 논리는 예술과 문학의 문제 표현에 있어서도 문제를 해결 가능한 상태로 만들어주는 역할을 한다(Bransford & Stein,1984).

개인의 경험이 문학이나 예술의 문제 발견에서 중요하기 때문에 예술적 문학적 창의성을 발현하기 위해서는 먼저 삶에 대해 배우고 경험하는 것이 필요하다. 그러기 때문에 작가 웰티(Welty, 1984)는 “내 상상력이 강해지고 그 방향을 잡는 데에는 내가 사는 세상에서 내가 보고, 배우고, 느끼고, 기억하는 것이 중요하다.” 라고 했다.

과학적 창의성과 문제 발견

과학교육을 통해서 신장시킬 수 있는 과학적 창의성은 일반적 과학적 창의성과 탁월한 과학적 창의성으로 구분해 볼 수 있다. 일반적 과학적 창의성은 창의성의 인지적 요소인 과학의 특정지식 영역, 과학적 사고력, 과학적 기능과 개인적 성향인 과학에 대한 긍정적 태도와 흥미라고 말할 수 있다. 반면 탁월한 과학적 창의성은 과학의 획기적 발전을 이룩하는 창의적 문제 해결능력과 산출물로 볼 수 있다. 따라서 일반적 과학적 창의성은 현행 과학교육에서 첨단 과학기술사회를 살아갈 바람직한 시민정신의 기반이 되는 과학적 소양을 함양하는 데서 성취할 수 있다면, 탁월한 과학적 창의성은 과학적 소양을 갖춤과 동시에 미래 사회를 주도하고 과학적 관련 문제를 창의적으로 해결할 수 있는 과학자를 양성하는 데 중점을 두며, 이는 과학교육 또는 과학영재교육을 통해 성취할 수 있다.

일반인의 소양으로서의 과학적 창의성

과학교육의 목표는 과학의 지식, 기능, 태도 습득이라 할 수 있다. 그러나 지금까지 많은 경우 과학교육은 시험을 준비하는 암기위주의 지식이나 요리책 실험방법이 중심이 되어왔다. 이로 인하여, 많은 학생들이 과학에 대한 잘못된 이해와 부정적 태도를 가지게 되었으며, 과학에 대한 흥미를 잃어버리고 있다. 또한 많은 학생들이 학교에서 학습한 과학지식, 기능, 태도를 실생활에 적용하는 데 어려움을 겪거나 과학과 실생활이 관계가 없는 것으로 생각한다. 이와 같은 과학교육에서의 실패를 극복하기 위한 노력도 계속되어 왔다. 과학교육 개혁의 흐름을 살펴보면, 1960년대에는 탐구 중심의 과학을 도입하였고, 1980년대를 전후하여서는 STS접근방법을 도입하였으며, 이를 근간으로 1990년대는 과학적 소양이 대두되기 시작하였다(Bybee & DeBoer, 1994). 최근에는 차세대 과학교육 방법으로 STEM 교육이 강조되고 있다(NRC, 2012).

과학적 소양은 급격히 발전하는 과학기술의 사회를 살아갈 바람직한 시민정신을 함양시키는 기초교육으로 추진되고 있다.

과학적 소양이란 개인적 의사결정, 사회적, 문화적 사건의 참여, 경제적 생산성을 위해 필요한 과학적 개념과 과정에 대한 지식과 이해를 의미한다. 과학적 소양을 갖추고 있다는 것은 한 개인이 일상 경험에 관한 호기심으로부터 문제를 제기하고, 이에 대한 해답을 찾거나 결정을 할 수 있다는 것을 의미한다. 이는 또 자연현상을 관찰하고, 설명하고, 예측하는 능력을 갖추고 있음을 의미한다. 과학적 소양에는 대중 출판물에 실린 과학에 관한 글을 읽고 이해할 수 있으며, 특정한 결론의 타당성에 대하여 공적인 대화를 나눌 수 있는 능력도 필요하다. 과학적 소양은 국가와 지역사회의 문제에 대한 결정을 내리는 과정에서 과학 관련 쟁점을 확인하고 과학 및 기술적 정보를 토대로 자신의 입장을 표명할 수 있다는 것을 의미한다(National Research Council, 1996).

과학적 소양을 창의성의 문제 해결 능력과 체계 모형의 사회·문화적 맥락 측면과 연결시켜 볼 때, 그 속에 과학적 창의성이 함의되어 있음을 발견할 수 있다. 과학적 소양의 정의에서 제시하는 바와 같이 개인은 일상생활에서 과학과 관련된 문제를 제기하고 문제에 대한 해답을 찾아가며 결정하는 능력이 요구되며, 이를 과학적 창의성의 문제 해결능력으로 설명할 수 있다. 자연현상을 관찰하고, 설명하고, 예측하는 능력에는 과학적 창의성의 논리적 사고력과 발산적 사고력이 필요하다. 대중 출판물에 실린 과학에 관한 글을 읽고 이해할 수 있으며, 특정한 결론의 타당성에 대한 공적인 대화를 나누는 데는 개인적 가치와 동시에 사회·문화적 맥락을 고려한 과학적 창의성의 비판적 사고력이 요구된다. 과학 관련 쟁점을 확인하고 과학 및 기술 정보를 토대로 자신의 입장을 표명할 수 있는 능력 또한 사회·문화적 맥락의 과학적 창의성으로 해석될 수 있다.

탁월한 과학적 창의성

탁월한 과학적 창의성은 주로 과학에 재능을 보이는 과학영역의 재능아 또는 영재들에게서 관찰된다. 탁월한 과학적 창의성을 발휘하는 과학영재의 특성은 여러 연구에서 논의하고 있다. 과학영재라 함은 (자연)과학 영역에서 탁월한 성취도를 달성할 수 있는 과학적 사고력의 잠재력이나 특별한 재능을 가진 자를 의미한다(Heller, 2002). 이 정의는 여러 가지 접근방법에 따라 의미를 달리할 수 있다. 산출물 중심 접근방법에 따르면, 과학영재들이 과학영역에서의 탁월한 재능과 자신감을 가지고 있을 때, 과학영역의 탁월한 산출물을 생산해낼 수 있다. 따라서 과학영재는 탁월한 과학적 산출물을 통해 판별할 수 있으며, 이 탁월한 과학적 산출물은 창의성 연구에서 많이 적용하고 있다(Sternberg, 1988; Csikszentmihalyi & Wolfe, 2000).

그럼에도 이 접근방법은 과학영역의 탁월한 산출물이 문제 해결능력이 아닌 다른 요인들에 의해 결정될 수 있음을 간과하고 있는 단점이 있다. 즉, 개인적 요소를 고려하지 않은 점이다. 개인적 성향 중심 접근방법은 산출물 중심 접근방법과는 달리 과학영재의 특성으로서 인지적 뿐만 아니라 비인지적 측면의 개인적 요소들을 고려하였다. 여기에는 창의성의 지적능력으로서 논리적, 추상적, 체계적, 종합적, 문제 해결능력뿐만 아니라 비인지적 요소로서 호기심, 지적욕구, 성취에 대한 내적동기, 과제집착력, 모호성, 불확실성, 복잡성에 대한 인내와 도전 등이 포함된다. 이러한 비인지적 요소의 개인적 성향은 성장기 이후 지속적으로 유지되는 과학영재의 특성으로서 과학영재의 진단-예측 모형으로서 적용될 수 있다(Heller, 2002).

과학영재를 정의하는 데 있어서는 인지적 문제 해결력과 비인지적 개인적 성향이 주요 특성으로 제안되어 왔다. 과학자 · 공학자의 특성에 대한 종단적 연구에 의하면 과학영재의 특성은 과학영역지식 관련 문제 해결능력, 동기적 요인과 지도력을 판별할 수 있다고 보고되었다(Trost & Sieglen, 1992). 이와 같이 과학영재의 정의에서 제시하는 특성은 과학영역의 탁월한 산출물을 만들어내는 높은 수준의 과학영역 지식에 바탕을 둔 문제 해결능력과 과학적 흥미와 호기심 및 동기, 지도

성으로 요약되고 있다. 그럼에도 불구하고 이러한 특성들은 여전히 창의성의 일반적 특성과 같은 맥락으로서 과학적 창의성의 독특한 특성을 제시하지는 못하는 것으로 고찰된다.

탁월한 과학적 창의성의 의미는 과학발전의 획기적인 전환점을 만들어낸 탁월한 과학적 산출물과 이를 성취한 과학자들의 특성에서 찾아볼 수 있을 것이다. 아인슈타인은 자신의 과학적 창의성은 학습된 지식과 상상력이 자유로운 게임을 하면서 발휘된다고 말한 바 있다. 프레밍, 갈릴레오, 뉴턴, 왓슨, 크릭은 사고실험 접근방법(thought experiment approach)을 통해 과학의 발견을 이룩했다고 언급하였다. 탁월한 영재성을 보인 과학자들은 정신적 사고 모형을 적용하면서 끊임없이 질문해 왔다. 정신적 사고 모형을 상상을 통해 시각화하거나 변형하는 일은 과학적 창의성에서 매우 중요한 요소이며, 과학적 기능에 선구적으로 요구되는 필수 요소이다. 쿤은 과학적 창의성은 실험적 견해와 미학적 차원을 동시에 요구한다고 주장하였다. 즉 과학적 창의성은 상상을 통한 사고 실험이 핵심이 되며, 개인적 차원의 미학적 의미를 기능과 지식에 적용하여 최선의 결과를 만들어 낼 때 개발된다. 즉 과학적 창의성은 인지적 기능보다는 개인의 통합적 견해와 개방성, 가치에서 비롯된다는 의미라 할 수 있다. 탁월한 영재성을 보인 과학자들이 당면한 과학문제를 개인의 지식과 기능을 적용하면서 상상을 통한 사고실험으로 획기적인 과학 발견을 이룩한 점에서 반추하여 탁월한 과학적 창의성을 정리해 보고자 한다(Innamorato, 1998).

첫째, 탁월한 과학적 창의성은 구체화된 데이터를 전체적 관점과 틀에서 상상력을 적용하여 활용할 때 발휘된다. 다른 말로 탁월한 과학적 창의성은 규칙이나 공식에 근거한 사고보다는 상상력을 발휘할 때 나타난다. 탁월한 과학적 창의성은 과학지식에 기반을 둔 인지적 사고력으로 데이터를 조작하고 문제를 효율적으로 해결하는 것이 전부가 아니라는 말도 된다. 따라서 과학적 창의성은 상상력을 통한 보다 전체적 접근방법을 통해 발휘된다.

둘째, 일부 학자들은 과학의 새로운 발견 즉 탁월한 과학적 창의성은 예술적 관점에서 시작한다고 주장하기도 한다. 즉, 상상력과 예술적 접근방법을 통해 탁월한 과학적 창의성이 발휘된다는 점을 주목해야 할 것이다. 과학은 미학적 잠재력을 실현화하는 도구라는 주장도 있다. 상상력이 선행되어 사고를 유도하며, 미학적 차원에서의 정신적 활동이 개념을 이끌어 가는 활동으로 연결되면서 탁월한 과학적 창의성이 발휘된다. 일부에서는 과학자들이 예술적 · 신비적 견지를 받아들일 때 탁월한 과학적 창의성을 발휘하게 된다고 주장한 바 있다.

셋째, 탁월한 과학적 창의성은 전체적 관점에서 상상력과 함께 직관이 상호작용하는 과학－예술의 인터페이스에서 발휘된다. 과학적 창의성은 무정형 의미의 다양성에서 시작된다. 과학적 창의성은 예술적 능력을 가시적 자연현상으로 제시하는 것이라고도 볼 수 있다. 과학적 논리는 가능성과 현실간의 변증이며, 과학적 창의성은 사실에 대한 직관적 느낌에서 비롯된다.

넷째, 과학적 창의성은 더 많은 지식에 대한 욕구에서보다는 개인적 만족감을 추구하는 데에서 더욱 잘 발휘된다.

결국 과학적 창의성은 상상을 통한 사고실험이 핵심이 되며, 개인적 차원의 미학적 의미를 기능과 지식에 작용하여 최선의 창의적 문제 해결력으로 성취된다. 과학적 창의성은 과학관련 인지적 기능과 함께 개인의 통합적 견해와 개방성, 가치에서 비롯된다는 것이다. 이는, 과학적 창의성은 구체적인 데이터를 전체적인 관점과 틀에서 상상력을 작용하여 활용할 때 발휘되는 것이다. 규칙이나 공식에 근거한 사고보다는 상상력이 더 중요하게 작용한다는 것이다.

결론적으로, 과학적 창의성은, 과학관련 문제를 창의적으로 해결하는 과정에서 과학자의 특징적 사고유형에서 볼 수 있듯이 다양한 대안을 모색하고, 사고를 시각화하며, 생산성이 높고, 독창적으로 상이한 것, 반대되는 것을 연결하고, 비유적으로 사고하며, 새로운 기회를 적극적으로 준비하는 특성으로 인해 높은 수준의 과학적 문제 해결능력을 발휘한다는 능력으로 정의내릴 수 있다. 이 과정에 상상력, 예술적 관점, 직관, 그리고 개인적 만족감이 작용할 때, 더욱 높은 과학적 창의성을 발휘할 수 있다.

과학적 창의성을 고찰해 보기 위해 먼저 창의성의 정의를 살펴보았다. 길포드(Guilford, 1967)는 사람의 인지적 사고력을 수렴적 사고와 발산적 사고로 구분하고, 창의적 산물은 특정한 문제에 대한 발산적 사고의 결과로 보았다. 길포드는 창의성의 발산적 사고를 유창성, 융통성, 독창성, 정교성, 민감성, 재정의 및 재구성력으로 구분 · 설명했다. 그러나 창의성을 발휘하는 과정에는 발산적 사고력뿐만 아니라 수렴적 사고력이 중요한 요소로서 함께 작용하며, 이 수렴적 사고력에는 비판적, 논리적, 분석적, 종합적, 포괄적 사고력이 요구됨을 의미한다(Urban, 1995). 이와 같이 창의성을 사고력 중심으로 논의하는 맥락에서 박종원(2004)은 과학적 창의성의 요소로 다음의 4개 사고력으로 제시했다. 첫째, 발산적(확산적) 사고의 유창성, 융통성, 독창성, 정교성, 둘째, 수렴적 사고의 정합성, 통합성, 단순성, 셋째, 연관적 사고의 비유, 은유, 귀추, 넷째, 비관습적 사고의 이탈적 사고를 포함시키고 있다. 결론적으로 과학적 창의성에는 발산적 사고력, 수렴적 사고력뿐만 아니라 그 이상의 사고력이 함께 작용해야 한다는 것을 알 수 있다.

사고력 중심으로 살펴본 과학적 창의성에 근거하면, 과학적 창의성을 발휘하는 과학자는 다양한 자료들을 수렴하여 하나의 새로운 개념으로 제시할 때, 개념의 구조가 정합성(coherency), 통합성(synthesis), 단순성(simplicity)이 있는지를 고려하고 있다(Guilford, 1967). 정합성은 개념이나 지식이 논리적 · 합리적으로 모순없이 일관성 있게 연결되었는지 여부를 분별하는 것으로 의미한다. 과학자들은 정합성을 추구할 때 새로운 문제를 인식하게 된다. 통합성이란 한 개념의 구조를 이루는 다양한 구성요소가 통합되어, 큰 구조를 형성하면서도 구조 속에 질서가 내재되어 있어 복잡하지 않음을 의미하는 것이다. 과학자가 복잡한 자연현상을 설명함에 있어 다양한 조건을 도입하여 단순화시키는 것도 새로운 과학적 발견에서 매우 중요하다. 즉 과학자들은 정합성, 통합성, 단순성을 추구하는 과정에서 과학적 창의성의 다양한 사고력을 발휘하게 된다.

한편, 창의성을 문제 해결력으로 정의할 수 있다(Guilford, 1959; Newll, Shaw & Simon, 1962). 창의성은 새로운 문제 상황에 적절한 것을 만들어낼 수 있는 능력(Sternberg, 1994), 주어진 문제 또는 인지한 문제에 대해 통찰력을 동원하여 새롭고 독창적이며 유용한 산출물을 만들어내는 능력(Urban, 1995), 또는 문제와 연관성이 있으며 효과적이고 새로운 사고 또는 산출물을 생산하는 능력(Cropley, 1999)으로 정의될 수 있다.

창의적 과학자들의 문제 발견에 대해서는 제3장에서, 창의적 과학자들의 문제 발견 패턴에 대해서는 제4장에서 구체적으로 다루었다.

과학자들의 문제 발견

|제3장|

과학적 문제 발견이 없으면 과학적으로 해결할 문제도 없다. 과학적으로 해결할 문제도 없으면 과학의 발전도 없을 것이다. 그만큼 과학적 문제 발견은 과학의 발전에 중요한 역할을 한다. 과학적 문제 발견의 속성을 파악하기 위해서는 과학자들이 실제로 문제를 어떻게 발견하였는지에 대한 과학적 문제 발견 사례들을 분석해 볼 필요가 있다. 여기에서는 과학자들은 어떻게 과학적 문제를 발견하였는지, 그중에서도 잘 알려진 과학자들이 과학적 문제를 어떻게 발견하였는지를 분석하였다.

케플러의 문제 발견 사례

케플러(Kepler)는 행성들의 운동에 대한 법칙을 발견한 과학자로 잘 알려져 있다. 그런데 그는 행성들의 운동을 관찰하면서 사람의 시각에 대해서도 연구하였다. 여기에서는 이 두 가지 사례로부터 케플러의 문제 발견에 대해 분석하였다.

시각 이론 형성과정에서의 문제 발견

케플러(Kepler)가 망막 상 이론을 발견했을 때, 그는 'The Optical Part of Astronomy'와 'Commentaries of the Theory of Mars'라고 하는 두 권의 책을 집필하는 데 몰두해 있었으며, 그는 이 집필을 위해 광학에 대한 여러 문헌들을 참고하기 시작했고, 인간의 눈의 기능을 탐구할 필요를 느꼈다(Ferguson, 2002). 그는 광학의 관점에서 그 당시 비텔로(Witelo)의 시각에 관한 설명을 분석하기 시작하였는데, 왜냐하면 비텔로는 중세 학자인 알하젠(Alhazen, 이슬람식 이름은 Ibn al-Haythem)의 이론에 크게 의존하여 시각에 관한 책을 완성하였으며, 그 책이 그 당시에는 광학에 관한 가장 종합적인 저술이었기 때문이다(Wade, 1998; Crombie, 1990). 그런데 케플러는 그 책에서 비텔로가 시각 상(visual image)에 대한 광학적 분석을 생략했다는 것을 발견하였으며 스스로 광학적 분석을 시도하였다(Wade, 1998). 이 분석이 케플러로 하여금 비텔로 및 그 이전 학자들의 이론이 잘못되었다는 것을 발견하는 계기가 된다(Ferguson, 2002). 그러면, 시각 상에 대한 비텔로의 설명은 무엇이었으며, 그 이론에는 무슨 문제가 있었는가?

케플러 이전의 시각 이론들

알하젠은 시각은 물체로부터 보내진 빛에 의해 유발된다는 이론을 받아들였다. 눈의 감각 부분인 수정체(그 당시에는 glacial humor라고 함)는 단지 그것에 수직으로 들어오는 빛에 대해서만 반응하여, 눈의 중심이 꼭짓점이 되고 시각 세계(visual field)가 밑면이 되는 원추를 형성한다고 설명하였다(Crombie, 1990; Lindberg, 1976). 수정체에 상이 생긴다고 믿었던 갈렌(Galen)을 따르고, 유클리드(Euclid)에 의해 세워진 기하 광학과 톨레미(Ptolemy)의 원추를 조합하여 그는 시각의 메카니즘에 대한 분석을 시도하였다. 그는 [그림 3-1]과 같이 물체의 모든 점으로부터 광선들이 눈으로 보내지고 각막에 수직으로 만나 통과하여 수정체로 보내진다고 생각하였다. 그리고 수정체의 앞면에 수직으로 들어오는 광선들만 감각되어 물체의 각 점들에 대응하는 점들로 구성된 상을 생성하게 된다고 설명하였다(Lindberg, 1976, pp.82-85). 그러나 그는 도립상이 생기는

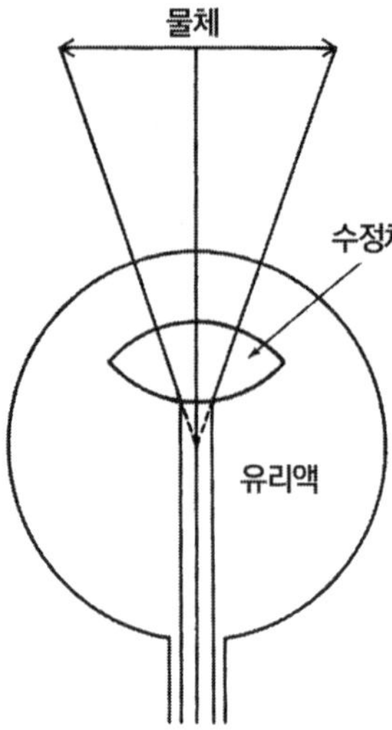

[그림 3-1] 시각에 대한 알하젠(Alhazen)의 생각
(자료원: Lindberg, 1976, p.80)

것을 받아들일 수 없었기 때문에, 곡률 중심으로 향하던 광선들이 교차되기 전에 수정체 뒷면에서 각각이 서로 멀어지도록 굴절하여 교차하지 않고 감각 신경에 도달한다고 생각했다. 그러나 문제는 이미 톨레미(Ptolemy)가 소한 매질에서 밀한 매질로 경계면에 비스듬히 입사하는 광선들은 경계면에 그은 법선쪽으로 굴절하며, 밀한 매질에서 소한 매질로 입사하는 광선들은 법선에서 멀어지는 방향으로 굴절한다는 것을 증명했다는 것이다. 그래서 그는 그가 요구하는 방향으로 광선들이 굴절하도록 하기 위해, 수정체가 유리액보다 광학적으로 더 소한 매질이라고 가정해야만 했다(Crombie, 1990; Lindberg, 1976).

16세기에는 비텔로(Witelo)가 알하젠(Alhazen)의 이론을 대부분 받아들여 그것을 기초로 책을 집필하였으며, 1572년에 출판하였다. 그러므로 본질적으로 그 책 속의 이론들은 알하젠의 이론들이라고 볼 수 있다(Wade, 1998; Crombie, 1990).

비텔로 설명에 대한 케플러의 분석과 과학적 문제 발견

위에서 언급한 바와 같이, 케플러는 그 자신의 필요에 의해서 비텔로의 시각에 관한 설명을 분석하였다. 케플러는 비텔로의 이론을 검토하기 위해 투명한 구

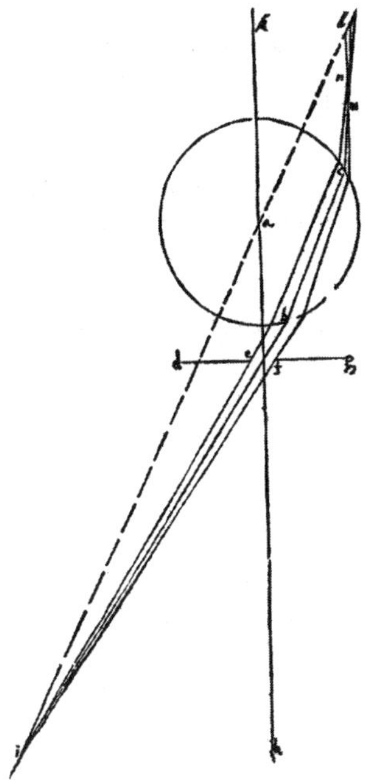

[그림 3-2] 비텔로의 시각 이론에 대한 케플러의 광학적 분석
(From Kepler, De Modo Visionis, Crombie (trans), 1990, p.301)

앞에 작은 구멍을 놓음으로써 시각과 비슷한 환경을 만들었다. 그의 광학적 분석은 [그림 3-2]와 같다. [그림 3-2]에서 a 점은 구의 중심이고 ef는 그 앞에 놓은 작은 구멍이다. hi 에 물체를 놓고, kl 위치에 스크린을 놓으면, I로부터 보내지는 광선들은 작은 구멍을 통과하여 mn 범위에 모이게 된다. 가리개와 작은 구멍이 없다면, i의 가장 강한 상은 mn 범위보다는 l 위치에 생길 것이다. 그러나 가리개가 구의 중심으로 향하는 빛들을 막기 때문에 작은 구멍으로 향하는 빛들이 구에 가까운 쪽에 선명한 상을 생성하게 된다. 그리고 l에는 약간 희미한 상이 생기게 될 것이다. h로부터 오는 광선들은 구의 중심부를 통과하여 k 위치에 비교적 선명한 상을 생성하게 된다. 이 시범으로부터 스크린 kl에는 hi에 있는 물체의 도립상이 맺힌다는 것이 명백하다(Crombie, 1990).

케플러는 이러한 광학적 실험 결과와 분석을 믿었기 때문에, 광학적 분석 결과와 일치하지 않는 알하젠과 비텔로의 시각 이론에 대해 의심을 갖게 된다. 그들의

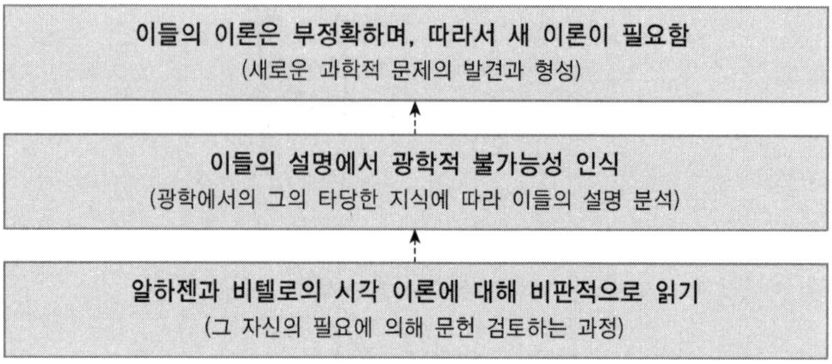

[그림 3-3] 케플러의 문제 발견 과정에서의 사고 과정
(자료원: 김영민, 2006)

이론이 그 당시 폭넓게 받아들여지고 있었지만 실제적인 실험 결과를 더 인정한 것이다. 이러한 광학적 분석은 그들의 시각에 관한 설명이 광학적으로 불가능함을 보여주었으며, 그에게 중요한 과학적 문제를 발견하고 정의하게 하는 계기가 되었다. 즉, 알하젠과 비텔로의 시각 이론은 광학적 분석을 생략한 불완전한 설명이며 도립상이 생길 수 없다는 그들 자신의 생각에 맞춰 추론된 잘못된 설명이었다. 그렇기 때문에 그들의 설명 속에는 광학적 불가능성이 내재되어 있었다. 그러나 케플러는 그 설명 속에 광학적 분석이 생략되어 있음을 발견하였고, 엄격한 계산과 시범으로 그들의 설명이 잘못되었음을 밝혀냈다. 그 분석을 마친 후에 케플러는 그들의 이론으로부터 떠나게 된다(Crombie, 1990). 그러므로 이제 사람의 눈이 어떻게 물체를 보게 되는가, 그리고 상의 위치는 어디인가 하는 문제는 다시 해결해야 할 새로운 과학적 문제로 대두되었다.

이상의 분석으로부터 케플러가 과학적 문제를 발견하고 정의했던 사고 과정은 [그림 3-3]과 같이 정리될 수 있다.

행성운동 이론 형성 과정에서의 문제 발견

튀코 브라헤(Tycho Brahe, 1546~1601)는 육안으로 관측할 수 있는 천체들과 그 운동을 가장 정확하게 관측한 사람으로 알려져 있다. 그는 1576년 거대한

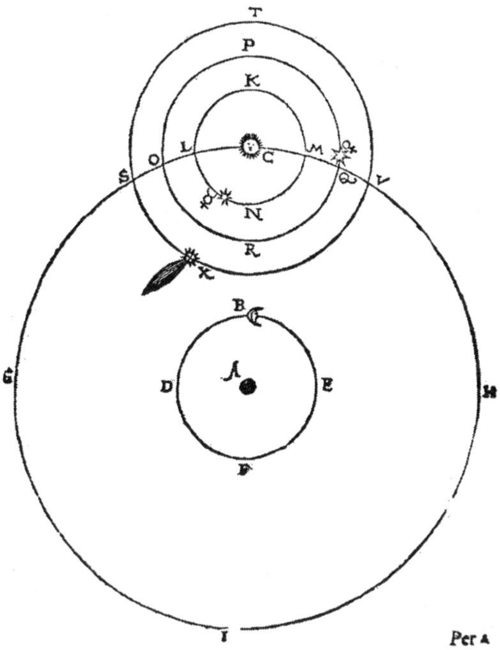

[그림 3-4] 튀코 브라헤의 우주구조
(자료원: http://gallileo.rice.edu/sci/brache.html (2017.3.2))

천문대를 세우고 여기서 근대적 천문관측을 했으며, 이 천문대에서 육안으로 관측할 수 있는 가장 정확한 데이터들을 얻어냈다. 그는 행성들이 지구를 중심으로 하지 않고 태양을 중심으로 돈다고 보는 것이 더 타당하다는 것도 찾아냈지만 코페르니쿠스의 우주구조를 받아들이지는 않았다. 그 이유는 시차(parallax)를 관측할 수 없기 때문이었으며, 이에 따라 그는 코페르니쿠스의 우주구조 대신에 '튀코의 우주구조'라고 불리는 또 다른 우주구조를 제창하였다. 튀코의 우주구조에 따르면 [그림 3-4]와 같이 여전히 지구가 우주의 중심에 정지해 있고 그 주위를 달과 태양이 돈다. 그 이전 이론과 다른 점은 행성들은 지구가 아니라 태양의 주위를 도는 것으로 되어 있는 점이다. 이렇게 튀코는 아리스토텔레스-프톨레마이오스의 우주와는 다른 여러 사실을 얻어냈으면서도 코페르니쿠스의 구조를 받아들이지는 못했다.

그는 지구가 중심이 아니고 태양이 중심이라는 주장을 강력하게 비판하였다.

그는 지구가 움직인다는 주장을 '물리적 어리석음'이라 표현하기도 했다. 만약 지구가 움직인다면 탑에서 떨어지는 공이 예상했던 곳보다 좀 다른 곳에 떨어져야 한다고 확신했기 때문이었다. 또한 그는 코페르니쿠스의 지구 자전운동도 터무니없는 주장이라고 생각하였다. 그는 지구는 너무 무겁기 때문에 절대로 돌 수 없다고 생각하였다. 따라서 그의 생각은 지구가 우주의 중심에 있고 이를 고정점으로 하여 태양, 달, 그리고 다른 행성들이 돈다는 이론인 프톨레마이오스의 체제도 아니고 태양을 중심으로 지구와 다른 행성들이 돌고 있다고 주장하는 코페르니쿠스 체제도 아닌 타협안을 내세운 것이다.

튀코 브라헤와 케플러는 1600년 프라하에서 만났다. 당시 케플러는 튀코의 계산이 관측치와 5°의 오차(이것은 당시의 지구중심설에서 본다면 결코 큰 오차가 아니었다)를 보일 때도 있다는 점을 이상하게 생각했다.

앞에서 본 바와 같이 코페르니쿠스나 튀코 브라헤는 행성은 완전한 원형 궤도를 돈다고 믿었다. 케플러도 그렇게 믿고 있었다. 그러나 그러한 가정하에 계산된 태양으로부터 화성까지의 화성의 이심률이 매우 클 것이 요구되는 데 궤도의 요소들에 대한 방정식은 일관성이 없게 나타났다. 그래서 케플러는 다른 방법을 사용하여 이 요소들을 결정했다. 케플러가 의존한 방법은 '같은 시간에 같은 면적을 가는' 방법인데, 그 결과는 8°의 차이를 준다는 것이었다(만약 궤도가 정말 원형이었다면, 이 방법에 의한 오차는 1°보다 더 클 수가 없었다). 처음에 케플러는 이러한 잘못이 면적법(the method of areas)의 불완전성 때문일 수도 있다고 생각하며 반신반의하였다. 그러나 그는 점차로 과거 2000년 동안의 선조들이 성급하게 행성 궤도를 원형이라고 생각한 것이 아닌가하는 의문을 품기 시작하였다(Peirce, 1955; Hanson, 1958).

케플러는 화성 궤도가 원형이 아닐 수도 있다는 관점을 생각해 보기 위해 세 가지 잠정적인 논의(tentative arguments)를 제기하였다. 그러면서도 케플러는 다시 한 번 면적법을 의심했고, 그러한 과정에서도 원형 궤도와 면적법에 의해 얻어진 방정식을 일치시키지 못하게 되자 케플러는 실제로 면적법을 포기하기도 했다. 그는 원형 궤도 가정이 자신의 이론을 세우는 데 방해가 된다는 점을 확신하기 위해서는 또 달리 고려해야 할 점들이 필요하였다. 계속적으로 원형 궤도에 의해 주어진 결과들이 튀코의 관찰 결과들과 일치하지 않게 되자 비로소 케플러는 체계적으로 원형 궤도의 가설을 의심하기 시작하였다(Hanson, 1958).

이후 케플러는 행성 궤도가 원형 궤도가 아니라는 가정하에 행성 궤도에 대한 가설들을 만들어가기 시작하였다. 처음에 세운 가설은 근일점에서만 원과 일치하는 비원형 곡선을 생각했는데, 이것이 그 유명한 달걀형(figuram ovalem) 행성 궤도이다. 이것은 오랜 시간을 끌었고 궁극적으로는 성공적인 타원 궤도 가설로 이끈 귀추의 결정적인 단계였다.[4] 화성의 미관찰 지점에 대한 예측은 그때까지 수행되지 않았었다. 여기서의 케플러의 과학적 문제 발견은 행성들의 위치에 관한 실제 관측된 값들과 당시 이론에 의해 설명되는 이론값들이 맞지 않음을 발견한 데에서 비롯되었다.

갈릴레오의 문제 발견

여기에서는 갈릴레오의 문제 발견 중에서 자유낙하 운동에서의 문제 발견 사례를 소개하고자 한다.

갈릴레오(Galileo) 이전에는 아리스토텔레스의 운동론이 당시의 과학 개념으로 설명되고 있었다. 그는 항상 어떤 결과에는 원인이 있다는 인과적 관점에서 질료인(material cause), 동력인(moving or efficient cause), 형상인(formal cause), 목적인(final cause)이라고 하는 네 가지 원인을 주장하였다. 물체의 운동과 관련하여 그는 물체의 운동을 자연스런 운동(natural motion)과 강제된 운동(violated motion)으로 구분하였다. 그리고 두 경우 모두 목적인이 있고 효과인이라 할 수 있는 동력인(mover)이 있지만 자연스런 운동의 경우는 동력인이 물체 내에 내재해 있고 강제된 운동의 경우에는 외부로부터 동력인을 물체에 가해야 하는데 이를 강제된 힘이라 했다. 그는 지상의 물체의 운동에 대하여 물체에 작용한 힘과 운동속

4) 그의 첫 번째 비원형 곡선은 달걀로부터 귀추된 달걀형의 행성 궤도였다. 그런데 달걀형은 괴상한 기하학적 존재로 결코 두 개의 초점을 가질 수가 없다. 바로 이것이 궁극적으로 케플러에게 어려움을 주었으며, 이것이 그로 하여금 다른 곡선 모형을 찾는 계기가 되었을 것으로 과학자들은 추측하고 있다.

도와의 관계를 뉴턴과는 달리 힘이 속도에 비례하는 것으로 즉, $F \propto mv$로 생각했고, 비자연스런 운동의 경우 물체의 동력인이 작용하지 않으면 물체는 정지한다고 했다. 이러한 이론에 의하면 무거운 물체가 가벼운 것보다 빨리 떨어진다고 설명되어야 한다. 이러한 설명은 뉴턴 역학과는 상반된 설명이지만, 우리의 일상적인 경험과는 잘 일치하는 것이었다. 이와 같이 아리스토텔레스의 운동에 관한 설명이 인간의 경험과 일치된 것이었기 때문에 십여 세기가 넘도록 그의 역학체계는 고정관념으로 남게 되었다고 볼 수 있다(최종덕, 정병훈, 1986; 김영식, 임경순, 2011).

갈릴레오는 실제 낙하하는 물체들의 관찰로부터 '무거운 것이 가벼운 것보다 빨리 떨어진다.'고 하는 아리스토텔레스의 이론에 대해 의심을 갖게 된다. 그는 1632년 '두 세계 체계에 대한 대화(Dialogues Concerning Two New Sciences)'에서 다음과 같이 문제를 제기하고 있다(Galilei, 1954, pp.64-65).

> "살비아티: … 아리스토텔레스는 '100큐빗 되는 높은 곳에서 떨어지는 100파운드의 쇠공은 동시에 같은 높이에서 떨어지는 1파운드의 쇠공이 1큐빗 떨어졌을 때에 지면에 도달한다'고 말했습니다. … 그러나 실험을 해 보면 큰 물체가 손가락 2개 길이만큼 앞섭니다. 즉 큰 물체가 지면에 도달했을 때, 작은 물체는 손가락 2개 정도 늦는 것을 발견할 수 있습니다. 당신은 이 손가락 두 개의 차이 때문에 아리스토텔레스의 99큐빗 착오를 그냥 보아 넘기지는 않겠지요?"

이와 관련된 내용은 그의 저서에서 여러 군데 표현되어 있으며, 그는 관찰을 통해 자유낙하 하는 물체의 운동에 대한 아리스토텔레스의 설명에 문제가 있다는 것을 발견했음을 알 수 있다. 갈릴레오는 물체의 낙하 운동에 대한 관찰을 통해 아리스토텔레스의 설명을 의심했을 뿐만 아니라, 논리적으로도 모순이 있음을 사고 실험을 통해 설명했다. 그의 사고 실험은 다음과 같다(Galilei, 1954, p.63).

> "살비아티: 그러나 만일 그것이 사실이라고 한다면, 그리고 큰 돌이 8의 속도로 운동하고 작은 돌이 4의 속도로 운동한다면, 그 두 돌을 묶으면 8보다 작은 속도로 운동하게 될 것입니다."

이것은 '무거운 것이 먼저 떨어진다'는 아리스토텔레스의 낙하 운동에 대한 설명이 논리적으로 모순된다는 것을 보여준다. 이러한 갈릴레오의 문제 발견 과정은 박종원(2001)의 연구에서도 이와 유사하게 분석되었다. 이렇게 아리스토텔레스의 낙하 운동에 대한 설명은 폐기될 수밖에 없었고 새로운 설명이 요구되었다. 즉, 낙하운동에 대한 새로운 문제가 발견된 것이다.

뉴턴의 문제 발견

뉴턴(Newton)은 그의 저서 ≪광학(Opticks)≫에서 다른 사람들에 의해 연구되기를 기대하며 31가지 질문들(Query 1 ~ Query 31)을 제시하였다(Newton, 1952). 이 질문들에서 보여주는 바와 같이 뉴턴은 과학적 현상에 대해 많은 과학적 문제들을 발견하고 제기하였다. 뉴턴의 문제 발견들 중에서 빛과 색에 대한 문제 발견을 소개하면 다음과 같다.

뉴턴 이전의 빛과 색에 대한 이론

빛과 색에 대한 연구는 고대 그리스 철학자들의 시각이론으로부터 유클리드와 프톨레마이오스의 '광학'과 아랍의 알하젠의 연구로부터의 기하광학 그리고 굴절광학, 회절, 간섭, 복굴절 현상 등의 연구가 이루어져 왔다. 17세기까지도 색은 흰색과 검은색, 밝음과 어두움의 혼합에 의해 생긴다는 아리스토텔레스의 색 이론이 통용되고 있었다. 아리스토텔레스의 색 이론에서는 색은 원래 물체에 존재하는 색과 그렇지 않은 색인 두 가지가 있다고 하였다. 즉, 빛이 없어도 물체에서 사라지지 않는 고유한 성질의 실제 색과 빛이 없으면 사라지는 고유한 성질이 아닌 겉보기 색이 있다고 하였다. 이러한 겉보기 색이 빛과 어둠을 섞어서 색이 만들어진다고 하였다.

데카르트(Descartes)는 기계적 철학을 적용했기 때문에 물질이 처음부터 고유한 색을 가지고 있다는 아리스토텔레스의 견해를 받아들이지 않았다. 데카르트에 의하면 빛은 도중의 공간에 조밀하게 들어차 있는 미세물질을 통해 물체에서 눈으로 전달되는 작용 또는 압력이라고 하였다. 마치 지팡이를 통해 장님의 손에 전해지는 물체의 압력과 같은 것이라 하였다. 태양계의 소용돌이가 그 바깥쪽 항성의 소용돌이로 인한 압력에 대해 유지되는 것은 태양으로부터 나오는 빛의 압력 덕택이라 믿었다. 그러므로 우주의 소용돌이의 원심력은 그 중심부로부터의 빛의 압력에 지나지 않는다. 또한 빛의 여러 가지 색은 공간에서의 미세물질의 회전속도의 차이에 의해 생기는 것이다. 빨강은 가장 빠른 운동에 의해서 생기는 것이며, 파랑은 가장 느린 운동에 의한 생기는 것이라 하였다(Mason, 1962).

이와 같이 색에 대한 이론을 보면 아리스토텔레스는 겉보기 색이 빛과 어둠을 섞어서 색이 만들어진다고 하였다. 즉, 백색광이 변형되어 색이 만들어진다고 하였다. 이에 데카르트 이론은 아리스토텔레스의 겉보기 색을 구별하지 않고 빛을 전달하는 미세물질의 회전속도에 따라 색이 만들어진다고 하였으나, 이는 결과적으로 빛이 변형되어 색이 만들어진다는 것을 의미하는 것으로 볼 수 있다.

또한 1621년 스넬(Snell)에 의해 발견된 빛의 굴절의 법칙은 1637년 데카르트에 의해 세상에 알려졌는데, 데카르트는 '굴절광학'에서 쌍곡면 렌즈와 타원면 렌즈는 굴절의 사인법칙에 의해 정확한 초점을 이룰 것이라는 것을 보였다(Westfall, 1993). 그러나 타원과 쌍곡면 렌즈를 만드는데 당시에 어려움이 많았다. 뉴턴도 당시 발명된 망원경의 가장자리에 항상 나타나는 선명하지 않은 흐린 상을 제거하기 위해 그는 처음에는 원기둥 모양 대신 포물선 모양의 렌즈를 깎아보는 일반적인 방법으로 노력하였으나 성공하지 못하였다. 그러므로 데카르트의 굴절법칙의 증명은 빛이 균일하다는 것을 가정하고 있다고 할 수 있다.

그리말디(Grimaldi)는 1665년에 출판된 그의 저서 '빛에 대하여'에서 프리즘에 의해 만들어지는 태양 스펙트럼을 최초로 기술하였으며, 간섭과 회절이라 불리는 현상이 여기에 등장한다. 흰 빛이 빛의 합성이라는 생각에는 도달하지 못했지만, 실험을 계속하여 흰 빛은 단순한 반사에 의하여 색의 빛으로 변한다는 것을 실증하였다. 또한 색은 물체에 고유한 것이 아니라는 확신에 이르게 되었다. 물체가 색을 띠는 원인을 오늘날로 말하자면 물체의 분자 구조라고 불릴만한 것에서 찾았다. 그리말디의 생각은 빛이 물질적 본성을 갖는다는 것과 순수한 운동이라는 것이 섞여진 상태였다. 후크(Hooke)는 1665년 '미크로그라피아'에 얇은 판의 착색이라는 현상을 기술하였다. 이는 빛의 본성을 탐구하는 중요한 단서로 운모가 여러 겹으로 되어 있을 때는 무색투명하지만, 얇게 되면 마치 색을 입힌 것처럼 착색되어 보이는 현상이다. 후크는 이 색이 얇은 층의 경계면에서 반사되는 진동의 혼란 때문이라고 하였다. 일부 광선이 표면에서 반사하고 남은 광선은 판 속으로 들어가 아래쪽 경계면에서 반사하여 처음에 반사된 광선과 평행으로 공기 속으로 나온다. 그런데 빛의 전달에는 시간이 걸리기 때문에 둘로 갈라진 광선은 표면에서 동시에 공기 속으로 진행하지 않는다. 이러한 시간적 어긋남에 의해서 빛이 사람의 망막에 색으로 나타난다고 하였다(김학수, 2003).

뉴턴이 빛과 색에 대한 이론을 제시한 17세기까지 데카르트와 다른 광학의 선구자들은 빛(백색광)은 순수하고 균일하며 색은 백색광의 변형으로 생성되는 것이라는 관점을 따르고 있었다.

프리즘에 의한 현상에 대한 과학적 문제 발견

당시에 색 현상이 광학에서의 주제가 된 이유는 망원경을 통한 천체 관측 시 나타나는 물체의 상에 색이 나타나고 초점이 흐리는 색수차 현상과 색 이론에 대한 아리스토텔레스주의적 자연철학과 기계론적 자연철학이라는 서로 다른 입장 간의 차이가 주된 이유였다(Westfall, 1993). 뉴턴은 대학생 때부터 망원경 제작과 결함의 개선에 몰두 했고, 망원경의 가장자리에 생기는 색(색수차)을 제거하려고 광학연구를 결심했다고 한다. 이 문제를 해결하기 위하여 그는 처음에 원기둥 형태의 렌즈를 포물선 모양으로 깎는 일반적인 방법으로 노력하였으나 문제를 해결하지 못했다. 뉴턴은 1666년에 프리즘을 구입하여 색채의 현상에 대한 연구를 시작하였다. 그 당시에 프리즘에 햇빛을 통과시키면 무지개처럼 경계 지어진 색들의 띠가 나타난다는 사실이 알려져 대중의 관심을 끌고 있었지만 프리즘이 색을 생성하는 것으로 이해하고 있었다. 그러나 뉴턴은 간단한 실험으로 이 생각이 잘못되었음을 보였다. 그는 색이 다른 두 개의 색실을 묶어서 한 개로 만든 다음 프리즘을 통해서 이 실을 보았다. 실의 색은 변화가 없었지만, 실의 보이는 위치가 달랐다. 다시 말해서 프리즘이 색을 만드는 것이 아니며 색에 따라 굴절률이 다르다는 것을 말한다. 이 현상을 뉴턴은 자신의 색 이론의 기본적인 근거 중의 하나로 계속 인용하였다(Westfall, 1993).

원기둥 형태의 렌즈를 포물선 모양으로 깎는 일반적인 방법으로 노력하였으나 문제를 해결하지 못한 뉴턴은 보일과 후크의 연구에서 알려진 금 박편, 신장목 용액현상에서 어떤 빛은 통과하고 다른 빛은 반사됨으로써 백색광이 성분으로 분해되는 현상들을 그의 '색채에 대하여'라는 소논문에 기록하였다(Westfall, 1993). 뉴턴은 모든 고체의 얇은 조각이나 신장목 용액으로 빛을 색 성분으로 분해할 수 있다는 것을 알고 있었지만 기본적으로 프리즘을 이용한 자기 자신의 실험을 계속 연구하였다. 보일과 후크도 데카르트가 고안한 프리즘의 스펙트럼을 투사하는 방법을 변형시켜 사용하였다. 데카르트는 프리즘으로부터 몇 센티미터 떨어진 스크린에 스펙트럼을 비추어 관찰하였으며, 후크는 프리즘 대신 물을 가득 채운 비커를 사용하여 굴절 부위와 스크린 사이에 60센티미터 간격을 두고 관찰하였다. 보일은 마룻바닥을 스크린으로 사용하였으며 프리즘으로부터 거리는 120센티미터 정도였다. 뉴턴은 670센티미터 떨어진 벽에 스펙트럼을 투사하여 관찰하였다(Westfall, 1993).

만일 빛이 실제로 균일하지 않아서 빛 속의 여러 가지 색의 광선이 서로 다른 각도로 굴절된다면 프리즘을 통과한 둥근 빛이 길게 늘어난 스펙트럼을 이루어야 할 것이다. 하지만 퍼져나가기 위해서 충분한 거리가 필요하다. 또한 가장 이상적인 조건은 한 가닥의 빛을 이용하는 것이지만 실제 실험에서는 가는 빛의 다발을 쓸 수밖에 없으므로 실험의 결과를 충분히 보여 줄 수 있을 정도로 큰 것이어야 한다. 또한 프리즘에 입사하는 빛의 다발이 평행한 광선으로 구성되어야 한다. 그러나 태양이 시야에서 30분의 각도 차이가 나므로 이를 보정하기 위하여 프리즘의 양면에서 같은 굴절이 일어나도록 해야 했다. 이러한 조건 갖추고 뉴턴이 실험한 결과는 다음과 같았다(그림 3-5).

YKHP와 XLIT는 두 개의 광선으로, 전자는 태양의 아랫부분에서 상의 윗부분으로 온 것으로 프리즘의 K와 H에서 굴절된다. 후자는 태양의 윗부분에서 상의 아랫부분으로 온 것으로 프리즘의 L과 I에서 굴절된다. 프리즘의 양쪽 면에서의 굴절은 서로 같기 때문에, 즉 K에서의 굴절은 I에서의 굴절과 같고, L에서의

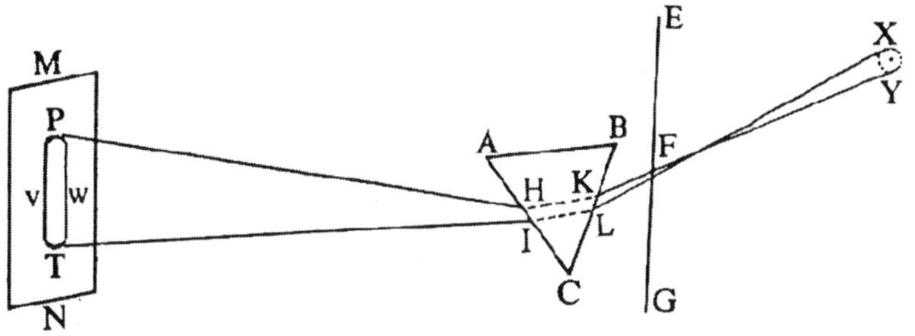

[그림 3-5] 프리즘 안에서 태양광선의 굴절에 의해 생긴 스펙트럼
(자료원: Newton, 1952)

굴절은 H에서의 굴절과 같다. 따라서 K와 L에서 입사한 광선들이 함께 일어나는 굴절은 H와 I에서 나오는 광선들이 함께 일어나는 굴절과 같다. 같은 것들에 같은 것들을 추가하면, K와 H에서 함께 일어나는 굴절은 I와 L에서 함께 일어나는 굴절과 같다. 그러므로 두 광선은 똑같이 굴절되어, 이전에 굴절한 후에는 서로 같은 기울기를 갖는다. 즉, 태양의 직경에 일치하는 30분의 기울기를 갖는다. 이는 굴절이 일어나기 전에 서로 광선들의 기울기가 컸기 때문이다. 그러므로 상 PT의 길이는 일반적인 광학 법칙에 의해 프리즘에서 30분의 각으로 경계 지어진다. 결과적으로 폭 vw와 같아지고 상은 원형이 된다. 이런 식으로 두 광선 YKHP와 XLIT 그리고 나머지 모두가 비슷하게 굴절하여 상 PwTv를 만든다. 실험을 관찰해보면, 상은 원형이 아니고 폭보다 5배 정도 길다. 스펙트럼은 색깔을 띠었는데, 가장 작게 굴절되는 끝 T에는 빨간색을 띠었으며, 작게 굴절되는 끝 P에는 보라색이 나타났다. 그리고 그 사이 공간에 노랑, 초록, 파랑의 색이 나타났다. 실험에서 상의 길이는 한쪽 끝의 제일 밖의 희미한 빨간색부터 다른 끝의 제일 밖의 희미한 보라색까지 측정되었다. 상의 폭은 앞에서 이야기한 것처럼, 1/4인치를 초과하지는 않았다(Newton, 1952).

뉴턴은 1672년에 왕립학회에 보낸 '빛과 색깔의 새로운 이론'이라는 제목의 편지 형식의 논문에 프리즘의 현상의 관찰을 통해 나타나는 이상한 발견에 관하여 글을 보냈다.

“나는 유명한 ‘색채의 현상’을 연구하기 위해 세모꼴로 된 프리즘을 손에 넣었다. 그리고 적당한 양의 태양광선을 얻기 위하여, 방을 어둡게 만들고 창에 작은 구멍을 뚫고 빛이 들어오는 입구에 프리즘을 놓아 반대편 벽으로 굴절할 수 있도록 하였다. 그럼으로써 생긴 생생하고 짙은 색채를 바라보는 것이 처음에는 아주 즐거웠다. 그런데 잠시 후 그것을 좀 더 신중하게 고찰하고 나서 그것들이 길게 늘어난 원형이라는데 더욱 놀라게 되었다. 일반적으로 인정되는 굴절의 법칙에 따르면 그것은 원형이어야 된다고 생각했기 때문이다(Gillispie, 1960).”

당시 알려진 사실로는 유리가 빛을 굴절시킨다는 것과 굴절에 대한 수학법칙 그리고 갈릴레오가 망원경을 만들어 별과 위성의 움직임을 관측했다는 사실, 프리즘이 태양광선을 여러 색의 스펙트럼으로 분산시킨다는 사실 정도였으며 색이 생기는 이유는 저마다 견해가 조금씩 달랐다. 또한 데카르트도 프리즘을 이용한 실험을 하였었다. 데카르트는 프리즘의 한쪽 면에는 태양광선이 완전히 비치도록 하고, 다른 한쪽 면은 불투명한 종이로 막고 아주 작은 구멍 하나만 뚫어 빛이 이 구멍으로만 통과하도록 하였다. 이 구멍을 태양광선이 통과한 후 무지개 색이 나타났다. 이 상은 불투명한 종이의 그림자 때문에 무한정 크게 나타나지는 않았다. 데카르트는 만약 불투명한 종이의 구멍이 매우 크다면 스펙트럼은 보이지 않을 것이라 추론했다. 즉, 스펙트럼은 그림자 없이는 눈에 보이지 않는다고 생각한 것이다. 스펙트럼의 내부 윤곽은 그다지 뚜렷하지 않았지만 스펙트럼에는 빛의 그림자가 필요하다는 결론을 지었다. 그는 무지개 색을 띤 스펙트럼이 어떤 것인지 알고 있었다고 하더라도 ‘둥근’ 구멍을 통과한 빛의 스펙트럼이 ‘길게’ 나타나는 현상에는 전혀 관심이 없었던 것이다(홍성욱, 이상욱, 2004).

여기서 뉴턴은 그 당시 굴절의 법칙을 알고 있었다. 그러나 원형의 광선이 프리즘을 통과해 색 스펙트럼이 나타나면서 상이 길게 늘어진 원형이 되는 문제를 발견한 것이다(그림 3-5). 이 현상은 굴절의 법칙으로는 설명이 되지 않는 현상이었다. 백색광에 대하여 세운 스넬의 법칙이 각각의 색의 빛에 적용되느냐 하는 문제가 생긴 것이었다. 즉, 새로운 과학적 문제를 발견하였다.

여기서 뉴턴이 발견한 과학적 문제는 겟젤스(Getzels, 1987)가 분류한 문제유형에 의하면 이미 잘 정리되어 있는 문제가 아니라 발견된 문제(discovered problem)의 유형에 속한다고 볼 수 있다. 딜론(Dillon, 1982)의 분류에 따르면 외연적으로 드러나 있는 문제가 아니라 내재적으로 잠재되어 있는 잠재적인 문제(potential problem)의 유형에 속한다고 볼 수 있다(김영민, 2006). 잠재적인 문제들은 발견의 과정에서 확실하게 드러나는데, 어느 누구에게도 의미 있는 문제의 발견이 쉽지 않다. 이는 뉴턴이 그 당시의 충분한 빛에 관한 지식을 가지고 문제를 해결할 수 있는 원인을 찾을 수 있는 통찰력을 가지고 있었다고 생각된다. 뉴턴은 스펙트럼 띠를 최초로 본 인물이 아니라 그것을 최초로 분석한 인물이었다(Gillispie, 1960).

뉴턴의 전기를 쓴 작가는 그의 대학 생활은 대학교육 역사상 가장 훌륭한 생활이라고 주장하였다. 왜냐하면 뉴턴은 당시 유럽의 가장 진보적인 과학자들의 새로운 철학과 물리학 그리고 수학을 그의 격리된 개인적 노트 속에서 자기 혼자서 발견하고 완벽하게 터득했기 때문이다(Crease, 2004). 이는 뉴턴이 당시 여러 과학자들의 이론을 공부하는 데 많은 노력과 시간을 들였으며 그 이론들을 파악하고 있었다는 것이다. 그러면서 빛과 색에 대한 기존의 이론에 대하여 의문을 가지고 빛과 색의 관계를 근본에서부터 재정립하고자 하였다. 자신의 프리즘을 이용한 실험을 통해 색이 만들어지는 현상을 기존의 이론이 다르게 설명하고 있음을 주목하였다. 자신의 프리즘 실험에서 스펙트럼 상이 길어진 원형이 되는 현상을 굴절의 법칙으로 설명하지 못해 빛과 색에 대한 새로운 이론을 필요로 하는 새로운 과학적 문제를 발견하게 되었다. 투사거리와 프리즘 양면에서 동일한 굴절을 조건으로 실험한 결과로 나타난 길게 늘어난 스펙트럼은 우연에 의한 관찰 사실이었다.

이상의 분석으로부터 뉴턴이 과학적 문제를 발견하고 정의하는 사고 과정은 [그림 3-6]과 같이 정리될 수 있다.

뉴턴은 프리즘에 의한 상이 길어지는 현상의 원인을 찾기 위해서 실험조건을 변화시키면서 관찰하였다. 관찰을 통하여 가능하다고 생각했던 원인을 하나씩 제거해 나갔다. 먼저 기구의 배치를 변화시켰다. 특히 프리즘에 입사하는 빛의

빛과 색에 대한 기존의 이론이 맞지 않으므로 새로운 이론이 필요함을 인식
(새로운 과학적 문제를 발견하고 설정함)

↑

기존의 이론으로 프리즘에 의한 상이 길어진 원형이 되는 이유를 설명하지 못함을 인식함
(굴절의 법칙으로 프리즘에 의한 상을 분석함)

↑

아리스토텔레스와 데카르트의 색에 관한 이론에 의심을 가짐
(빛과 색에 관한 기존의 이론을 이해하기 위해 많은 노력과 시간을 들이면서
자신의 생각과 그 이론의 차이점을 간파함)

[그림 3-6] 뉴턴의 문제 발견에서의 사고 과정

경사각은 변화시키지 않은 채 빛이 통과하는 유리쐐기의 두께가 변하도록 프리즘을 앞뒤로 움직이면서 관찰하였다. 다음으로 그는 프리즘에 입사하는 빛이 통과하는 구멍의 크기를 변화시키면서 관찰하였다. 그러나 이러한 조건의 어느 것도 상이 길어지는 원인이 아니었다. 또한 프리즘 속의 불규칙성으로 인해 스펙트럼이 길어지는 것이 아닌가 의심하여 같은 두 개의 프리즘을 굴절하는 가장자리 점을 반대방향으로 두었을 때의 효과를 시험하였다. 통과하는 유리의 길이가 두 배가 되어 비균일성에 의한 효과 또한 두 배가 될 것이었다. 그러나 그 결과는 광선이 지나가는 곳에 전혀 프리즘이 없었던 것처럼 원형의 상이 나타났다. 이미 굴절에 관한 법칙을 알고 있었으므로 상의 크기가 얼마인지를 계산하였다. 그런데 스펙트럼의 크기가 계산한 것보다 5배가량 크다는 것을 발견하였다. 그래서 그는 빛이 직진하지 못하고 “라켓으로 비스듬히 친 테니스공”처럼 곡선으로 움직인다고 생각하기 시작했다(Crease, 2004).

라부아지에의 문제 발견

라부아지에(Lavoisier)는 1772년 과학원의 몇몇 동료들과 다이아몬드의 가열에 대한 실험을 하면서 연소에 대한 실험을 시작하였고 이로부터 매우 중요한 결과를 얻게 되었다. 다이아몬드를 건류기 안에서 가열하면 무게가 줄어들지만,

그 안의 공기를 없애주면 다이아몬드의 무게가 줄지 않는다는 것을 발견하였다. 라부아지에는 그 후 인과 황의 연소 실험을 계속 하였는데, 인과 황의 연소를 위해서도 공기가 필요하며 그 반응의 생성물이 원래의 인, 황보다 무게가 더 무겁다는 것을 증명하였다. 그러나 그는 공기 중 어느 성분이 이러한 현상과 관련되어 있는 것인지 알지 못하였다(Poirier, 1996). 그러나 이 실험 결과는 당시 플로지스톤설에 대한 문제를 제기하는 계기가 된다. 즉, 과학적 문제 발견으로 이끈 실험이 된다.

당시 상당수 과학자들은 플로지스톤설을 믿고 있었는데, 이 이론은 모든 가연성 물질에는 플로지스톤(phlogiston)이라는 입자가 있어 연소과정에서 플로지스톤이 소모되고, 플로지스톤이 모두 소모되면 연소과정이 끝난다는 학설이다.[5] 이 플로지스톤 학설은 당시에 발견되었던 많은 화학현상을 설명하기 위하여 사용되었다. 이 이론에 의하면 연소 과정에서 플로지스톤이 소모되기 때문에 연소 후에는 연소 전에 비해 질량이 줄어들어야 한다. 그러나 라부아지에 실험에서는 연소 후에 질량이 오히려 증가하는 현상이 발생한 것이다. 즉, 연소에서의 프로지스톤설을 의심하게 하는 과학적 문제가 발견된 것이다. '연소를 설명하는 플로지스톤설이 옳은 것인가?'라는 과학적 문제는 다음과 같은 과정을 거치면서 의심의 정도가 더 커지고 더욱 확고해진다.

1774년 영국의 프리스틀리가 "탈(脫)플로지스톤 공기"(비(非)플로지스톤 공기)라는 이름으로 산소를 발견하였고, 그해 라부아지에는 파리를 방문한 프리스틀리를 통해서 그 사실을 알게 되었다. 1775년 프리스틀리는 "탈플로지스톤 공기"의 발견을 공식적으로 발표하였다. 라부아지에는 프리스틀리가 발견한 기체가 자신이 생각하고 있는, 연소와 관련된 공기의 일부와 대응될 수 있다고 생각하였고, 공기의 정체를 밝혀내기 위해서 추가적인 실험을 진행하였다(이필렬, 1997).

금속회를 숯을 사용해서 가열할 경우 이산화탄소가 생성된다는 사실은 이전의

---

5) 독일의 과학자 베허는 파라셀수스의 4원소설을 수정하여, 기본 물질로 물과 기타 3종류의 흙을 주장하였다. 1679년에는 그의 제자인 슈탈이 그중 기름성분의 흙을 '플로지스톤'으로 명명하고, 이 플로지스톤은 물질이 타는 데 필요한 기본입자라고 주장하였다.

실험을 통해서 알려져 있었다. 1775년 3월 라부아지에는 숯가루를 연소한 후 발생하는 기체를 물에 녹이면 탄산수가 생성된다는 사실을 알게 되었다. 그는 추가적인 실험을 통해서 이때 발생하는 기체가 이산화탄소라는 사실을 확인하였다. 계속된 실험에서 라부아지에는 수은의 금속회를 숯을 사용하지 않고 가열하면 금속 형태의 수은과 대기 중의 공기와 유사한 성질을 가지는 기체가 생성된다는 사실 또한 알게 되었다. 이를 통해서 라부아지에는 금속회를 숯을 사용해서 가열할 경우 금속회가 포함하고 있던 기체와 숯이 반응하여 이산화탄소가 발생하고, 금속이 생성된다는 사실을 알게 되었다. 라부아지에는 이 기체가 일반 공기와 성질이 유사하나 더 오랫동안 촛불을 태울 수 있고 생명을 지탱할 수 있다는 사실을 알게 되었다. 그러나 그 기체에서 산소를 추출하지는 못하였다. 라부아지에는 이 실험의 결과를 토대로 금속회를 가열할 경우의 질량 변화는 공기의 출입으로 인한 것이며, 이 공기는 대기 중의 공기 보다 더 순수하다고 설명하였다(조정미, 1997). 이 실험의 결과와 산소의 발견은 산소가 연소에 관련이 되어 있다는 사실을 짐작하게 하여 이후 라부아지에가 새로운 연소 이론을 세우는 계기가 된다(이충호, 2011).

라부아지에의 동료 드 모르보(de Morveau) 또한 그 즈음에 가열에 의하여 금속의 무게가 증가한다는 것을 확인하였다. 무게 증가의 실체와 일반성에 대해 의심하기 시작하였지만 그의 기본 입장은 여전히 무게의 증가가 용기나 연료의 불순물이 들어가서 생긴다고 주장하였다. 드 모르보는 조심스럽고 세밀한 실험으로 불순물 유입 가능성을 없앴으며 구리, 철, 주석, 안티몬, 비스무트 및 아연의 가열에서 무게 증가가 생긴다는 것을 증명하였다. 그럼에도 드 모르보는 자신의 발견들에 대해 전통적인 플로지스톤 이론으로 설명을 하였지만, 라부아지에는 공기가 가열 과정에 관여하지 않았는지 의심하였다. 그는 분말 형태의 가열산화물이 금속으로 환원될 때 기포가 발생한다는 것을 알고 있었으며 이것이 공기의 발생 때문일 것이라고 추측하였다. 따라서 그는 공기가 발생하는지를 알아보기 위하여 가열렌즈를 사용하여 숯으로 산화납을 환원시키려고 하였다. 그는 헤일의 장치를 변형시켜 다량의 기체를 모았다. 이런 실험을 기반으로 라부아지에는 무게의 증가가 관찰되는 모든 연소와 가열의 경우에 공기의 고정이 일어나며, 가열산화물이 환원되면 공기가 발생한다는 그의 첫 번째 가설을 만들었다. 그러나 그는 연소와 가열산화에서 흡수된 것이 고정공기인지 보통의 공기인지 또는 공기 속에 들어 있는 다른 기체인지 확신하지 못하였다.

그 후 라부아지에는 주석과 납의 가열에 관한 보일의 실험을 반복하면서 중요한 점을 더하였다. 주석의 무게를 측정하여 건류기에 넣고 봉하였다. 그리고 이 건류기를 두 시간 동안 가열한 후 냉각시켰다. 이 단계에서 라부아지에는 다시 건류기의 무게를 측정하였는데, 이것은 보일이 하지 않은 일이었다. 라부아지에는 봉해진 건류기의 무게가 실험 동안에 증가하지 않았다는 것을 알아내어, 불 입자가 유리를 통과하여 들어오기 때문에 무게가 증가한다는 보일의 이론을 반박하였다. 라부아지에는 봉해진 마개를 열 때 공기가 빨려 들어가는 소리를 들었다. 이제 열려진 건류기의 무게는 전보다 더 무거워졌다. 공기가 들어가서 증가한 무게는 주석의 무게의 증가분과 정확하게 같았다. 주석의 가열산화는 한 시간 후 멈추는 것으로 보였다. 이에 라부아지에는 건류기를 열 때 증가한 무게가 그 안에 진공이 생겼다면 증가했을 무게보다 훨씬 작다는 사실에서 공기의 일부분만이 가열산화에서 흡수된다는 것을 확인하였다.

1774년 10월에 프리스틀리(Priestley)가 라부아지에를 방문하였다. 이때 프리스틀리는 그가 약 두 달 전에 한 실험에서 수은의 가열산화물에서 얻은 놀라운 기체에 대하여 이야기하였다. 프리스틀리의 실험 결과에 놀랐지만, 라부아지에는 이미 가열산화물이 금속으로 환원되면 기체물질이 제거된다고 확신하고 있었다. 심지어 프리스틀리가 실험을 하기 전부터라도 라부아지에의 동료인 바옌은 수은의 가열산화물을 환원하는 데 숯이 불필요하다는 것을 증명하였다. 강한 열만으로도 충분하였다. 더욱이 그는 환원 동안에 무게가 감소하는 것도 발견하였다. 라부아지에는 프리스틀리의 실험을 반복하였으며, 또 수은 가열산화물을 숯과 함께 가열하기도 하였다. 그는 나중 실험에서 고정공기가 생성되었지만, 수은 가열산화물만 가열하였을 때 생성되는 그 호흡공기(프리스틀리는 탈플로지스톤 공기라고 했고 라부아지에는 산소라고 부름)는 매우 다른 성질을 가진다는 것을 증명하였다.

왓슨-크릭의 문제 발견

왓슨-크릭의 문제 발견은 발견된 문제라기보다는 제시된 문제(DNA는 어떻게 구성되어 있는가?)를 해결해 가는 과정에서 생성된 문제의 발견과 그 해결에 속한다. DNA는 19세기 중반에 이미 발견되었고, 20세기 초에는 DNA가 모든 세포 안에 존재하는 것으로 밝혀졌다(Stent, 1980, p.13). 1924년에는 포일겐(Feulgen)이 DNA 염색법인 포일겐 염색법을 발견하였다. 이 방법에 의하면 DNA의 양에 따라 염색 정도가 달라지는데, 이 방법에 의해 한 개체 내의 세포핵은 같은 양의 DNA를 가지고 있음이 밝혀졌다. 그러나 DNA가 유전물질일 것이라는 가능성은 제기되지 않았다(Hardie et al., 2002). 그 이유는 DNA 구성을 살펴보면 알 수 있다. DNA는 핵산의 일종으로 유전자의 본체이다. 핵산은 뉴클레오티드(nucleotide)라고 하는 단위물질이 많이 연결된 고분자 유기물이다. 이 뉴클레오티드는 염기, 펜토오스(pentose), 그리고 인산이 각 한 분자씩 결합하여 구성된 것인데, 펜토오스가 데옥시리보오스이면 DNA(데옥시리보핵산)라고 하고, 리보오스이면 RNA(리보핵산)라고 구별하여 부른다. 따라서 DNA를 구성하는 뉴클레오티드는 '염기-데옥시리보오스-인산'이 한 분자를 이루고(그림 3-7(a)) 이러한 분자 여러 개가 연결된 구조를 가진다(그림 3-7(b)). 이 분자 구조에서 염기 종류에는 아데닌(adenine: A), 구아닌(guanine: G), 시토신(cytosine: C), 티민(thymine: T)의 네 가지가 있다. 따라서 DNA를 구성하는 뉴클레오티드는 A를 가진 것, G를 가진 것, C를 가진 것, 그리고 T를 가진 것의 4종류가 있을 수

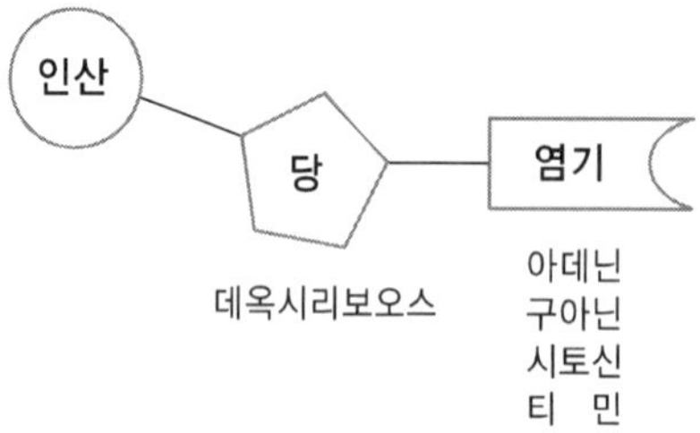

(a) DNA의 뉴클레오티드

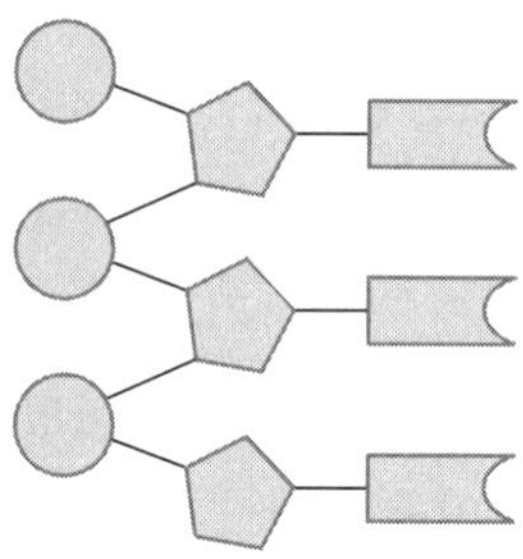

(b) 뉴클레오티드의 사슬

[그림 3-7] DNA의 뉴클레오티드와 뉴클레오티드의 사슬

있다. 이 4종의 뉴클레오티드 배열순서에 따라 서로 다른 DNA가 만들어진다. 이 4종의 뉴클레오티드가 수천 개 이상 연결되어 한 개의 완전한 DNA 분자를 형성하며 이를 폴리뉴클레오티드라고 부른다. 이렇게 분자를 형성할 때 그 배열순서에는 무수히 많은 종류가 있을 수 있으므로 DNA의 종류도 무수히 많게 된다(Weisberg, 2006, p.9). 생물체에 무수히 많은 종류의 유전자가 있을 수 있는 것은 DNA의 종류가 무수히 많기 때문이다. 이 구조가 정확히 밝혀지기까지에는 많은 연구 결과들의 축적이 필요했다.

DNA 발견 초기에는 DNA가 거의 전적으로 유전물질의 자리인 염색체 안에서 발견되는데도 불구하고, 염색체 안에는 DNA보다 단백질이 더 많다는 사실 때문에 단백질이 결정적인 유전물질일지 모른다는 믿음이 있었다. 게다가 DNA는 유전물질에 요구되는 작업을 수행하기에는 상대적으로 지나치게 단순한 분자라고 여겨지기도 했다(Olby, 1994). DNA 발견 초기에 과학자들은 DNA 분자가 단순히 테트라뉴클레오티드, 즉 네 가지 뉴클레오티드가 각각 하나씩 모여 전체 분자를 이루고 다른 것은 아무것도 포함되어 있지 않다고 믿었다. 그러나 과학자들은 DNA의 분자량이 네 가지 뉴클레오티드만의 분자량보다 훨씬 크다는 것을 곧 밝혀냈다. 이 연구 결과는 DNA가 테트라뉴클레오티드일 수 없음을 증명한 것이며, 그러자 과학자들은 이 큰 분자를 구성하는 것이 단순히 같은 순서로 단조롭게 반복되는 테트라뉴클레오티드의 연결체라고 가정했다. 왜냐하면 어떻게 분석하든 DNA의 구조가 비교적 단순했기 때문이다. 그리고 유전자의 기능은 단백질의 합성을 지시하는 것이고, 단백질은 복잡한 분자이므로 유전자 역시 당연히 복잡해야 한다고 생각했다. 따라서 단순한 테트라뉴클레오티드로 이루어진 DNA 구조는 그 목적에 부합될 수 없었다(Weisberg, 2006).

DNA 발견에 따른 한 가지 문제 발견

연구자들은 1940년대 후반이 되어서야 DNA가 유전물질이라는 데 동의하기 시작했다. 1940년대에 몇 가지 다른 종류의 실험 결과들이 DNA가 유전물질이라는 증거를 제시하기 시작했다. 1928년 그리피스(F. Griffith)는 폐렴을 일으키는 박테리아인 폐렴쌍구균(Pneumococcus) 실험 결과를 발표했다. 이 실험에서 그리피스는 먼저 유독성 박테리아와 무독성 박테리아를 배양한 다음, 유독성 박테리아를 생쥐에 주입했을 때 생쥐가 죽었고, 무독성 박테리아에 의해서는 죽지 않음을 확인하였다. 그런데 유독성 박테리아를 열을 가해 죽인 다음 생쥐에 투입했을 때에는 생쥐가 죽지 않았으나 열처리한 유독성 박테리아와 무독성 박테리아를 동시에 투입했을 때에는 생쥐가 폐렴에 걸려 죽는 것을 확인하였다. 이 실험 결과는 열처리한 유독성 박테리아가 무독성 박테리아를 유독성 박테리아로 변환(형질변환)시킬 수 있다는 것을 보여준 것이다(Olby, 1994). 더 중요한 것은 이 변환이 다음 세대로까지 전달될 수 있다는 점이다. 이는 무독성 박테리아의 유전물질이 변경되었다는 것을 의미한다. 이로부터 결정적인 과학적 문제가 제기되었으며, 그 문제는 '그리피스 실험에서 추출된 물질, 변환 물질의 화학적 조성은 무엇일까?' 라는 것이었다.

이 질문에 대한 답변은 1944년에 에이버리(Avery)와 그의 동료들에 의해 주어졌다. 그리피스(Griffith)의 실험 결과는 죽은 유독성 세균 속에는 무엇인가가 무독성 세균을 유독성 세균으로 바꾸어주는 물질이 있음을 암시한다. 에이버리(Avery)와 그의 동료들은 세균을 배양한 후 다양한 방법을 통해 변환 물질(transforming substance)을 순수정제하고 이 정제된 물질에는 단백질, 지질, 당 등이 검출될 수 있을 정도의 양으로 존재하지 않으며 거의 전부 DNA로 구성되어 있음을 밝혀내었다. 따라서 형질변환을 일으킨 물질은 DNA이었음을 증명하였다.

다른 한편에서는 허시(Hershey)와 체이스(Chase)가 유전물질의 조성에 대한 정보를 얻기 위해 바이러스가 박테리아를 공격하고 죽이는 메카니즘에 대해 연구했다(Olby, 1944). 이들의 연구 결과로 드러난 것은 바이러스가 박테리아를 공격할 때 바이러스 DNA는 숙주 박테리아 안으로 들어가는 반면, 단백질로 이루어진 바이러스의 껍질은 숙주 바깥에 남는다는 사실이었다. 이 결과는 바이러스로부터 박테리아로 유전 정보를 전달하는 물질이 DNA라는 생각을 강하게 뒷받침했다(Weisberg, 2006).

다른 한 가지 연구는 DNA의 화학적 조성에 관한 것으로, 샤가프(Chargaff)에 의한 연구이다. 그는 DNA의 화학적 조성에 관한 일련의 연구에서 DNA 구조의 테트라뉴클레오티드 가설이 틀렸다는 것을 보여주었다(Olby, 1994). 이 실험에서는 종이 크로마토그래피(paper chromatography)를 사용하였는데, 이것은 다음과 같다: (1) DNA 분자를 각각의 염기별로 나눈 후 여과지에 흡수시켜 진행시키면 각 염기는 각자의 위치로 가게 된다. (2) 각각의 위치를 잘라내 농도를 측정한다. 이 실험 결과에 의하면, 첫째, 서로 다른 종마다 4염기의 비율이 다르다. 즉, DNA는 4가지 염기가 똑같이 섞여 있는 것이 아니라, 종 사이에 차이를 보인다. 둘째, 모든 DNA에서 (T + C) : (A + G)의 비가 1에 가깝다. 이 데이터의 일부를 〈표 3-1〉에 제시하였다.

표에 제시된 실험 데이터(Chargaff, 1950)에서 보는 바와 같이 그는 서로 다른 유기체로부터 DNA를 얻어 각 DNA에 들어 있는 여러 염기의 상대적인 비율을 분석하였다. 이러한 분석 결과를 바탕으로 그는 같은 종 안에서 염기들의 비가 다르며, 서로 다른 생물체에서 얻은 DNA는 서로 다른 염기 비를 갖는다는 것을 발견하였다. 따라서 DNA에는 그동안 과학자들이 생각했던 것보다 훨씬 많은 가변성이 있다는 것이다. 이 가변성은 DNA 분자가 유전 암호의 전달자일 수 있다고 생각하기에 충분했다. 또 한 가지 발견 사실은 표에서 보는 바와 같이 모든 생물체는 A와 T의 양이 항상 같고 (A=T), G와 C의 양도 항상 같다(G=C)는 것이었다. '샤가프의 법칙'으로 알려진 이 발견은 이중 나선 모형을 구축하는 데 중요한 기초 자료가 된 것으로 밝혀졌다.

〈표 3-1〉 샤가프의 실험 데이터 일부

Organism	Adenine	Guanine	Cytosine	Thymine	Adenine/ Guanine	Thymine/ Cytosine
man sperm	0.29	0.18	0.18	0.31	1.6	1.7
ox spleen	0.25	0.20	0.15	0.24	1.2	1.5
Yeast	0.30	0.18	0.15	0.29	1.7	1.9
Avian tubercles bacillus	0.12	0.28	0.11	0.17	0.4	0.4

자료원: Chargaff, 1950, p.205, Table II, III, and IV

이러한 연구 결과들을 바탕으로 1950년대에는 많은 과학자들이 단백질이 아닌 DNA가 유전물질일 것이라고 믿게 되었다. 왓슨(1968, p.31; 재인용 Weisberg, 2006)은 크릭과의 만남에 관해 다음과 같이 말했다. "DNA가 단백질보다 더 중요하다는 것을 알고 있는 누군가를 찾은 것은 진정한 행운이었다." 왓슨이 크릭을 만나서 두 사람의 중심 질문은 DNA 분자의 구성 방식에 관한 것이 되었다(Weisberg, 2006). 창의적인 발견을 한 사람들은 작업해야 할 결정적으로 중요한 문제를 찾는 또는 발견하는 능력이나 직관을 가지고 있는 반면, 덜 창의적인 사람들은 중요한 것을 전혀 보지 못한다고 말한다(Getzels & Chikszentmihalyi, 1976; Runco, 1994). 문제 발견이 얼마나 중요한가 하는 것을 말해주고 있다.

과학자의 문제 발견 패턴[6)]

|제4장|

겟젤스(Getzels, 1979)는 문제 상황을, '제시된 문제 상황(presented problem situation)'과 '발견된 문제 상황(discovered problem situation)' 그리고 '창조된 문제 상황(created problem situation)'으로 분류하였다. 겟젤스(Getzels, 1979)는 또 문제의 유형을 어려움이나 장애물로서의 문제와 탐구를 위해 제기된 질문으로 분류하였다. 그런가 하면 전윤식 외(2003)는 겟젤스가 분류한 두 가지 문제 유형 외에 모순으로서의 문제, 놀라운 사실로서의 문제, 기회로서의 문제, 의사결정으로서의 문제 등을 추가하여 여섯 가지 유형으로 분류하였다. 이 분류에서 모순으로서의 문제나 놀라운 사실로서의 문제는 과학적 문제 발견에 속하지만 기회로서의 문제나 의사 결정으로서의 문제는 과학과는 거의 관련이 없다. 즉, 이들이 분류한 문제 유형은 학문적인 것과 일상생활적인 것을 통틀어 일반적으로 분류한 것이며 제시된 문제와 발견된 문제를 모두 포함하여 분류한 것이다. 이 장에서는 과학에 국한하여 발견된 문제 상황들을 분석하여 분류해 보고자 한다.

제3장에서 살펴본 바와 같이 과학자들이 과학적 문제를 발견하는 과정은 다양하다. 케플러(J. Kepler)의 시각 이론 형성 과정에서의 문제 발견을 분석한 연구(김

6) 이 장의 대부분 내용은 김영민, 서혜애, 박종석(2013)에서 가져온 것이다.

영민, 2006)에 따르면, 그의 문제 발견 과정은 '당시 이론이나 설명의 불충분, 모순, 또는 오류에서 발견된 문제'로 볼 수 있다. 또한 카르노(S. Carnot)의 열기관 이론 형성 과정에서 귀추적 사고와 문제 발견에 대해 분석한 연구(김영민, 2010)에 따르면 카르노의 문제 발견 과정은 '비유 추론에 의한 문제 발견'의 경우로 볼 수 있다. 이렇듯 과학자들의 문제 발견 과정은 다양하지만 이들을 분류해 보면 어떤 패턴이 있음을 찾아낼 수 있다. 이러한 잘 알려진 과학자들의 문제 발견 과정을 분석하여 패턴들을 탐색한 결과는 학생들의 문제 발견 능력 향상을 위한 프로그램을 개발하는 데 유용하게 쓰일 수 있다.

과학자들의 문제 발견의 패턴을 분석하기 위해 역사적으로 잘 알려진 창의적 과학자를 선정하였다. 이들 창의적 과학자들은 첫째, 연구 결과물 및 관련 문헌이 풍부하고, 둘째, 물리, 화학, 생명과학, 지구과학의 각 영역에서, 셋째, 17세기 초기 근대 과학 시대 이후의 과학자 가운데 과학과 교육과정 및 과학 교과서에서 중요하게 언급되는 내용에 관련되는 과학자를 선정하였다. 이렇게 하여 선정된 과학자는 물리학과 지구과학에서 갈릴레오(G. Galilei), 케플러(J. Kepler), 영(T. Young), 카르노(S. Carnot), 패러데이(M. Faraday), 뢴트겐(W. Röntgen),

〈표 4-1〉 구대상 과학자와 과학사적 사건

영역	과학자	과학사적 사건
물리학과 지구과학	갈릴레오 (Galileo Galilei, 1564~1642)	달 표면 모양과 태양 흑점 발견
	케플러 (Johannes Kepler, 1571~1630)	시각 이론 형성
	영 (Thomas Young, 1773~1829)	빛의 간섭 이론 형성
	카르노 (Sadi Carnot, 1796~1832)	카르노 열기관 이론 형성
	패러데이 (Michael Faraday, 1791~1867)	전기력선과 자기장 발견
	뢴트겐 (Wilhelm Röntgen, 1845~1923)	X선 발견
화학과 생명과학	라부아지에 (Antoine Lavoisier, 1743~1794)	연소 이론 형성
	러더퍼드 (Ernest Rutherford, 1871~1937)	알파입자 되튐 현상 발견
	멘델 (Gregor Mendel, 1822~1884)	식물의 잡종 형성과 유전
	왓슨 (James D. Watson, 1928~)	DNA 구조

화학과 생명과학에서는 라부아지에(A. Lavoisier), 러더퍼드(E. Rutherford), 멘델(G. Mendel), 왓슨(J. Watson) 등 10명이다. 이들 각 과학자의 문제 발견 과정을 분석하기 위한 과학사적 사건은 〈표 4-1〉과 같다.

잘 알려진 과학자 10명의 문제 발견의 과정에서 나타나는 패턴을 분석하기 위해서 분석 준거를 설정하였다. 첫째는 해당하는 과학사적 연구를 수행한 당시의 상황은 어떠한가? 둘째는 문제 발견 과정은 어떠한가? 여기서 문제 발견은 과학적 의문 또는 질문의 제기에서부터 문제를 형성하기까지의 과정을 의미한다. 셋째는 문제 발견 과정에서 어떤 패턴을 보였는가? 이 준거에 따라 각 과학자에 대해 분석한 후, 문제 발견의 패턴을 탐색하고, 각 패턴에 대해 2, 3가지 사례를 상세하게 제시하였다.

[패턴 1] 당시 이론이나 설명의 불충분, 모순 또는 오류에서 발견된 문제

잘 알려진 과학자들은 당시 이론이나 설명이 불충분하거나 그 설명이나 이론에 모순 또는 오류가 있음을 발견하고, 이를 과학적 문제로 형성하는 경우가 있다. 이 패턴에는 라부아지에, 멘델, 왓슨과 크릭의 세 가지 사례를 포함시킬 수 있다.

패턴 1-1. 연소 이론에서 라부아지에(A. Lavoisier)의 문제 발견

당시 과학사적 상황

라부아지에가 연소에 대한 연구 활동을 수행하려고 할 때 거의 모든 과학자들은 플로지스톤설을 믿고 있었다. 슈탈(Stahl)은 플로지스톤을 함유하고 있는 물질을 연소하면 플로지스톤이 그 물질로부터 빠져나간다고 하였다. 플로지스톤은 그것을 함유하고 있는 물질에서 빠져 나올 때만 검출되며 단독으로는 존재할 수 없으며 직접 지각할 수도 없다고 주장하였다. 그래서 플로지스톤은 불, 열, 빛의 형태로 나타난다고 하였다. 즉 연소는 플로지스톤을 잃는 것이고, 남은 재는 플로지스톤이 없어진 원래의 물질인 것이다. 이와 같이 주장되는 플로지스톤설은 많은 화학적 사실을 획일적으로 설명할 수 있었다. 공기 중에서 숯을 태우면 소량의 재만 남았기 때문에 숯은 플로지스톤이 풍부한 물질이고 재는 숯에서 플로지스톤이 빠져나간 것으로 설명되었다. 이를 금속에도 적용하여 금속은 금속재와 플로지스톤이 결합한 것이라고 하였다(유지영, 1990).

문제의 인식과 형성

제3장에서 설명한 바와 같이 라부아지에는 '연소에 공기가 관여되는 것이 아닐까?'라는 질문을 던지면서부터 문제 발견이 시작되었다. 그는 분말 형태의 가열산화물이 금속으로 환원될 때 기포가 발생한다는 것을 알고 있었으며 이것이 공기의 발생 때문이 아닐까라고 생각하였다. 그러나 플로지스톤설이 금속의 산화에서 무게가 증가한다는 사실을 플로지스톤이 때로 음의 무게를 가질 수도 있다는 비교적 만족스럽지 못한 설명을 할 수밖에 없었음에도 불구하고 18세기 초반까지 정량적인 문제는 화학자들의 관심의 대상이 아니었기 때문에 이를 심각하게 생각하는 사람은 거의 없었다. 또 전에 없이 화학적 사실들을 통일된 이론으로 설명할 수 있는 플로지스톤설은 그것만으로도 충분히 화학자들 사이에서 환영받았다. 그래서 플로지스톤설은 많은 화학자들의 지지를 받으며 17~18세기 화학의 한 패러다임으로 작용하였다. 라부아지에는 1771년 동료인 드 모르보(L. de Morveau)가 구리, 철, 주석, 안티몬, 비스무트, 아연 등의 금속을 공기 중에서 가열하여 무게가 증가한다는 것을 보여주자 연소에 대해 관심을 가지기 시작했다.

그런데 드 모르보는 금속을 가열했을 때 무게가 증가한 것은 금속 안에 있던 플로지스톤이 무게가 없어 금속을 들어 올렸기 때문이라고 설명하였다. 플로지스톤설을 신봉했던 드 모르보는 당시의 패러다임인 플로지스톤설로 자신의 실험을 설명하였지만 라부아지에는 드 모르보의 실험 결과에 흥미를 느끼면서 동시에 플로지스톤설에 근거한 드 모르보의 설명에 의문을 품고, 1772년부터 본격적으로 연소에 대한 실험을 시작하였다. 그는 연소가 플로지스톤설로는 설명되지 않는다고 생각하였고, '연소와 공기는 어떤 관련이 있는 것인가?'라는 문제를 형성하여 문제 해결을 위한 노력을 시작하였다(김학수, 1998a). 이러한 문제 발견은 플로지스톤에 대한 설명에서 그 모순점을 찾아 문제를 발견한 유형이다.

문제 해결

라부아지에는 과학 아카데미 동료들과 큰 렌즈를 이용하여 다이아몬드를 가열하는 실험을 하였다. 그 결과 다이아몬드는 공기가 있을 때는 연소했지만 공기가 없을 때는 연소하지 않았다. 라부아지에는 공기가 있어야 연소가 가능하다는 결론을 내리고 연소에 대해 더 많은 호기심을 가졌다. 그 후 라부아지에는 혼자서 인과 황의 연소 실험을 하였고, 연소 후 인과 황은 무게가 증가하는 것을 알아내었다. 또 반대로 연소한 금속재를 숯과 함께 가열해 무게가 감소하는 것도 알아냈다. 1772년 11월, 라부아지에는 이러한 실험 결과들을 모아 인과 황을 연소하면 공기를 흡수하여 질량이 증가하고, 금속재를 가열하면 공기를 잃고 금속이 생기면서 질량이 감소한다는 것을 통해 무게가 증가되는 모든 연소와 가열 산화의 경우 공기의 고정이 일어나며, 가열 산화물이 환원되면 공기가 발생한다는 가설을 과학 아카데미에 제출하였다. 라부아지에는 연소에 대한 자신만의 가설이 자신의 실험과 공기에 관한 다른 연구자들의 결과를 하나로 통합할 수 있는 혁명적인 이론으로 탄생할 수 있음을 직감하였다. 1773년, 한 해 동안 공기에 대한 모든 글을 찾아 읽고 화학자들이 수행한 실험을 수없이 반복하였다. 1774년 1월, 라부아지에는 그간의 연구와 실험 결과를 모아 첫 저서인 '물리와 화학 소론(Opuscules Physique et Chymiques)'을 발간하였다(Mason, 1962, pp.306-313).

패턴 1-2. 유전형질의 수학적 법칙 형성 과정에서의 멘델(G. Mendel)의 문제 발견

당시 과학사적 상황

18세기 말 영국에서는 식물의 생산량을 증가시키기 위해 재배종을 체계적으로 조사하기 시작하였다. 1787년 영국의 과학자 나이트(T. Knight)는 식물성장에 대한 새로운 방향을 제시하는 실험결과를 발표하였다(Orel, 1996). 그는 논문에서 인공수정을 통해 새로운 변종을 지속적으로 만들어낼 필요가 있다고 제안하였다. 1824년 영국에서 세턴(A. Seton)과 고스(J. Goss)는 완두콩을 재료로 한 실험논문을 발표하였다. 이 논문들은 곧 독일어로 번역되었으며, 멘델은 독일어 판으로 공부할 수 있게 되었다. 이 논문들은 완두콩의 씨앗의 특징에 대해 잡종자손에서의 우성과 형질 분리를 설명하고 있었다(Orel, 1996). 1849년 독일 식물학자 게르트너(F. Gärtner)는 식물잡종에 대한 방대한 논문집을 발표하였다. 멘델은 이 논문을 지니고 있었고, 논문 여백에 쓴 노트를 미루어 그가 여러 번 그 논문에 대해 자세히 공부했음을 짐작할 수 있다. 따라서 멘델은 당시 식물잡종 형성에 대한 최신 연구 경향과 관련 지식을 알고 있었던 것으로 유추할 수 있다.

문제의 형성

멘델은 당시 관련 논문들을 읽으면서 '잡종 형성과 발생에 일반적으로 적용할 수 있는 법칙이 있지 않을까?'하는 과학적 의문을 가지게 되었다(Yang & Koo, 2005). 게르트너는 자신의 논문에서 나중에 소위 멘델의 유전 법칙으로 정의될 내용과 관련된 거의 모든 현상들을 기술했으나, 가장 중요한 수량적 분리 비를 제외시키고 발표하였다. 이 부분으로부터 멘델은 기존 이론과 설명의 불충분성을 발견하게 된다. 멘델은 게르트너의 논문에 대해, '게르트너는 논문에서 실험방법을 상세히 설명하지 않아서, 어떤 실험도 완벽히 동일하게 반복할 수가 없었다. 그러나 그의 실험 가운데 완두콩 실험의 경우에는 대부분 동일한 결과를 얻을 수 있었다'(Stern & Sherwood, 1966)라고 말한 바 있다. 또한 게르트너 논문에는 '잡종의 형성과 발생에 관하여 일반적으로 적용할 수 있는 법칙은 아직 확립되어 있지 않다'고 지적하였다(양재섭, 구미정, 2005). 멘델은 이러한 연구결과에 대해 불충분한 요소들을 발견하였고, 이 발견은 유전에 대한 통일된 법칙이 있을 수 있으며, 이에 관한 연구의 필요성과 문제를 형성하게 된 계기가 되었음을 알 수 있다.

문제 해결

실제 멘델은 유전형질은 세포적 수준(현재에는 유전자)에서 결정된다는 점을 발견하였으며, 이 세포적 수준의 형질은 쌍으로 존재하며 분리와 독립의 법칙에 따라 변형되지 않고 후손에 지속적으로 전달되는 것을 발견하였다(Hartl & Orel, 1992). 멘델은 완두콩의 종자모양, 종자색깔, 꼬투리모양, 꽃의 색깔, 꽃의 위치, 줄기 길이의 일곱 가지 특징에 대해 실험하였으며, 꽃의 색깔에 대한 실험결과에서는 929개 식물 가운데 705개 식물은 보라색 꽃으로, 224개 식물은 흰색 꽃으로 나타났으며, 비율은 3.15:1임을 관찰하였다(Mendel, 1950, 2008년 재출판, pp.17-18). 멘델은 완두콩 실험을 통해 잡종자손에서 나타나는 형질에 대해 수학적 관계를 최초로 밝혀냈으며, 분리와 독립의 법칙에 따라 형질이 유전됨을 밝혔다(Hartl & Orel, 1992).

패턴 1-3. DNA 구조 탐구에서의 왓슨(J. Watson)의 문제 발견

당시 과학사적 상황

당시 왓슨은 DNA 선행연구 분석을 통해 DNA의 기본 단위는 뉴클레오티드이며, 이 뉴클레오티드는 1개의 인산, 1개의 당, 1개의 염기로 이루어져 있다는 것을 알고 있었다. 염기의 종류에는 아데닌, 구아닌, 시토신, 티민(또는 우라실)이 있으며, 핵산에는 DNA, RNA의 두 종류가 있다는 것을 알고 있었다. 에이버리(O. Avery), 허시(A. Hershey)의 연구결과를 통해 유전물질이 DNA임이 확인되었으며, 샤가프(E. Chargaff)의 연구결과에 의해 아데닌과 티민, 구아닌과 시토신이 1:1의 비로 결합한다는 사실을 알게 되었다. 이어 폴링(Pauling)이 DNA는 삼중 나선 구조를 이루고 있으며 음전하를 띤 뼈대를 안정화하기 위해서 인산들이 수소결합을 통해서 연결된다는 독창적인 제안을 했다(Pauling & Corey, 1953).

문제의 인식과 형성

왓슨은 폴링의 DNA 삼중 나선에 대한 주장을 분석한 후 그 설명에서 모순을 발견하였으며, 다음과 같은 예측과 주장을 제기하였다. 첫째, X-ray 도식에서 삼중 나선구조의 재료가 산(free acid)이 아니고 염(base)이라는 것을 믿었다.

즉 산성인 수소원자가 없다면 어떠한 힘이 그 구조를 연결하여 잡아두고 있는 것인지가 명백하지 않으며, 특히 축 근처의 음전하로 대전된 인산염 등은 서로 반발할 것이라고 예측하였다. 둘째, 반데르 발스(Van der Waals)의 거리 가운데 어떤 것들은 거리가 너무 가깝다는 점이었다(Watson & Crick, 1953). 왓슨은 폴링의 삼중 나선 DNA의 모순을 발견하면서, 다시 한 번 "도대체 DNA는 어떤 구조일까?"라는 과학적 문제를 발견하게 되었다.

문제 해결

문제의 해결에는 왓슨과 크릭(Crick)이 함께 했다. 왓슨과 크릭은 DNA 구조를 밝혀내기 위해 윌킨스와 프랭클린의 X선 회절사진(Klug, 1968)을 물리학적 관점에서 분석하였다. DNA X선 회절사진에서 나타나는 뚜렷한 X자 형태를 통해 이중 나선구조를 확인하였으며(그림 4-1), 나선의 높이는 34Å이고, 나선 1회전 당 10개의 뉴클레오티드가 있으므로 기본 염기쌍 간 거리는 3.4Å이라는 것을 밝혀 낼 수 있었다(그림 4-2). 왓슨과 크릭은 "DNA는 이중 나선구조일 것이다."라는 가설을 설정하였다. 왓슨과 크릭이 제안한 DNA 이중 나선구조에서 가장 핵심적인 발상은 염기의 배치에 대한 것이다. 왓슨과 크릭은 DNA의 네 가지 염기의

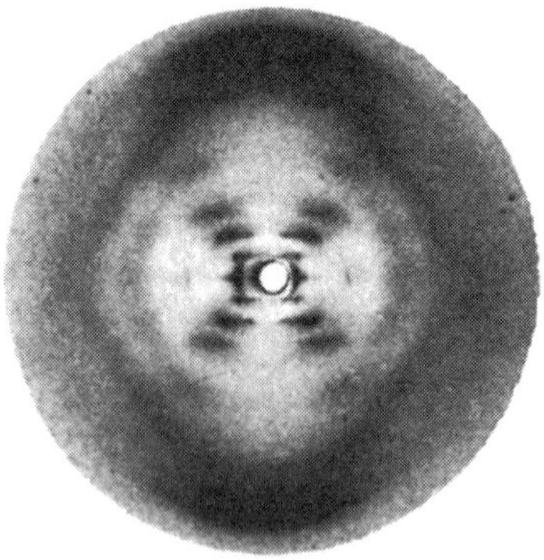

[그림 4-1] DNA의 X선 회절 사진: "X"자 형태와 나선구조 (Klug, 1968, p.808)

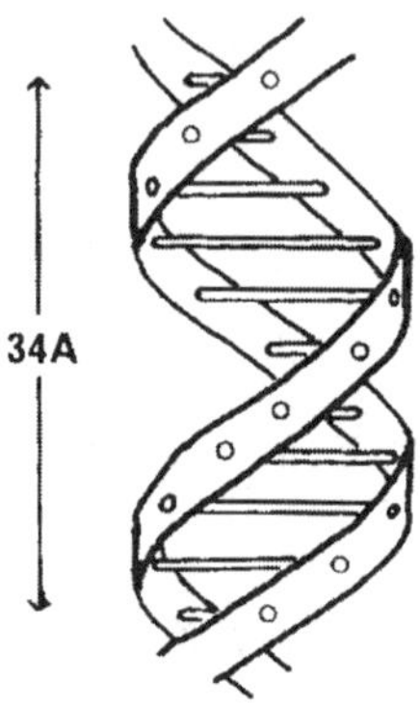

[그림 4-2] DNA의 X선 회절 사진: 나선 높이와 1회전 당 뉴클레오티드의 개수 (Klug, 1968, p.809)

모형을 만들어 이리저리 맞춰 보며 궁리하던 중 생물학적 직관과 화학적 계산을 통하여 DNA는 바깥쪽에 인산-당 골격을 가지고, 안으로는 염기가 서로 마주보는 두 가닥의 사슬이라고 추정하게 되었다. 철판과 철사로 만들어진 모형에서 두 퓨린을 서로 마주 놓으면 이중 나선의 2.0nm 폭이 모자라고, 두 피리미딘을 놓으면 틈이 남았다. 그러나 하나의 퓨린과 하나의 피리미딘을 서로 마주 놓으면 꼭 맞았다. 즉 아데닌과 티민, 그리고 구아닌과 시토신 사이에 수소결합을 만들면 이 두 염기의 쌍은 아주 비슷한 모양을 가지게 되는 것을 깨닫게 되었다. 그래서 데옥시리보오스와 인산염으로 이루어진 나선 모양의 뼈대 두 가닥 사이에 아데닌과 티민, 또는 구아닌과 시토신의 쌍들을 배치하자 근사한 이중 나선구조의 모델이 얻어졌다.

[패턴 2] 당대 지식으로는 설명되지 않는 이상한 현상을 관찰하면서 발견된 문제

잘 알려진 창의적 과학자들의 문제 발견을 분석한 결과에 의하면, 또 한 가지 유형을 찾아볼 수 있는데, 그것은 그 당시까지 축적된 지식으로는 설명되지 않는 이상한 현상을 발견함에 의해 과학적 문제를 형성하는 경우다. 러더퍼드와 뢴트겐이 이 경우에 포함된다.

패턴 2-1. 원자 모형 이론 변화에서의 러더퍼드 (E. Rutherford)의 문제 발견

당시 과학사적 상황

1897년 톰슨(J. Thomson)은 전자를 발견한 후 1904년 기존의 원자 모형에 전자를 추가하기 위해 새로운 원자 모형을 제안하였으며, 이 원자 모형은 양전하로 이루어진 구 속에 전자들이 일정한 간격으로 배치되어 안정된 구조를 이루고 있다는 이론이었다. 톰슨은 이 구조를 다음과 같이 설명하였다:

"… 원소의 원자들은 음으로 대전된 입자들[7]이, 고르게 양전하로 퍼져 있는 구 속에 갇혀 있는 형태로 구성되어 있다."(Thomson, 1904a).

이것은 마치 음전하를 띤 '건포도들'이 양전하를 띤 '푸딩' 속에 점점이 박혀 있는 모습이기 때문에 '건포도 푸딩 모형'[8]이라고 명명되기도 했다. 이 모형에서 전자들은 원자 전체에 분포하며, 임의로 분포하고 있는 것이 아니라 회전하는 고리에 위치하고 있다는 것이다. 이 원자 모형은 당시 다른 원자 모형보다 더 설득력 있는 것으로 받아들여졌다(Kragh, 2010). 이 시기에 러더퍼드는 캐번디쉬 연구소에서 원자, 전자, 방사능에 대해 연구하고 있었다. 그는 1906년에 느린 속도의 알파입자를 알루미늄박을 통과시키는 실험을 진행하고 그것에 나타난 전기적 특성을 발표하였는데, 여기서 그는 알파입자가 2° 정도 산란되는 현상을 관찰하였다고 한다(Rutherford, 1906). 그 후 러더퍼드와 그의 제자들은 기존에 알파입자를 측정하던 전기적 계수 방법을 개선시켜서, 섬광계수방법을 사용하여 실험을 하였으며, 이 실험을 직접 수행하던 가이거(H. Geiger)와 마스덴(E. Marsden)은 빠른 속도의 알파입자가 6×10^{-5}cm 두께의 금박을 지나갈 때 90°이상의 산란이 일어나는 현상을 관찰하였다.

문제의 인식과 형성

가이거와 마스덴이 관찰한 산란 현상은 즉각 러더퍼드에게 보고되었으며 러더퍼드는 이 문제를 심각하게 받아들였다(Kragh, 2010). 러더퍼드가 가이거와 마스덴의 실험 결과를 심각하게 받아들였던 이유는 러더퍼드가 1906년 연구를 통해 알파입자의 특성과 본질을 알고 있었고, 그 특성에 따르면 이 산란 현상은 기존의 톰슨의 원자 모형으로는 설명될 수 없는 현상이었기 때문이다. 이에 러더퍼드는 '90° 이상의 알파입자 산란을 보이는 원자는 어떤 구조일까?'라는 문제를 형성하게

7) 톰슨은 이때까지는 전자라는 용어를 사용하지 않고 이들을 "입자들(corpuscles)"이라고 불렀다.

8) '건포도 푸딩 모형'은 톰슨 자신이 그렇게 부른 것은 아니며 다른 과학자들에 의해 영국의 디저트 음식인 건포도 푸딩에 비교되었으며 그것으로부터 이 이름을 가지게 되었다.

된다. 이렇게 인식되고 형성된 문제는 당대 지식으로는 설명되지 않는 이상한 현상을 관찰함으로써 형성된 문제 패턴이라고 볼 수 있다.

문제 해결

당시에 이온의 본질이 충분히 알려져 있지 않았지만, 러더퍼드는 알파입자가 헬륨에서 전자 2개가 빠져나간 것과 동일하다는 것을 알고 있었다. 러더퍼드는 가이거와 마스덴의 실험 결과를 면밀히 검토하는 한편, 크라우서(Crowther)가 1910년 실시했던 베타입자 산란 실험 결과와 비교하고 종합하여 1911년 러더퍼드의 원자 모형을 발표하게 된다(Baily, 2013; Rutherford, 1911).

패턴 2-2. 뢴트겐(W. Roentgen)의 진공관 실험 중의 문제 발견

당시 과학사적 상황

1892년 헤르츠(H. Hertz)는 음극선이 얇은 금박을 통과할 수 있다는 것을 발견했다. 이 새로운 현상을 발견한 헤르츠는 그의 제자인 레나르트(P. Lenard)에게 이 실험을 계속해 볼 것을 권유했다. 레나르트는 음극선관의 한쪽 끝에 얇은 알루미늄 판(레나르트 창문)을 대어서 여기에 음극선을 쏜 다음 이 금속 창문을 통과해서 나오는 광선의 성질을 여러 기체들 속에서 면밀하게 점검했다. 이 실험에서 레나르트는 음극선에 관한 여러 가지 중요한 성질들을 관찰했다. 1894년 5월 레나르트는 뢴트겐으로부터 음극선을 금속 박판에 쏘기 위한 실험 장치에 관한 문의를 받았고, 뢴트겐에게 '레나르트 창문'에 사용되는 금속 박편을 만드는 방법을 알려주었다. 레나르트의 도움을 받아 뢴트겐은 레나르트가 했던 실험을 반복해 볼 수 있었다(임경순, 2001).

문제의 인식과 형성

1895년 11월 초, 뢴트겐은 레나르트 진공관 중의 하나로 실험을 반복하고 있었다. 그는 히르토프-크룩스 진공관을 마분지로 덮고 전하를 발생시키는 룸코르프 유도 코일(Ruhmkorf induction coil)에 전극을 연결했다. 그가 룸코르프 코일의 전하를 진공관을 통해 흘려보내는 동안 마분지 덮개가 빛이 새나오지 못하도록 막고 있었다고 생각한 그때, 뢴트겐은 진공관에서 1미터쯤 떨어진 곳에서 희미한 발광이 있는 것을 관찰하였다. 당연히 그는 여러 번 방전을 시켜보았고, 매번 발광이 일어나는 것을 확인했다. 그리고 그 빛이 백금시안화바륨 묶음이 있는 곳에서 발생한 것임을 알았다.

이 관찰은 그로 하여금 '레나르트 진공관 근처의 백금시안화바륨에서 발생하는 빛은 어떤 빛일까?'라는 의문을 갖게 했으며, 이것은 그가 해결을 시도하게 된 과학적 문제의 형성이었다. 이 과학적 문제는 러더퍼드의 문제 발견과 마찬가지로 당대 지식으로는 설명되지 않는 이상한 현상을 관찰함으로써 형성된 문제 발견 패턴이라고 볼 수 있다.

문제 해결

뢴트겐은 그것이 새로운 종류의 광선일 것이라고 추측했다. 왜냐하면 당시 관점에서 보면 그것은 빛 때문에 생긴 것이었고, 진공관은 마분지로 뒤덮여 있어서 관에서 빛이 나온다는 것은 불가능한 일이었기 때문이다. 그는 실험을 반복하면서 X선이라고 임시로 이름 붙인 새로운 광선의 특징들을 연구하였다. 그 발견으로부터 몇 주가 지난 후, 자신의 아내를 실험실로 불러서 그녀의 손을 X선으로 찍어보았는데, 이때 처음으로 살아있는 사람의 뼈를 사진으로 찍을 수 있음을 확인했다. 이리하여 12월 28일 뢴트겐은 그간의 실험을 정리해서 뷔르츠부르크 물리 · 의학 학회지에 '새로운 종류의 광선에 관해서(On A New Kind of Rays)'라는 논문을 투고하였으며(임경순, 2001; Friedman, & Friedman, 1998; Kevles, 1998), 이로부터 새로운 광선의 존재가 세상에 알려지게 되었다.

[패턴 3] 유사성과 비유사성 추론에 의한 문제 발견

창의적 과학자들의 문제 발견을 분석한 결과에 의하면, 또 다른 유형을 찾아볼 수 있는데, 그것은 유사성과 비유사성 추론(analogical reasoning)에 의해 문제를 발견하는 경우이다. 카르노, 영의 문제 발견 사례가 여기에 포함된다.

패턴 3-1. 카르노(S. Carnot)의 유비 추론과 그로부터의 문제 발견

당시 과학사적 상황

카르노는 수력기계를 열기관의 원리에 도입하는 귀추적 사고를 통하여 열기관 이론을 수립했다. 그가 언급한 수력기계와 열기관의 비유 관계를 보면 〈표 4-2〉와 같다(Carnot, 1824). 카르노는 열기관에서 만들어내는 열의 동력 발생이 물레방아와 같은 수력기계의 경우 높은 곳에서 떨어지는 물에 의한 동력 발생과 유사하다는 것을 발견하고 수력기계에서의 동작 원리를 빌려 와 열기관의 원리를 고안하고 설명하는 카르노 열기관 이론을 수립하였다. 카르노는 여기에서 그치지 않고 두 기관의 비유 관계 분석으로부터 새로운 아이디어를 얻게 된다.

문제의 인식과 형성

카르노는 비유 관계를 통해 열 엔진의 원리를 설명하고 난 다음, 열 엔진과 수력 엔진에서의 유사성과 비유사성을 분석함에 의해서 새로운 문제를 인식하게 된다. 그는 다음과 같은 의문을 제기하였다(Carnot, 1824, p.15):

> “폭포에서는 수위가 높은 곳과 낮은 곳의 높이차에 정확히 비례하는 동력(motive power)이 발생한다. 그런데 열소의 낙하 경우, 동력은 뜨거운 물체와 찬 물체의 온도차가 커지면 증가하지만, 그 차에 정확히 비례하는지는 알 수 없다. 즉, 온도가 100도[9]인 곳에서 50도인 곳으로 떨어질 때의 열소는 50도에서 0도로 떨어질 때의 열소보다 많거나 적을 수 있다.”

이렇게 그는 〈표 4-2〉에서의 비유 관계가 ‘수력기계의 경우 폭포의 높이 차가

9) Carnot 논문(1824)에서 100 degree라고 표현하였으므로 여기서는 100도라고 번역하였다.

〈표 4-2〉 카르노가 열의 동력을 폭포의 동력에 유비하여 추론한 내용

<table>
<tr><th colspan="2">실제 관찰한 수력 기계(물레방아)</th><th colspan="2">유비를 통한 열기관 이론</th></tr>
<tr><td colspan="2">폭포의 동력</td><td colspan="2">열의 동력</td></tr>
<tr><td rowspan="2">폭포의 높이</td><td>높은 수위</td><td rowspan="2">온도의 차이</td><td>높은 온도</td></tr>
<tr><td>낮은 수위</td><td>낮은 온도</td></tr>
<tr><td colspan="2">물의 흐름</td><td colspan="2">열소(caloric)의 흐름</td></tr>
</table>

클수록 폭포의 동력도 커지는 것처럼, 열기관의 경우에서는 온도차가 클수록 열의 동력도 커진다.'와 같이 유사한 측면이 있지만, '수력기계에서 폭포의 동력은 높이 차에 정확히 비례하는데 열기관에서 열의 동력은 정확히 비례할까?'와 같은 의문을 갖게 된 것이다. 카르노의 이러한 사고 과정에서 볼 때 그는 유사성과 비유사성 추론을 통해 과학적 문제를 인식하고 형성했다고 볼 수 있다.

문제 해결

그는 실제 실험을 통해 '주어진 열(당시에는 열소)이 고온에서 낙하할 때보다 저온에서 같은 온도만큼 낙하할 때 더 많은 동력이 생산된다.'(Carnot, 1824)는 것을 알아냄으로써 열기관 이론에 이어 다음과 같은 열효율 개념을 형성하게 되었다:

$$\text{열효율, } \eta \propto = (K1 - K2)/K1 = \triangle K \ / \ K1$$

패턴 3-2. 소리와 빛의 유사성 추론에 의한 영(T. Young)의 문제 발견

당시 과학사적 상황

토마스 영(T. Young)이 과학적 연구 활동을 할 당시에 빛은 입자인 것으로 알려져 있었다. 특히 뉴턴이 빛은 입자인 것으로 강하게 주장하고 있었다. 그러나 영은 1790년 가을에 뉴턴의 '프린키피아'와 '광학'을 읽었으며, '프린키피아'에서

는 뉴턴이 말하고자 하는 모든 것을 이해할 수 있었으나 '광학'에 대해서는 만족감을 가질 수 없었다고 한다.

문제 인식과 형성

이 시기에 토마스 영은 투명한 얇은 막에서 여러 가지 색이 나타나는 현상에 대해 주목하고, 이 현상이 소리에서 나타나는 현상과 유사하다고 생각하였다. 그리고 '빛과 소리 사이에 지금까지 자신이 알고 있던 것보다 더 밀접한 유비(a closer analogy)가 존재하는 것이 아닐까?'라는 의문을 가졌다. 특히 뉴턴 링에서 같은 색깔이 반복적으로 나타나는 현상에 주목했다. 영은 빛의 성질에 대해 다음과 같이 소리와 관련지어 유사성을 추론하였다(Young, 1804):

> "뉴턴 링 실험에서 렌즈 아래 공기층의 두께가 산술적인 배수로 커질 때마다 동일한 색이 나타나는 것은 파이프 오르간에서 파이프 길이가 산술적인 배수로 커질 때마다 동일한 소리가 생성되는 것과 매우 유사하다"(그림 4-3).

[그림 4-3]에서 왼쪽의 경우는 파이프 오르간에서 나는 소리의 경우이고 오른쪽은 뉴턴 링에서 나타나는 빛의 색깔을 보여준 것이다. 파이프 오르간에서 나는 소리의 경우, 파이프의 길이가 늘어남에 따라 어떤 길이의 정수배가 되면 높으면서도 같은 소리가 난다. 이와 마찬가지로 뉴턴 링에서 보면 쐐기 모양의 렌즈 아래 공기 기둥 높이에 따라 반복적으로 같은 색깔의 띠가 나타남을 보인다. 이 당시에

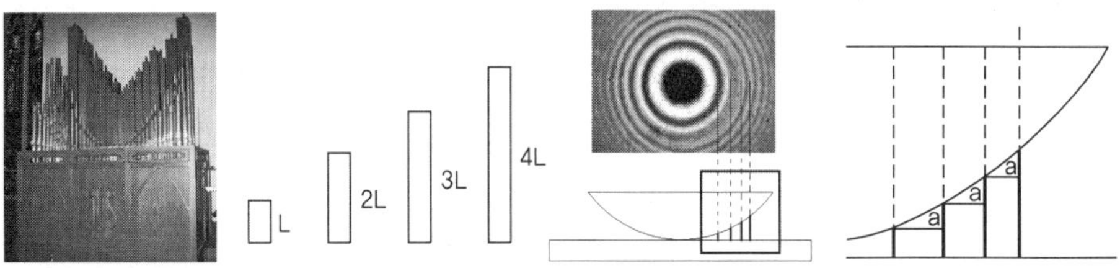

[그림 4-3] 파이프 오르간에서의 소리와 뉴턴 링에서의 빛의 경우에 대한 유사성 추론 (자료원: 김원숙, 2014)

소리가 파동인 것은 이미 알려져 있었으며, 이에 대한 실험을 통해 충분한 지식을 갖추고 있었던[10] 영은 '소리와 같은 성질을 보이는 빛도 파동이지 않을까?'라는 과학적 의문을 가지고 계속 탐구하게 된다(Young, 1800a). 이것은 소리와 빛의 유사성 추론을 통한 문제 발견에 속한다고 볼 수 있다.

문제 해결

이후에도 영은 수면파에서 나타나는 회절 현상과 빛에서 보이는 회절 현상에 대한 유사성 추론을 통해 빛이 파동의 성질을 가진다는 것에 대해 점점 더 확신하게 되며, '영의 이중 슬릿 실험'이라고 하는 결정적 실험을 통해 빛의 파동성을 증명하였다.

[패턴 4] 새롭게 발명된 실험 기기로 새로운 현상의 관찰에 의한 문제 발견

창의적 과학자들의 문제 발견을 분석한 결과에 의하면, 또 다른 한 가지 유형을 찾아볼 수 있는데, 그것은 새롭게 발명된 관찰 또는 관측기구를 사용하여 새로운 현상을 관찰함에 의해 문제를 발견하는 경우이다. 갈릴레오의 달 표면과 태양의 흑점을 관찰한 사례가 여기에 포함된다.

패턴 4-1. 갈릴레오(Galileo Galilei)의 달 표면 모양에 관한 문제 발견

당시 과학사적 상황

갈릴레오 이전의 과학자들은 아리스토텔레스의 설명을 따라 하늘의 천체들은 모두 완벽하고 매끄러운 구형이라고 믿고 있었다. 달도 천체이기 때문에 완전하고 매끄러운 구형이라고 생각했다. 이 시기에 갈릴레오는 망원경을 발명하여 천체들을 망원경을 통해 관측하게 된다.

---

10) 1800년 영은 'Outlines of Experiments and Inquiries Respecting Sound and Light'의 저서에서 소리에 대한 여러 가지 실험 내용을 다루고 있었으며, 소리의 생성에 대한 실험을 통해 인식하기 시작한 소리와 빛 사이의 밀접한 비유에 관한 내용을 소개하였다.

문제 인식과 형성

갈릴레오는 자신이 발명한 망원경을 통해 달을 주의 깊게 관찰하면서 달의 표면이 그동안 과학자들이 믿어 왔던, 매끄럽고 일정하며 완전한 구의 모습이 아닐 수 있다고 생각하였다(그림 4-4). 주의 깊은 관찰을 통해 그는 달의 표면이 매끄럽지도 않고, 일정하지도 않으며, 완전한 구의 모습도 아니라는 것과 오히려 그 표면이 울퉁불퉁할 수도 있다고 생각하였다. 그 당시에 형성된 새로운 과학적 문제 중의 하나는 '달은 완전한 구형인가, 울퉁불퉁한가?'였다. 이렇듯 새로운 관찰 도구의 발명은 새로운 문제를 발견하게 했다.

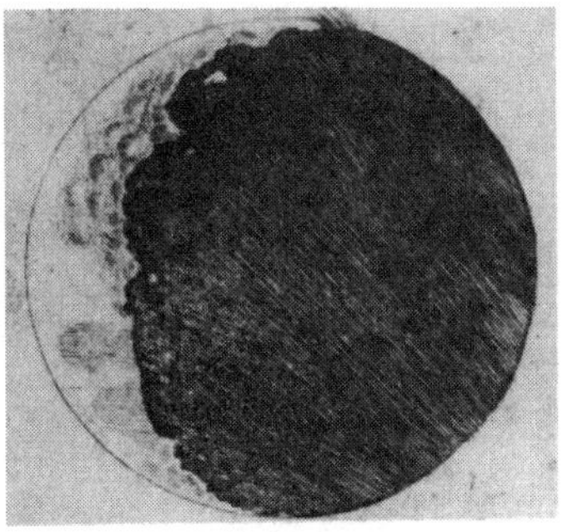

[그림 4-4] 갈릴레오가 관측하여 그린 달의 모습
(자료원: Cohen, 1985, p.70)

문제 해결

당시에 아리스토텔레스적인 생각으로 천체는 완전해야 하기 때문에 달 표면도 매끄러워야 한다고 주장했던 사람들은 망원경을 통해 관찰한 사실을 근거로 한 '달 표면 모양이 지구와 마찬가지로 울퉁불퉁하다.'는 설명을 믿지 않았다. 이들은 달 표면이 울퉁불퉁하게 보이지만 실제로는 보이지 않는 물질이 움푹 들어간 부분을 메우고 있어서 실제로는 매끈하고 완전한 원을 이룬다고 애드 혹 가설을 이용하여 억지 주장을 폈지만(Chalmers, 1982), 계속되는 관찰에 의해 달 표면이 완전한 구형이 아니라는 것이 증명되었으며, 과학기술의 발달로 달 표면 착륙이 가능해지면서 더욱 확고해졌다.

패턴 4-2. 갈릴레오(G. Galilei)의 태양 흑점에 관한 문제 발견

당시 과학사적 상황

아리스토텔레스적인 사고에 바탕을 두고 당시 과학자들은 태양도 완전한 구형이라고 생각하고 있었다. 그러나 갈릴레오에 의해 망원경이 발명되면서 태양 표면에 대해서도 활발한 관찰이 이루어졌다. 갈릴레오를 비롯한 몇몇 사람들에 의해 태양 주위의 흑점이 발견되었다.

문제 인식과 형성

태양 표면 주위에서 흑점이 발견되면서, 흑점을 좀 더 자세히 관찰하게 되었는데, 당시의 기록에 의하면, '흑점들은 같은 방향으로 이동한다.', '흑점들은 달에서 관측되는 점들보다 검지 않다.' 그리고 '흑점들은 생성되기도 하고 소멸되기도 한다.'는 관찰 사실을 보였다. 이러한 관찰 사실을 바탕으로 '이 흑점이 무엇이며, 어떤 성질을 가진 것인가?'는 당시 과학자들이 해결해야 할 과학적 문제로 대두되었다. 이 문제 또한 새로운 기기의 발명으로 새로운 현상이 관찰되면서 형성된 문제에 속한다.

문제 해결

그 흑점의 성질에 대한 설명은 각기 달랐다. 즉, 흑점을 관찰한 다음에 이들이 귀추적으로 생각한 흑점의 성질은 달랐다는 것이다. 드레이크(Drake, 1957)가 쓴 "Discoveries and Opinions of Galileo"에는 흑점이 발견된 뒤의 흑점의 성질에 대한 논쟁이 잘 나타나 있다. 샤이너(C. Scheiner)는 태양의 표면에 얼룩이 나타났다 사라졌다 한다면 천체에 대해 지금까지 믿어왔던 천체의 깨끗함이나 불변성이 훼손되기 때문에 이를 피하기 위해 태양 주변에 몇 개의 작은 행성들이 회전하고 있어서 이들이 사람의 시야를 가리기 때문에 흑점이 생기는 것으로 설명하였다. 이렇게 설명하면 태양 흑점은 태양에 속해 있는 것이 아니라 행성의 운동에 따라 이동하는 것이 된다. 그러나 갈릴레오는 흑점이 태양에 속해 있는 물질로, 태양 표면 위에 있거나 표면에서 떨어져 있더라도 지구에서 보이는 구름 높이 이상은 아닌 것으로 생각하였다. 결국 갈릴레오의 설명이 옳은 것으로 후대에 판명되었다.

[패턴 5] 연구 프로젝트 수행 중에 그 연구와 관련되어 생성되는 문제 발견

창의적 과학자들의 문제 발견을 분석한 결과에 의하면, 또 한 가지 유형을 찾아볼 수 있는데, 그것은 이들이 연구를 진행하는 도중에 그 연구와 관련된 과학적 문제를 발견한다는 것이다. 패러데이와 케플러의 경우가 여기에 포함된다.

패턴 5-1. 패러데이(M. Faraday)의 연구 수행 중의 문제 발견

당시 과학사적 상황

전자기와 관련한 패러데이의 첫 번째 발견은 자석 주위에 철가루가 뿌려진 모양을 보고 자기력선 개념을 추론해 낸 것이다(그림 4-5). 그가 추론한 자기력선 개념은 다음과 같다: '자석 주위에는 자기력선이 존재한다.'; '자기력선은 곡선이다.'; '자기력선의 방향은 곡선 상의 한 점에서의 접선 방향이다.'(홍성욱, 1986)

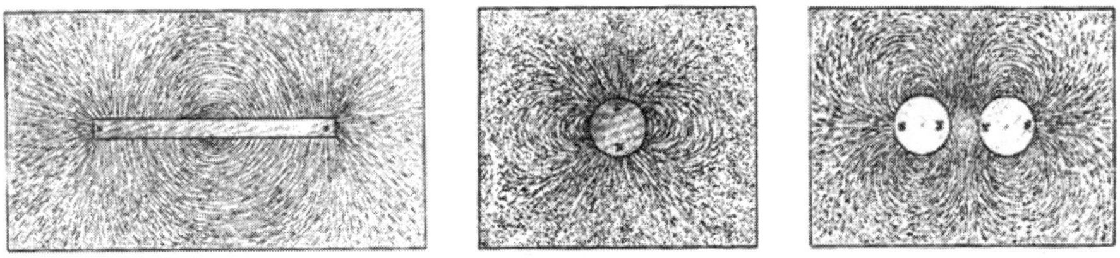

[그림 4-5] 패러데이가 그린 자석 위에 뿌린 철가루 배열 모습
(자료원: Faraday, 2005, Appendix)

문제 인식과 형성

자기력선 개념을 추론한 후에 그는 자기력선과 관련하여 연속적인 문제를 형성

해간다. 그 한 가지가 '자석 내부에도 자기력선이 존재하는가?'이다. 즉, 지금까지의 그의 관찰과 실험은 자석 외부에 존재하는 자기력선에 관한 것이었다. 그는 자기력선 개념을 자석 내부에까지 확장하여 존재 여부에 대해 의문을 보인 것이다.

문제 해결

이 문제를 해결하기 위해 패러데이는 [그림 4-6]과 같이 막대자석을 여러 개 묶고 그 사이에 전선을 넣어 유도 전류가 생기는지 실험해 보는 등의 여러 가지 실험을 하게 된다. 패러데이의 이 연구 문제는 잘 해결되어 현행 물리학 교과서에서는 자석 내부에 자기력선(또는 자기장선)을 [그림 4-7]과 같이 그려서 설명하고 있다.

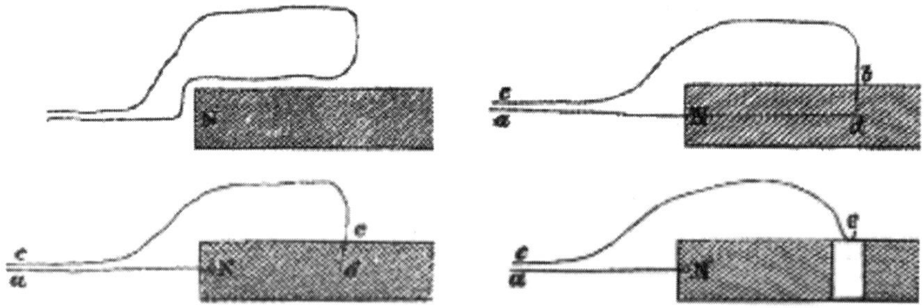

[그림 4-6] 자석 내부 자기력선 존재를 알아보기 위한 패러데이의 여러 가지 실험 (자료원: Faraday, 2005, pp.337-340)

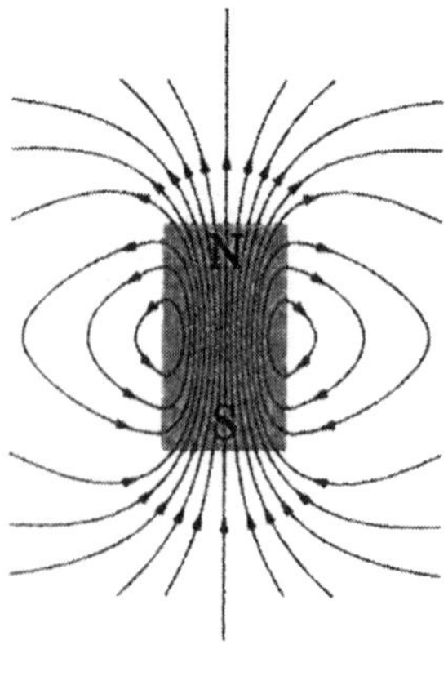

[그림 4-7] 막대자석 내부의 자기장선(자료원: Halliday et al., 2006, p.898)

패턴 5-2. 시각 이론에서의 케플러(J. Kepler)의 연속적 문제 발견

당시 과학사적 상황

고대로부터 사람들은 '사람은 어떻게 물체를 보는가?'에 대해서 의문을 품어왔다. 아리스토텔레스 이전에는 사람의 눈에서 빛이 나와서 물체를 본다고 설명하기도 했다. 아리스토텔레스 이후에는 물체에서 반사된 빛이 우리 눈에 들어와 물체를 보게 된다고 설명하게 되는데, 물체의 상이 어디에 어떻게 맺히는가에 대해서는 알하젠(Alhazen; 이슬람식 이름은 Ibn al-Haythem)의 이론을 이어받은 비텔로(Witelo)의 이론이 지배적이었다.

문제의 인식과 형성

케플러(J. Kepler)는 화성의 궤도 운동을 관측하면서 '사람은 어떻게 물체를 보는가?'에 대해 의구심을 갖고 문헌을 분석하였다(Ferguson, 2002). 그는 광학의 관점에서 그 당시 비텔로의 시각에 관한 설명을 분석하기 시작하였는데, 왜냐하면 비텔로는 중세 학자인 알하젠의 이론에 크게 의존하여 시각에 관한 책을 완성하였으며, 그 책이 그 당시에는 광학에 관한 가장 종합적인 저술이었기 때문이다(Crombie, 1990; Wade, 1998). 그런데, 케플러는 그 책에서 비텔로가 시각 상(visual image)에 대한 광학적 분석을 생략했다는 것을 발견하였으며 스스로 광학적 분석을 시도하였다(Wade, 1998). 이 분석이 케플러로 하여금 비텔로 및 그 이전 학자들의 이론이 잘못되었다는 것을 발견하는 계기가 된다(Ferguson, 2002).

알하젠은 [그림 4-8(a)]과 같이 물체의 모든 점으로부터 광선들이 눈으로 보내지고 각막에 수직으로 만나 통과하여 수정체로 보내진다고 생각하였다. 그리고 수정체의 앞면에 수직으로 들어오는 광선들만 감각되어 물체의 각 점들에 대응하는 점들로 구성된 상을 생성하게 된다고 설명하였다(Lindberg, 1976, pp.82-85). 그리고 그는 도립상이 생기는 것을 받아들일 수 없었기 때문에, 곡률 중심으로 향하던 광선들이 교차되기 전에 수정체 뒷면에서 각각이 서로 멀어지도록 굴절하여 교차하지 않고 감각 신경에 도달한다고 생각했다(Crombie, 1990; Lindberg, 1976).

케플러는 비텔로의 시각에 관한 설명을 분석하였다. 그는 투명한 구 앞에 작은 구멍을 놓음으로써 시각과 비슷한 환경을 만들었다. 그의 광학적 분석은 [그림 4-8(b)]와 같다. 이 분석에 의하면 스크린 kl에는 hi에 있는 물체의 도립상이 맺힌다는 것이 명백하다(Crombie, 1990).

케플러의 광학적 분석은 그들의 시각에 관한 설명이 광학적으로 불가능함을 보여주었으며, 그에게 중요한 과학적 문제를 발견하고 정의하게 하는 계기가 되었다. 케플러는 그 설명 속에 광학적 분석이 생략되어 있음을 발견하였고, 엄격한 계산과 시범으로 그들의 설명이 잘못되었음을 밝혀냈다. 그 분석을 마친 후에 케플러는 그들의 이론으로부터 떠나게 된다(Crombie, 1990). 그러므로 이제 '사람의 눈이 어떻게 물체를 보게 되는가, 그리고 상의 위치는 어디인가?' 하는 문제는 다시 해결해야 할 새로운 과학적 문제로 대두되었다.

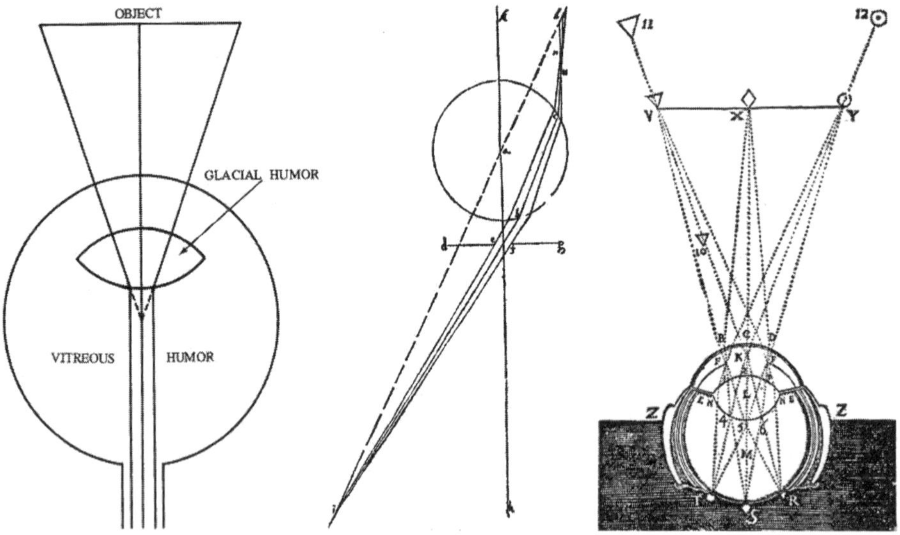

(a) (b) (c)

[그림 4-8] (a) 시각에 대한 알하젠의 생각(자료원: Lindberg, 1976, p.82)
(b) 케플러의 광학적 분석(자료원: Crombie, 1990, p.301)
(c) 케플러의 새로운 생각(자료원: Lindberg, 1976, p.201)

문제 해결과 새로운 문제의 제기

[그림 4-8(b)]에서의 분석을 통해 케플러는 알하젠과는 180도 다른 방식으로 시각 과정을 설명하는 새로운 시각 이론을 세우게 된다. 즉, [그림 4-8(c)]에서와 같이 물체의 모든 점에서 많은 빛이 반사된 다음 그 빛이 망막의 대응되는 각 점에 모여 상을 맺으며, 상의 위치는 망막이며, 망막에 도립상이 생긴다는 것이다.

케플러는 위에서와 같은 시각 이론을 세운 다음, 다음과 같은 연구 문제를 새롭게 발견했다. 즉, '망막은 평면적이다. 그런데 우리는 어떻게 물체를 지각할 때 입체적으로 지각하는가?'이다.

PART 02

과학에서의 귀추와 창의성

1600년대 초에 태양 흑점이 처음 관찰되었을 때, 이 흑점이 나타내는 현상을 보고 샤이너(Scheiner)는 이 흑점들이 소행성들일 것이라는 가설을 세웠고, 갈릴레오는 태양 표면을 이루는 일부 물질일 것이라는 가설을 세웠다. 이것들은 과학사에서 보였던 귀추의 하나이다. 귀추적 사고는 과학뿐 아니라 다른 전문 영역 속에서도 많이 찾아볼 수 있다. 의사가 두통을 호소하는 환자의 증상을 진단하여 그 두통의 원인을 추론하는 것이나 형사나 검사가 어떤 사건의 범인을 몇 가지 증거를 이용하여 추론하는 것은 그들의 전문 영역에서 일어나는 귀추의 하나이다. 이렇게 전문적인 경우뿐만 아니라 일상생활 속에서 그리고 공부를 하거나 학생들을 가르치는 과정에서 우리는 귀추를 많이 쓰고 있다. 그러면서도 그것이 얼마나 중요하고 또 얼마나 많이 사용되고 있는지에 대해서는 별로 생각해 보지 않는 것 같다. 그것은 아마도 귀추적 사고(abductive reasoning)가 우리 생활 속에서 자연스럽게 또는 무의식중에 일어나기 때문일 것이다. 그러나 이러한 귀추가 왜 사용되고, 어떻게 사용되는가에 대한 지식을 가지고 사용한다면 보다 적절하게 그리고 유용하게 사용할 수 있을 것이다.

과학에서 귀추와 가설

|제5장|

모든 지식은 추론하는 것이며 추론은 순간적으로 일어나지 않는다. 다소 시간이 소요되면서, 많은 종류의 모형들이 포함된 그리고 비교 기제가 필요한 과정 속에서 일어난다(Magnani, 2004). 이러한 추론 중에서 귀추는 우리 일상생활에서 또는 전문적인 영역에서 자연스럽게 사용되고 있는 추론 형태의 하나이다. 예를 들면, 의사들은 몇 군데의 진찰을 통해 우리 몸속에서 일어나는 병적인 현상들을 추론하여 진단하며, 경찰이나 검사들은 범죄 현장에서 얻어진 증거들을 토대로 어떤 범죄이며 누가 범인일 것인지를 추론한다. 이러한 사고 과정은 대부분 충분한 증거가 제시되지 않은 상태에서 병의 증세나 범인의 윤곽을 추론하는 형식으로 귀추적 사고(abductive reasoning) 과정에 속한다고 볼 수 있다. 이에 대해 좀 더 구체적으로 살펴보자.

귀추와 논리

아리스토텔레스는 추론의 형태를 연역, 귀납, 그리고 아파고게 〈$\alpha \pi \alpha \gamma \omega \gamma \eta$〉[11]로 분류하였다(Anderson, 1987). 이 중 세 번째 것인 아파고게는 환원

(reduction)으로 번역되었으며, 퍼스는 이것을 다시 귀추(abduction 또는 retroduction)라고 명명하였다(Hanson, 1958). 아리스토텔레스와 퍼스의 설명은 귀추의 최초 견해에 도달했고, 대전제와 결론에서 소전제를 이끌어내는 추리 또는 방법의 한 유형으로 설명되었다. 그리고 이것은 가설에 대한 첫 번째 설명이었다.

퍼스(Peirce)는 '창의적 추리에 의한 귀추 특성은 본능적 직관에 기초하지만, 단순히 비합리적이며 무의식적인 추측을 통해 어떤 것을 얻는 것은 아니다.'라고 함으로써 어느 정도 합리성과 논리가 있음을 시사했고, 이 과정을 "오케스트라의 악기들이 내는 여러 가지 소리가 귀를 자극하면, 그 결과는 각각의 소리 자체와는 전혀 다른 독특한 음악적 감정을 유발한다. 모든 가설적 추론은 이러한 감정의 형성과 유사하다." (CP 2.643) [12] 라고 비유적으로 설명했다.

퍼스(Peirce)는 귀납과 연역에 대해 연구하면서 귀납이나 연역과는 구별되는 추론 유형이 존재한다는 것을 알아내었으며, 그는 이것을 귀추(abduction) [13] 라고 하였다. 그는 연역은 어떤 것이 반드시 그렇다는 것을 증명하는 반면에 귀납은 어떤 것이 실제로 작용하는 것을 보여준다고 했다. 그리고 귀추는 단순히 무언가가 그럴 수도 있다는 것을 제안한다고 했다(Fischer, 2001). 즉, 귀추의 기능은 현상의 원인이 되는 설명적인 가설을 생성하는 것이라고 했다. 퍼스(Peirce, 1955)는 "가설은 사실들 또는 그 일부를 설명하지 못하면 받아들여질 수 없다."고 주장했으며, 한슨(Hanson, 1958)은 퍼스의 아이디어에 기초하여

11) Anderson(1987)에 의하면 이것은 apagogue라고 읽혀진다.

12) CP 2.643에서 CP는 Collected Papers of Charles Peirce를 말하며, 2.643은 그 순번이다. 총 8권으로 이루어진 이 선집에는 한 문단 또는 몇 개의 문단마다 고유한 번호가 매겨져 있다. CP 2.643은 Perice 선집 2권에서 643으로 번호가 매겨진 문단을 뜻한다. 많은 Peirce 관련 논문에서 Peirce 선집을 인용한 경우에는 이러한 인용 방법을 사용하고 있으며, 인용된 부분을 나타낼 때 페이지 번호를 표시하는 것보다 쉽고 명확한 장점이 있다.

13) Abduction은 가추로도 번역되어 사용되기도 하지만 본 글에서는 귀추로 번역하였다. 그것은 이미 사회과학이나 교육학에서 abduction을 가추로 번역하여 사용하고 있지만 한국과학교육학회의 앞선 각종 논문에서 이미 귀추로 번역하여 사용되었기 때문이다.

귀추(abduction)란 관찰된 현상에 대한 설명을 창조하는 과정이며 논리적 사고의 하나라고 주장했다. 퍼스는 다음과 같이 예를 들어 귀추 과정을 설명하였다.

다음의 과정은 '연역' 과정의 하나이다.

규칙 – 이 가방에서 나온 콩은 다 흰색이다.
사례 – 이 콩들은 이 가방에서 나왔다.
결과 – 이 콩들은 흰색이다.

그러면 이에 상응하는 '귀추'는 다음과 같다는 것이다: '이 가방에서 나온 콩은 다 흰색이다.'라는 규칙이 있을 때, '이 콩들은 흰색이다.'라는 관찰이 사실이라면, '이 콩들은 이 가방에서 나왔다.'라고 추론할 수 있다는 것이다(CP 2.623).

마그나니(Magnani, 2002)는 다음과 같이 좀 더 구체적인 예를 들어 귀납, 연역, 귀추를 설명하였다.

(1) 만약 환자가 β-탈라세미아에 걸렸다면,
이 환자의 헤모글로빈 A2의 수치는 증가한다.
(2) 존은 β-탈라세미아에 걸렸다.
(3) 존의 헤모글로빈 A2의 수치는 증가한다.

연역법에 의하면 우리는 (1)과 (2)에서 (3)을 추론할 수 있으며, 귀납법으로는 (2)와 (3) 같은 유한한 사실들의 집합으로부터 (1)로 표현된 것과 같은 보편적 지식으로 표현되는 일반화로 나갈 수 있다. 그런데 (1)을 알고 있는 상태에서 (3)을 관찰했다면, 우리는 귀추를 사용하여 (2)를 추론할 수 있다는 것이다. 이 과정에서의 귀추를 마그나니는 선택적 귀추법이라고 했으며, 선택적 귀추법은 그것에 의해 설명되는 증거를 언급하여 가설의 가능성을 증가시키거나, 하나를 제외한 모두를 반박하여 그럴듯한 진단 가설들의 집합을 제시하는 임시적인 추측을 만들어내는 것이라고 했다. 그리고 만일 이 순환 과정 동안에 새로운 정보가 유입된다면, 이전에 고려되지 않았던 가설들이 제시될 수 있어 새로운 순환 과정이

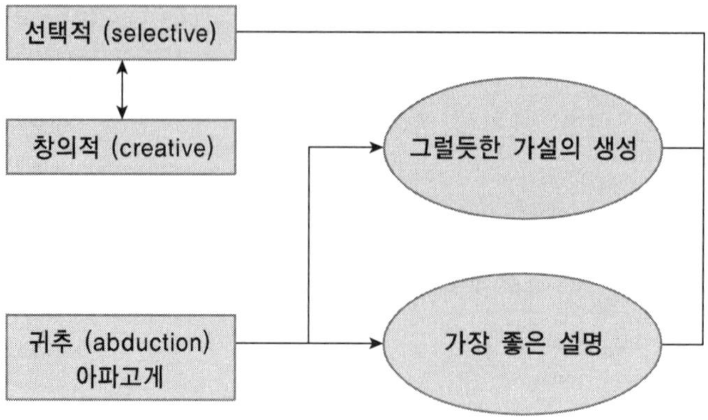

[그림 5-1] 귀추의 의미(자료원: Magnani, 2001, p.20)

일어나게 된다는 것이다. 이러한 경우 귀추 추론이 단조롭지 않은 것은 분명하다.

마그나니(Magnani, 2001)는 퍼스의 이론을 받아들여 귀추를 어떤 사실 또는 법칙(혹은 두 가지 모두) 그리고 새로운 현상 또는 관찰을 설명하거나 발견하는 그럴듯한 진술들을 만드는 가설들을 추론하는 과정이라고 했다. 즉, 귀추는 설명적 가설이 생성되고 평가되는 추론과정이라는 것이다. 그는 이러한 귀추가 몇 가지 서로 다른 의미를 가지고 있음을 [그림 5-1]과 같이 설명하였다.

이 그림에서 보는 바와 같이 귀추는 가능한 가설들의 생성과정일 수도 있고, 가장 좋은 설명의 과정일 수 있으며, 이 둘은 또한 선택적일 수도 있고 창조적일 수도 있다는 것이다. 즉, 귀추는 두 가지 인식론적 의미가 있다는 것으로 첫째는 단지 그럴듯한 가설들(선택적 또는 창의적)을 생성하는 귀추가 있고, 둘째는 가장 좋은 설명을 추론하고 가설을 평가도 하는 것으로 간주되는 귀추가 있다는 것이다. 선택적인 귀추는 항상 최소한 부분적인 설명을 제시하여, 처음에는 어느 정도 그럴듯함을 가지는 가설을 형성할 것이다. 그런가 하면 필요한 경우 가설을 창조해야 한다는 것이다.

마그나니(Magnani, 2004)는 또한 귀추를 이론적 귀추(theoretical abduction)와 조작적 귀추(manipulative abduction)로 구분하고 이론적 귀추에 대해 다음과 같이 설명하였다:

“예를 들어, 만약 우리가 마룻바닥에 흩어져 있는 깨진 창유리를 본다면, 어떤 사람은 잠시 전에 불었던 강한 바람에 의해 깨졌을 것이라는 주장으로 이 사실을 설명할지도 모른다. 이 주장은 분명히 깨진 유리에 대한 연역적인 결론은 아니다(고양이가 이 사건의 원인일 수도 있다). 따라서 이론적 귀추는 어떤 사실 또는 법칙(혹은 두 가지 모두) 그리고 새로운 현상 또는 관찰을 설명하거나 발견하는 그럴듯한 진술들을 만드는 가설들을 추론하는 과정이다. 이는 설명적 가설이 생성되고 평가되는 추론과정이다.”

그리고 그는 이론적 귀추를 ‘모형 기반(model-based)’ 귀추와 ‘명제적(sentential)’ 귀추로 구분하였다(그림 5-2).

조작적 귀추(Magnani, 2004)는 이론적 귀추와 대비되는 의미로 행동(doing)을 통해 또는 행동에 대해 사고할 때 일어난다. 예를 들면, 삼각형에 대해 기하적 구성을 만들어 조작할 때 조작적 귀추가 일어날 수 있다. 그러므로 조작적 귀추는 새로운 과학 법칙을 형성할 때의 실험의 역할을 넘어선다. 마그나니가 말하는 조작적 귀추는 실험적이거나 이론적인 실천에 대한 기존 체계에 새로운 경험에 의한 창조적인 생각을 통합하기 위한 비이론적인 행동을 뜻한다.

한편, 귀추는 단순하고 특수한 형태의 시각적 현상으로도 그 역할을 수행한다. 많은 시각적 자극은 모호하지만 사람들은 그 속에서 일시적으로 눈을 끄는 사태에 숙달된다. 타가드(Thagard, 1988)가 말하는, “우리는 우리들의 친구에 속하는 얼굴을 애매하지만 구분하여 보듯이, 어렴풋하지만 어떤 가설을 쉽게 형성한다. 왜냐하면 그것을 가지고 우리가 관찰하였던 것을 설명할 수 있기 때문이다.”에서와 같이 이러한 종류의 가설 형성을 기반으로 하는 형상은 시각적(또는 iconic)

[그림 5-2] 이론적 귀추(자료원: Magnani, 2004)

귀추법의 형태로 간주될 수 있다. 이러한 시각적 귀추법은 과학에서 중요할 수 있으며 관심을 끄는 새로운 발견으로 이끌 수 있다(Magnani et al., 1994).

마그나니와 너세시안(Magnani & Nersessian, 2002)는 문장(명제)이나 형식이 아닌 여러 종류의 표현의 구조와 조작을 지칭하기 위해 "모형 기반 추론"이란 말을 사용하였다. 모형 기반 추론의 예에 속하는 것들은 시각적 표현들, 사고실험, 비유 추론 등이 있다. 과학적 발견 과정에서 비유, 도표, 사고실험, 시각의 상 등을 포함하는 많은 종류의 귀추들은 모형 기반 귀추라고 할 수 있다.

귀추는 또한 폴야(Polya, 1954)가 말하는 개연적 추론(plausible reasoning)의 범주에 속해 있다고도 볼 수 있다. 폴야는 개연적 추론에 대해 다음과 같이 설명한다.

> "우리가 어떤 확실한 추측 A를 가졌다고 하자. 말하자면 A는 증명되지 않았지만, 명백하게 공식화된 제안이라고 하자. 우리는 A가 참일 것이라고 기대한다. 그러나 실제적으로 A가 참인지 그렇지 않은지를 알지 못한다. 그럼에도 불구하고 우리는 여전히 추측 A에 대하여 어떤 믿음을 가지고 있다. 많은 논의와 여러 문제에 대한 실패를 겪은 후에 아주 갑작스럽게 추측 A가 나타났다. 왜 그런지는 말할 수 없지만, 이 추측 A는 여러 가지가 뒤얽힌 상황으로부터 유일하게 탈출이 가능한 확실한 모습으로 나타났을 것이다. 그러나 다음에 나열한 이유들로부터 좀 더 명확한 증거들이 우리에게 나타난 후에, 비록 A를 증명하지는 못했지만 A에 대하여 긍정적인 호감을 가질 수 있다: 귀납법으로부터의 이유, 관련된 경우들(related cases)로부터의 이유, 일반적인 경험으로부터의 이유, 또는 A 스스로가 가지는 본래의 단순함으로부터의 이유. 이러한 이유들은 엄밀한 증명을 제공하지는 않지만 추측 A가, 참이라고 생각할만한 개연적인 추론(귀추)이 가능할 수 있도록 해 준다. 좀 더 뚜렷하게 공식화된 주장들이 없는 채 추측을 신뢰한다는 것은 우리에게 하나의 경고가 될 수도 있다. 불분명한 하나의 배경(개연적 배경: plausible ground)으로부터 추측을 분리해 내는 데 성공했다는 것이 첫 번째로 분명한 점이었다. 그리고 그 불분명한 배경 속에는 첫 번째 성공의 뒤에 숨어 있는 더 많은 것들이 있었고, 우리는 다른

명백한 논의들을 이끌어 내는데 성공할 수 있었다. 명백하게 밝혀진 각각의 관점의 뒤에는 더 많은 무엇인가가 숨어있는지도 모른다. 아마도 그 배경은 끝없이 무한할 것이다. 추측에 있어서의 우리의 신뢰는 아마도 명백하게 밝혀진 하나의 근거에만 의존하지는 않을 것이다. 이러한 신뢰는 어떻게 해서든지 우리가 가지는 배경의 전부를 추측에 대한 기초로서 요구할지도 모른다."

여기서 추측은 폴야가 말하는 개연적 배경(plausible grounds)으로부터 온다. 그러므로 폴야는 개연적 배경의 중요성, 특히 명백하게 밝혀진 개연적인 배경의 중요성에 대해 다음과 같이 말한다. "관찰이 가능한 진실을 다루는데 있어서 논증만으로는 어떤 진리에 결코 도달할 수 없으며, 언제나 어느 정도 추측의 개연성이 있는 배경에 의존하지 않으면 안 된다. 순수한 과학적 질문들을 다루면서 어떤 엄밀한 증명에 성공할지도 모르지만, 성공에 도달하는 것은 매우 어렵고, 성공을 잠정적으로 고려하는 것도 어렵다. 개연적인 배경은 우리에게 일시적인 지원을 줄 수 있으며, 그리고 마침내는 우리를 명확하게 증명이 가능한 발견으로 인도해 줄 수 있을 것이다." 이러한 추론은 폴야가 말하는 발견적 추측으로 연결될 수 있다. 문제 발견이든 가설 발견이든, 발견적 추론들(heuristic reasons)은 그들이 아무것도 증명하지는 않지만 매우 중요하다.

추론의 한 종류인 귀추는 과학적 사고에서 크든 작든 보편적으로 일어난다. 뉴턴의 중력 이론의 설득력은 행성들의 운동뿐만 아니라 조석의 발생을 설명하는 능력에 의해서 증진되었다. 자연 도태에 의한 종의 기원에서 다윈은 생물학적이고 화석적인 현재 증거를 설명하기 위한 최선의 가설로 자연 도태를 위한 확장적 주장을 제시했다(Thargard, 1988). 로슨 외(Lawson et al., 1989)는 케플러가 행성 궤도를 설명하기 위해서 아폴로니우스로부터 타원의 생각을 가져온 것과 멘델이 유전을 설명하기 위해 대수학의 패턴을 모방한 것을 귀추의 예로 제시하였다. 이들은 또한 케쿨레(Kekulé)가 벤젠의 분자 구조를 결정하는데 있어, (꿈에서 본) 뱀들이 서로 꼬리를 물고 있는 형상에서 아이디어를 가져왔고, 쿨롱(Coulomb)은 원자 입자들 사이에 존재하는 전기력을 묘사하기 위해, 뉴턴의 중력의 개념을 빌려왔다는 것을 귀추의 예로 제시하고 있다. 이러한 예들은 유비적 귀추에 속하는 것들이다. 퍼스의 논리에 따른 귀추는 이러한 유비적 귀추를 포함하여 일반적인 과학적 가설을 형성하는 것까지 폭넓게 포함한다. 예를 들면, 태양의 흑점이 처음 발견되었을 때 이 흑점의 본성을 설명하기 위해 설정된 샤이너(Scheiner)의 가설('흑점은 소행성의 하나이다.'라는 가설)과 갈릴레오의 가설('흑점은 태양을 이루는 물질의 일부이다.'라는 가설)도 귀추에 속하는 예들이다. 그러나 이 경우에 샤이너의 가설은 유비적 귀추에 속하지만 갈릴레오의 가설은 그의 배경 지식(경험)을 바탕으로 설정된 것으로, 유비적 귀추에 속한다고 보기는 어렵다.

귀추와 가설 제안

한슨(Hanson, 1958)은 귀추를 과학자들이 가설을 제안하는 방법이라고 주장하고, 그 형식을 다음과 같이 제시하였다.

1. 어떤 놀라운 현상(surprising phenomena) p가 관찰된다.
2. 만일 H가 참이라면, p는 당연한 것으로(as a matter of course) 설명될 수 있다.
3. 따라서 H가 참이라고 생각할 (좋은) 이유가 있다.

위에서 알 수 있는 바와 같이, 귀추는 과학자들이 '놀라운' 현상을 지각하는 것으로부터 시작된다. 현상이 놀랍다는 것은 관찰자에 의해 어떤 종류의 판단이 자신이 해결해야 할 문제, 말하자면 변칙 현상(anomaly)으로 인식되는 것이며, 이 경우 관찰자 자신 또는 이 현상에 관심을 보이는 연구자는 새로운 규칙을 생성함으로써 문제의 해결을 시도한다는 것이다. "어떤 전제들로부터 이러한 변칙 현상이 초래되는 것처럼 보일 수 있는가?"(Hanson, 1971, p.66)라는 것이 과학자들의 귀추적 사고를 이끌어 가는 질문이 된다. 퍼스가 귀추의 전형이라고 예시하였던, 케플러가 타원 궤도의 법칙에 이르는 과정에 한슨이 제시한 과정을 적용해 보면 다음과 같다.

1. 관찰된 화성(Mars)의 위치들에 따르면 화성의 공전 궤도는 원과 달걀형의 중간이다.
2. 만일 화성의 궤도가 타원이라면, 당연히 화성의 위치들은 원과 달걀형의 중간에 위치할 것이다.
3. 따라서 화성의 궤도가 타원이라고 생각할 좋은 이유가 있다.

한슨은 케플러가 화성의 궤도가 타원이라는 가설로부터 시작하여 관측을 통해 확인될 수 있는 사실들을 연역해 낸 것이 아니라고 지적한다. 오히려 케플러는 행성에 대한 일부 관측 자료로부터 거슬러 올라가서 타원 궤도의 가설에 이르게 된 것이라고 주장한다. 한슨(Hanson, 1971)에 따르면, 과학적 법칙이 자료들의 단순한 요약이라는 귀납적 관점은 잘못된 것이다. 과학적 법칙은 자료들에 의한 설명으로서, 자료들의 단순한 요약에 의해서는 설명적 가설이 등장할 수 없고, 그것은 귀추적 추론을 통해서 가능하다는 것이다.

그런데 이상과 같은 귀추법에 관한 한슨의 초기 주장은 과학철학자들에 의해 비판을 받기도 하였다(Nickles, 1980). 그러한 비판들 중에는 하나의 가설을 처음 제안하는 이유와 그 가설을 최종적으로 받아들이는 이유가 다르지 않다는 지적이 포함되어 있다. 즉, 발견의 맥락에서 귀추적 추론을 통해 최초로 상정된 가설은 그것의 출발점이 되었던 현상에 대한 설명력을 근거로 다음 단계의 과학적 탐구의 대상이 되는데, 어떤 가설의 설명력은 정당화의 맥락에서 그 가설을 과학적인 법칙으로 승인하는 데에도 마찬가지로 좋은 이유(good reason)가 될 수 있다는 것이다. 이러한 비판을 수용한 한슨은 수정된 형식의 귀추적 방법을 과학자들이 중력 법칙을 탐구하게 되었던 과학사적 사례와 함께 다음과 같이 제안하였다(오필석, 김찬종, 2005).

1. 어떤 놀라운(surprising), 깜짝 놀랄만한(astonishing) 현상들 P_1, P_2, P_3, …가 관찰된다.
2. 그런데, P_1, P_2, P_3, … 는, H 유형의(of H's type) 가설이 채택된다면, 놀라운 것이 되지 않을 것이다. 즉 그것들은 H와 같은 어떤 가설로부터

당연한 일이 되고 H와 같은 어떤 가설에 의해 설명된다.

3. 따라서 H 유형의 가설을 더욱 탐구할(elaborating) 좋은 이유가 있다. 즉, H 유형의 가설은 P_1, P_2, P_3, … 을 설명할 수 있는 가설로서 제안될 좋은 이유가 있다.

예를 들면 다음과 같다.

1. 모든 행성들의 궤도가 타원이라는 깜짝 놀랄만한 발견이 케플러에 의해 이루어졌다.
2. 그런데 제곱에 반비례하는 형태의 다른 법칙들과 더불어 중력의 법칙이 채택된다면, 이와 같은 궤도는 놀라운 것이 되지 않을 것이다. 즉, 케플러의 제1법칙은 당연한 것이 될 것이다. 그러한 종류의 가설은 더구나 행성들이 불균일한 속도로 운행하는 궤도가 왜 타원인지를 설명할 수 있다.
3. 따라서 이러한 유형의 가설들에 대해 더욱 탐구할 좋은 이유가 있다.

생크와 커닝햄(Shank and Cunningham, 2010)은 퍼스의 귀추를 여섯 가지 유형으로 분류하였다. 첫 번째 귀추 유형은 '가능한 닮음의 가능성'(possibility of a possible resemblance)을 다룬다. 이 추론 유형을 특징짓는 더 구체적인 방법은 이것을 우리의 초기 관찰이 가능한 증거를 위한 징조(omen)의 역할을 할 수 있는 가능성을 결정하기 위한 추론으로 서술하는 것이다. 징조(omen)는 미래의 탐구와 관찰에서 그 해결책이 보이는 표시(a sign)이다. 그 징조의 추론에 가능성이 더욱 더 내포되어지는 것을 예감이라고 부른다. 예를 들어, 고고학자는 어떤 공예품을 찾으려고 오래된 개울 바닥을 살펴볼 것이다. 이러한 추론방식은 단지 주관적인 행동이라고 보이지만 이것 또한 귀추이며 체계적인 다른 귀추와 연관성을 가진다.

두 번째 귀추 유형은 '가능한 닮음'(possible resemblances)을 다룬다. 이 추론 유형을 특징짓는 더 구체적인 방법은 이것을 우리의 관찰이 더 일반적인 현상의 존재에 대한 증상(symptom)을 나타내는지를 결정하기 위한 추론으로 서술하는 것이다. 증상(symptom)은 현재 계속되는 행동을 나타내는 표시이다. 예를 들어, 고고학자가 매끄러운 돌을 찾는다고 하면, 당장은 그 매끄러움이 자연적인지 가공적인지 확실하지 않기 때문에 그는 추론해야 하며 이 또한 귀추에 속한다는 것이다.

세 번째 귀추 유형은 은유 또는 비유에 관련되는 것으로서, 가능한 규칙을 발견하거나 창조하기 위해 '닮음을 조작하는 것'(manipulation of resemblance)을 다룬다. 이 추론 유형을 특징짓는 더 구체적인 방법은 이것을 새로운 잠재적인 규칙성을 창조하기 위해 비유와 은유를 사용하는 추론의 형식으로 서술하는 것이다. 예를 들어, 고고학자가 수집한 공예품이 고대 종족들의 이동을 설명하기 위한 현재 이론들을 만족시키지 않는다고 가정하자. 그러면 그는 새로운 개념적 기준틀(a new conceptual frame of reference)을 생성할 필요가 있다. 대부분의 일반적인 개념적 틀은 은유적이다(cf, Lakoff & Johnson, 1980). 새로운 추론의 틀을 설명하기 위해서 새로운 핵심적인 은유가 필요하다. 그러기 위해, 고고학자는 섄크(Shank, 1987)가 병치 방법(Method of Juxtaposition)이라 불렀던 원리를 사용해 의도적으로 은유적인 근본(metaphorical base)을 바꿔야 한다. 그가 종족 이동을 독서 행동과 유사하다고 보기로 결정한다고 하자. 무엇이 이 새로운 은유적 병치 영역에 대해 조사영역이 되겠는가? 병치가 분명함을 줄 필요는 없다. 그러나 임의적인 병치라도 새로운 통찰력과 이해력의 영역을 이끌 만큼 유용하다.

네 번째 귀추 유형은 '가능한 증거'(possible evidence)를 다룬다. 이 추론 유형을 특징짓는 더 구체적인 방법은 이것을 우리 관찰들이 좀 더 일반적인 현상의 단서인지를 결정하기 위한 추론으로 서술하는 것이다. 단서는 사건의 과거 상태에 대해 알려주는 지표이다. 그러므로 단서를 중심으로 하는 어떤 추론행위는 사건의 과거 상태나 분위기를 파악하기(detect) 위한 행위이다. 예를 들어, 고고학자는 매끄러운 돌 옆에서 많은 도자기 조각을 발견했다고 하자. 이 둘에 어느 연관성이 있을까? 아니면, 그저 우연일까? 그에 대한 판단을 내릴 때, 물리적인 연관성을 얻기 위해 도자기 조각과 매끄러운 돌을 관찰한다. 만약 그가 돌에서 도자기 조각을 발견한다면 돌이 도자기를 깨트리는 데 사용되었다는 단서를 얻게 된다.

다섯 번째 귀추 유형은 사용 가능한 증거를 기초로 하여, 가능한 규칙을 형성하는 것을 포함한다. 이 추론 유형을 특징짓는 더 구체적인 방법은 이것을 관찰 증거들 중에서 가능한 진단적 판단을 발견하기 위한 추론으로 서술하는 것이다. 이것은 단서들로부터 그럴듯한 시나리오를 창조함에 의해서 탐지 과정을 종료하는 추론 행동이다. 예를 들어 고고학자가 부서진 도자기 조각이 얕은 구덩이에 있고 구덩이 모서리에서 다른 매끄러운 돌들을 발견했다고 하자. 그러면 그는 개별의 관찰들을 잠재적인 시나리오로 조합할 것이다. 시나리오에서 이러한 단서는 몇 가지 특징적인 경향을 나타낸다.

여섯 번째 귀추 유형은 '가능한 형식적인 규칙'(a possible formal rule)을 다룬다. 이 추론 유형을 특징짓는 더 구체적인 방법은 이것을 일반적인 타당한 설명을 형식화하기 위한 추론으로 서술할 수 있다. 예를 들어 고고학자가 골동품의 퍼즐 맞추기 수집 결과를 설명하려 한다고 하자. 그는 매끄러운 돌에 달라붙은 달궈진 막대기를 절대 본 적이 없을 것이다. 이러한 도구는 불에 달궈지면 강도가 약해진다. 만약 그가 설명 방법을 바꾼다면, 그는 더 잘 이해할 수 있다. '골동품이 도구로서가 아니라 종교적인 중요성을 가지지 않을까?'라는 의문에 이르며 불에 달궈진 막대기는 어떤 종교 의식적인 부분을 설명할 수 있을 것이다. 이 설명은 다른 설명을 간단하게 만들 수는 있다. 그리고 다른 자료를 설명하는 경향성을 만들 수 있다. 이러한 설명은 분리된 증거조각들을 합체시킨다. 그리고 의미 있는 통찰을 기초로 추가적인 이점을 지닌 하나의 일관성 있는 설명으로 대안적인 시나리오를 만든다. 즉, 좋은 가설은 단지 명백함을 설명하는 것이 아니다. 그것은 연관성이 결여된 모호함으로, 핵폭발처럼 보이는 어둠 속으로 우리를 이끌 수도 있다.

귀추와 가설의 관계

귀추는 새로운 지식 생성의 첫 단계라고 볼 수 있다. 과학적 지식에는 과학적 사실, 법칙, 이론처럼 자연 현상의 탐구 결과로 생성되는 결과적 지식(terminal knowledge)뿐만 아니라, 자연 현상에서 발상되는 의문, 의문의 임시적인 설명인 가설, 가설 평가를 위해 고안된 검증 방법 등과 같이 자연 현상을 탐구하는 과정에서 생성되는 중간적 지식(intermediate knowledge)도 포함된다고 할 수 있다. 그러므로 과학적 지식을 생성한다는 것은 결과적 지식을 고안하는 것뿐만 아니라 탐구의 과정에서 생성되는 중간적 지식을 고안하는 것도 포함한다고 할 수 있다(권용주 외, 2003).

탐구의 과정에서 생성되는 중간적 지식들 중 특히, 관찰된 현상들의 원인에 대한 임시적인 설명으로 고안된 명제나 명제들의 집합으로 정의되는 '가설 지식'(Lawson, 1995)의 중요성은 아무리 강조되어도 지나치지 않다.

일반적으로 가설은 가정, 추정, 추측, 임시적인 설명, 그럴듯한 원인 등의 의미로 사용된다. 과학적 탐구에서 가설은 자연현상에서 발생되는 의문에서 과학적 설명으로 진입할 수 있는 관문의 역할을 하기 때문에 과학적 탐구의 가장 핵심적인 중간지식의 하나로 여겨져 왔다(권용주 외, 2003). 대체로 과학자, 과학 철학자, 과학교육자들이 제시한 가설의 의미는 [그림 5-3]과 같이 크게 다섯 가지로 사용되고 있다(정진수, 2004).

가정으로서의 가설(hypothesis as assumption)은 가설의 의미를 가장 광범위하게 사용한 것이다. 이 의미에서 가설은 확실하지 않은 모든 것을 의미한다. 단순한 추측이나 추정, 예측, 임시적인 일반화 등 확실하지 않은 모든 것을 의미한다. 예상으로서의 가설(hypothesis as prediction)에서는 앞으로 관찰될 것으로 기대되는 현상이 가설이 된다. 임시적인 설명으로서의 가설(hypothesis as

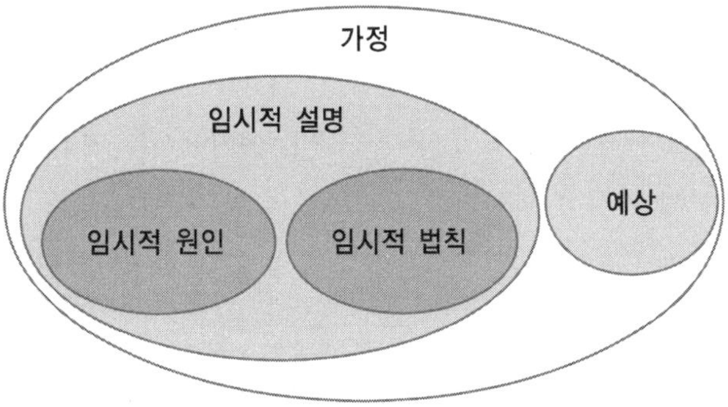

[그림 5-3] 가설의 의미에 대한 다양성(정진수, 2004)

tentative explanation)은 현상을 연역적 논리 구조 속에서 설명하는 것이다. 예를 들어 어떤 과학자가 잡종인 둥근 콩을 자가 교배 시켜서 둥근 콩 302개와 주름진 콩 99개를 얻었다. 이때 이 과학자는 왜 이렇게 나왔는지에 대해 의문을 갖게 될 것이다. 이 현상에 대해서 임시적으로 "그것은 잡종 교배에서 표현형의 비가 3:1로 나온다는 멘델의 법칙 때문이다."라고 설명하거나, "잡종인 둥근 콩은 콩의 모양을 둥글게 하는 우성 유전자와 모양을 주름지게 하는 열성인자를 하나씩 가지고 있기 때문이다."라고 설명할 수 있다. 이 두 설명은 모두 잠정적인 법칙이나 이론으로부터 현상을 연역적으로 설명한 것이다. 이처럼 설명으로서의 가설의 의미는 보다 보편적인 명제에서 특수한 현상을 연역하는 방식의 임시적인 설명이다. 한편 임시적인 법칙으로서의 가설(hypothesis as tentative law)은 위의 예에서 둥근 콩과 주름진 콩의 규칙적인 비율을 "멘델의 법칙"으로 설명하는 것을 의미한다. 이 입장에 의하면 아직 검증되지 않은 자연계의 법칙이 곧 가설이다. 임시적인 원인적 설명으로서의 가설(hypothesis as tentative causal explanation)의 입장에 의하면 가설이란 지금 보이는 현상을 지금 보이지 않은 임시적인 원인으로 설명하는 것을 의미한다. 위에서 유전자라는 개념으로 둥근 콩과 주름진 콩의 규칙적인 비율을 설명한 것이 하나의 예가 될 수 있다. 여기에서 콩의 비율은 관찰 가능한 현상이고, 유전자는 이 현상을 설명하기 위해서 고안한 개념이다. 그럼에도 불구하고 이들 중에서 현상을 설명하는 명제만이 진정한 의미의 가설이라고 보는 것이 타당하다. 그리고 이것은 임시적인 원인적 설명으로서의 가설의 의미와 동일하다. 이러한 관점에서 가설은 관찰된 과학적 상황에 대해 임시적인 원인으로 설명한 하나의 명제 또는 명제들의 집합으로 정의할 수 있다(Lawson, 1995; 권용주 외, 2003; 정진수, 2004).

가설 지식의 생성에 관한 견해 또한 다양하다. 여기에서는 귀추적 추론(abductive reasoning)에 의해 가설이 생성된다고 설명하는 연구들(Hanson, 1958; Lawson, 1995; Peirce, 1955; 권용주 외, 2003)에 바탕을 두고 귀추가 가설 생성의 중요한 한 가지 과정임을 받아들인다.

과학자들이 특정한 규칙을 추리하여 새로운 설명적 가설을 제안하는 과정에 여러 가지 사고 전략들이 동원되고 있다는 데에는 많은 연구자들이 동의하고 있다. 스나이더(Snyder, 1997)는 행성의 운행에 관한 케플러의 탐구를 사례로 들어 단순한 귀납법과는 다른 사고 전략들이 과학자들이 새로운 규칙을 창안하는 과정에 사용되고 있음을 보여 주었으며, 권용주 외(2003)는 그들의 경험적인 연구에서 피험자들의 가설 생성 과정을 5개의 단계로 구분하고 그러한 과정은 귀납적이고 연역적인 추론이 함께 관여하는 복잡한 사고 과정임을 주장하였다. 클레멘트(Clement, 2009)는 과학자들이 이론적 가설을 형성하는 과정을 세 가지로 제시하였다. 첫째는 귀납이 포함된 가설-연역적 방법에 의한 것으로, [그림 5-4]와 같이 가설의 근원이 되는 귀납과 가설-연역적 방법을 결합한 모형으로 나타내었다. 두 번째는 창의적 직관(creative intuition)에 의한 것으로 퀘슬러(Koestler, 1964), 폴라니(Polanyi, 1966), 로텐버그(Rothenberg, 1979)의 관점을 종합하였으며, [그림 5-4]의 "귀납에 의한 가설 형성(Hypothesis Formation by Induction)" 단계를 "창의적 직관에 의한 가설 형성(Hypothesis Formation by Creative Intuition)"로 대체한 과정으로 나타낼 수 있다는 것이다. 세 번째는 유비 추론에 의한 것으로 하레(Harre, 1972), 네겔(Nagel, 1961) 등의 견해를 받아들인 것이다.

마그나니(Magnani, 2001)와 타가드(Thagard, 1988)는 과학철학, 인지 과학, 인공 지능 등에 관한 광범위한 연구를 통하여 귀추 추론을 몇 가지 유형의 과정으로 세분화하여 제시하였다. 구체적으로 설명하면, 마그나니(Magnani, 2001, 2004)는 귀추를 이론적 귀추(theoretical abduction)와 조작적 귀추(manipulative abduction)로 구분하였다(그림 5-2 참조). 그리고 이론적 귀추는 데이터에 대한 좋은 설명(good explanation)을 줄 수 있는 가설을 선택하거나 창조하는 목표를

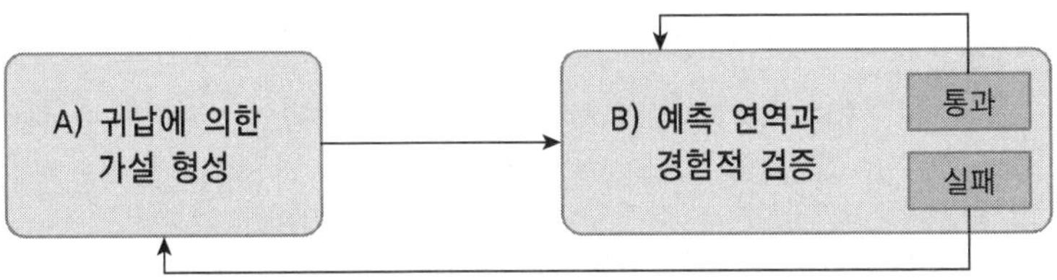

[그림 5-4] 가설 원천으로서의 귀납 관련 가설-연역적 방법
(자료원: Clement, 2009, p.73)

가지며, 조작적 귀추는 많은 흥미 있는 상황에서 행동(action)의 역할을 파악하는 데 기여하는 것으로 설명하였다. 여기서 행동(action)은 가설의 생성 또는 선택에 대한 적절한(suitable) 귀추 과정을 시작하거나 수행함에 의해 문제를 해결하기 위한 매개가 될 수 있는 정보를 제공한다.

오필석과 김찬종(2005)은 귀추법을 어떤 현상을 설명하기 위하여 특정한 규칙을 추리해 내고 그 속에 포함된 설명적 진술이나 설명적 가설을 제안하는 과정이라는 포괄적인 의미로 정의하고자 하였으며, 여러 연구자들에 의해 제시된 것들을 바탕으로 과학자들이 특정한 규칙을 추리하여 가설을 제안하는 과정에 동원하는 사고 전략들을 지구과학의 맥락에서 다음과 같이 정리하였다.

첫째는 자료의 재구성(reconstruction) 전략으로, 귀추적 추론 과정에서 과학자들은 특정한 사실이나 원리, 법칙 등을 규칙으로 선택하고 그것을 통하여 자료를 설명하게 된다는 것이다. 즉, 귀추법은 주어진 자료를 그것보다 상위 차원의 집합이나 구조나 속성에 귀속시키게 하는 추리라고 할 수 있다는 것이다. 이러한 추리가 가능하기 위해서는 과학자가 답하려고 하는 문제에 적합한 형태로 자료들이 제공하는 낱낱의 정보들을 재배열하거나 추론자의 탐구적 관심에 따라 주어진 자료들 속에 내재된 증거들을 선별하는 등 자료들에 대한 재구성(reconstruction) 작업이 필요하다고 하였다.

둘째는 발견법적 일반화(heuristic generalization) 전략으로 지구과학에서 귀추법에 의해 설명적 진술을 이끌어 내는 것은 현재 널리 받아들여지고 있는 이론들에 힘입어 이루어질 수도 있지만 추론자가 새로운 규칙을 형성함으로써도 성취될 수 있다는 것이다. 엥겔하트와 짐머만(Engelhardt & Zimmermann, 1982)은 지구과학자들이 새로운 규칙을 형성하는 데 사용하는 전략 중의 하나를 '발견법적 일반화'(heuristic generalization)라고 명명하였다고 한다.

셋째는 유비 추론(analogy) 전략으로, 이것은 귀추법에서 유비 추론(analogy)과 비슷한 상황에서 성공적으로 기능하였던 규칙들을 이용하여 현재 주어진 현상에 대한 새로운 설명을 제시하는 전략을 말한다. 타가드(Thagard, 1988)에 의하면 이 전략이 효과적으로 적용되기 위해서는 설명되어져야 할 현상들과 설명적 진술들 사이의 정합성(coherence)이 잘 확립되어 있어야 한다.

넷째는 존재에 관한(existential) 전략이 있다. 지구과학 역사를 살펴보면, 새로운 자연물이 귀추적 추론에 의해 예견되고 관찰과 실험 등의 경험적 방법으로 확인된 사례가 종종 있으며, 예를 들면 한슨과 타가드는 해왕성의 발견이 귀추적 추론에 힘입어 이루어졌다고 주장하였다. 해왕성의 발견은 관측된 천왕성의 위치가 뉴턴 역학에 의해 계산된 것과 일치하지 않는다는 문제로부터 촉발되었다. 뉴턴 역학은 태양과 태양계 내의 다른 천체들의 중력적 영향을 고려하여 행성의 움직임을 이론적으로 기술해 줄 수 있다. 그런데 이렇게 이론적으로 계산된 값과 비교했을 때 실제 천왕성의 궤도는 오차의 범위를 넘어서는 정도로 이탈되어 있었다. 이러한 이상 현상을 접한 애덤스(Adams)와 베리어(Verrier)는 각각 천왕성의 궤도 밖에 또 하나의 행성이 돌고 있으며 그 영향으로 인해 그런 오차가 생길 수 있다고 추론하였고, 실제 관측을 통하여 자신들이 예견한 행성인 해왕성의 존재를 확인하였다(Leverington, 1995). 이와 같이, 놀라운 현상을 접하게 되었을 때 이 전에는 관찰되지 않은 새로운 대상을 가정하여 주어진 현상을 설명하려는 귀추적 전략을 타가드(Thagard, 1988)는 '존재에 관한 귀추'(existential abduction)이라고 명명하였다고 한다.

다섯째로는 개념적 조합(conceptual combination) 전략을 소개하였다. 타가드(Thagard, 1988)는 귀추적 추론 과정에서 현상을 설명하기 위해 새로운 규칙을 형성하는 것은 이미 알려진 개념들을 조합함으로써 이루어질 수 있다고 주장한다. 그는 지구과학의 역사에서 베게너(Wegener)가 대륙 이동설을 제안한 것이 바로 '개념적 조합'(conceptual combination) 전략에 의해 가능했다고 주장하고, 인공지능 프로그램에서 새로운 규칙을 형성하는 과정을 통하여 어떻게 대륙 이동설이 제안될 수 있었는지를 설명하였다. 타가드(Thagard)에 따르면 베게너(Wegener)의 추론은 서로 멀리 떨어져 있는 아프리카 대륙과 남아메리카 대륙의 해안선이 매우 잘 일치한다는 현상을 인식한 것으로부터 시작되었다는 것이다.

여섯째는 사전 평가(prior assessment)를 통한 제거(elimination) 전략을 소개하였다. 과학자들은 어떤 현상을 설명하기 위하여 하나의 규칙을 즉각적으로 제안하기 보다는 여러 가지 유형의 규칙들을 탐색하기 가장 설득력 있는 설명을 제공해 줄 수 있는 것을 선택하는 과정을 밟게 되는데, 이러한 과정 속에서 대안적인 규칙들을 서로 비교 평가하여 잘못된 유형의 것들을 배제하는 '제거'(elimination) 전략이 개입할 수밖에 없다는 것이다.

귀추에 의한 가설 형성 과정

귀추적 사고는 새롭게 관찰된 과학 현상을 설명하는 설명 가설을 형성하는 데 사용된다. 다음은 당시로서는 놀라운 현상인 태양 흑점들(그림 5-5)을 관찰하고 이들에 대해 설명하는 과정에서 샤이너(Scheiner)와 갈릴레오(Galileo)가 사용한 귀추적 사고의 두 가지 예이다.

샤이너는 태양 흑점들을 관찰했을 때 이 새로운 현상에 대해 다음과 같은 과정을 거쳐 가설을 형성하였다(Drake, 1957).

(1) 어떤 놀라운 현상들, p1, p2, p3, …에 직면하였다.

→ 여러 개의 흑점들 관찰

(2) 그러나 H 유형의(of H's type) 가설이 얻어진다면, p1, p2, p3, …는 놀라운 현상이 되지 않을 것이다. 즉, 그것들은 가설 H로부터 당연한 것들이 되고 H에 의해 설명되게 된다.

→ 이 현상들은 H 유형의 가설 즉, '이들은 태양에서 멀지 않은 곳에 있는 소행성들이며, 수성과 금성과 같이 태양 주위를 공전한다.'라는 가설에 의해

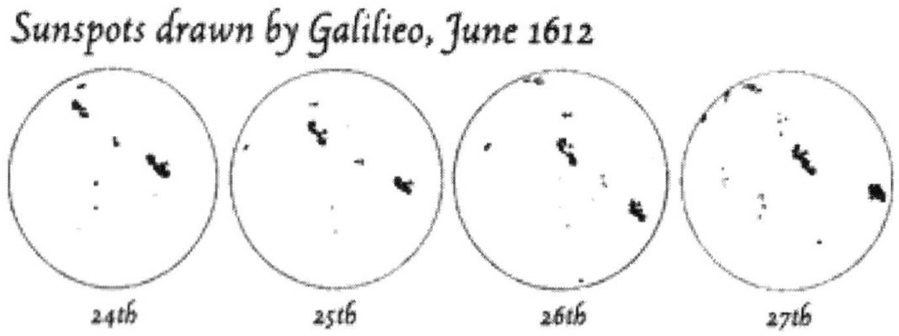

[그림 5-5] 갈릴레오가 그린 흑점들

(자료원: http://earthobservatory.nasa.gov/Features/SolarMax/) (2017. 2. 20)

설명될 수 있다. 그러므로 흑점들의 관찰은 놀라운 것이 되지 않을 수 있다. 다시 말하면 그것들은 가설 H로부터 당연한 것들이 되고 H에 의해 설명되게 된다.

(3) 따라서 H 유형의 가설을 더욱 정교화할(elaborating) 좋은 이유가 있다. 즉, H 유형의 가설은 p1, p2, p3, …가 설명될 수 있는 가능한 가설로 제안될 좋은 이유가 있다.

→ 따라서 '흑점들은 태양에서 멀지 않은 곳에 있는 소행성들이며, 수성과 금성과 같이 태양 주위를 공전한다.'라는 가설은 흑점들의 특성을 설명할 수 있는 가능한 가설로 제안될 좋은 이유가 된다.

그런가 하면 갈릴레오는 같은 현상을 보고, 다음과 같은 사고과정을 거쳐 이 현상에 대한 설명 가설을 형성하였다.

(1) 어떤 놀라운 현상들, p1, p2, p3, …에 직면하였다.

→ 여러 개의 흑점들 관찰

(2) 그러나 H 유형의(of H's type) 가설이 얻어진다면, p1, p2, p3, …는 놀라운 현상이 되지 않을 것이다. 즉 그것들은 가설 H로부터 당연한 것들이 되고 H에 의해 설명되게 된다.

→ 이 현상들은 H 유형의 가설 즉, '이들은 태양 표면에 있는 태양을 이루는 물질이며, 지구에서의 구름 높이 정도에 있다.'라는 가설에 의해 설명될 수 있다. 그러므로 흑점들의 관찰은 놀라운 것이 되지 않을 수 있다. 다시 말하면 그것들은 가설 H로부터 당연한 것들이 되고 H에 의해 설명되게 된다.

(3) 따라서 H 유형의 가설을 더욱 정교화할(elaborating) 좋은 이유가 있다. 즉, H 유형의 가설은 p1, p2, p3, …가 설명될 수 있는 가능한 가설로 제안될 좋은 이유가 있다.

→ 따라서 '이들은 태양 표면에 있는 태양을 이루는 물질이며, 지구에서의 구름 높이 정도에 있다.'라는 가설은 흑점들의 특성을 설명할 수 있는 가능한 가설로 제안될 좋은 이유가 된다.

이렇게 똑같은 현상에 대해 가설을 형성했지만 그 결과는 매우 다르다. 이들의 가설들은 후속적인 관찰 결과와 논리를 통해 평가되었으며, 결국 갈릴레오의 가설이 과학자들에 의해 인정받게 된다.

귀추적 사고는 또한 어떤 현상을 예측하는 가설을 형성하는 데에도 사용된다. 다음은 토마스 영이 사용한 귀추적 사고의 예이다(Young, 1807; 김원숙, 김영민, 2016). 영은 '빛이 파동일 것'이라는 가설을 검증하기 위해 물결파와의 비유 추론을 통해 예측 가설을 만들게 되는 데 그 과정은 다음과 같다.

[그림 5-6]과 같이, 두 개의 동일한 물결파가 서로 반대 방향으로 진행하면서 만날 때, 마루와 골이 만나면 소멸되고 마루와 마루, 골과 골이 만나면 보강된다.

[그림 5-7]와 같이 점 A에서 발생한 파가 BC면에서 반사되면 이것은 마치 점 D에서 발생한 파동이 진행해 오는 것과 같다. 이러한 현상은 다음과 같이 설명될 수 있다. [그림 5-8]과 같이 두 개의 동일한 구면파가 동시에 발생되면, 이들은 그 진행 과정에서 일부가 겹치게 된다.

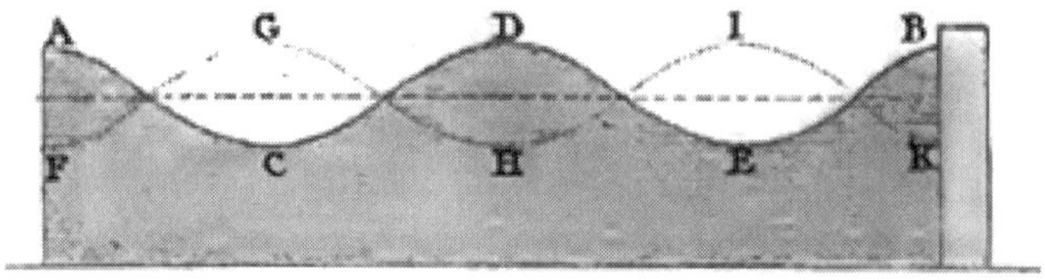

[그림 5-6] 파동에서 마루와 골이 만날 때(자료원: Young, 1807)

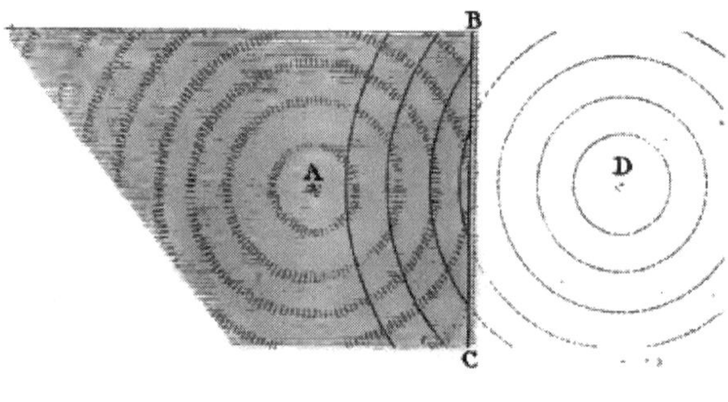

[그림 5-7] 두 구면파의 중첩(자료원: Young, 1807)

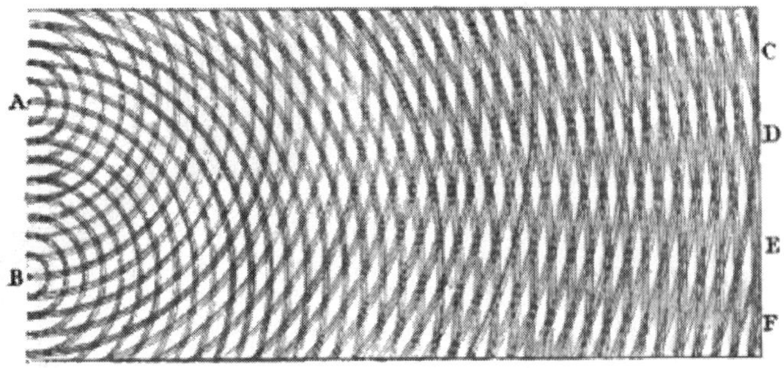

[그림 5-8] 파동의 소멸과 보강(자료원: Young, 1807)

[그림 5-8]에서와 같이 그 효과는 마루(elevation)와 골(depression)이 만나는 곳에서는 평평해지고(smooth), 마루와 마루가 만나거나 골과 골이 만나는 곳에서는 더 보강된다(strong agitation). 이것은 두 물결파의 간섭 현상인데, 이러한 물결파 간섭 현상으로부터 귀추하여 영은 빛에 대해 다음과 같은 예측 가설을 형성하였다.

"예측 가설: 빛이 파동이라면 빛의 경우에도 물결파와 마찬가지로 간섭 현상이 나타날 것이다."

이에 따라 영은 과학사에서 '결정적 실험'이라고 불리는 빛의 간섭 현상 관찰 실험을 하게 된다. 영의 결정적 실험은 현대 과학에서는 [그림 5-9]와 같이 제시하고 있지만 실제로 영이 한 실험 장치의 구성은 [그림 5-10]과 같다. 영이 그의 예측 가설인 '빛은 간섭 현상을 나타낼 것이다.'를 검증하기 위해 수행한 결정적 실험에서는 창의 커튼에 작은 구멍을 내어 햇빛이 통과하게 하고, 얇은 카드를 이용하여 두 개의 슬릿 효과를 내게 했다(Scheider, 1986). 영의 예측 가설은 그의 결정적 실험을 통해 검증되었으며, 빛이 파동인 것이 증명되었다.

과학에서 가설 형성이 중요하다면 과학 교육에서 학생들에게 가설 형성 능력을 향상시켜야 하는 것은 당연한 일이다. 학생들의 가설 형성 능력을 향상시키는 데 있어서는 첫째로 고려해야 할 것은 과학적 문제 해결을 위해 가설을 형성한다는

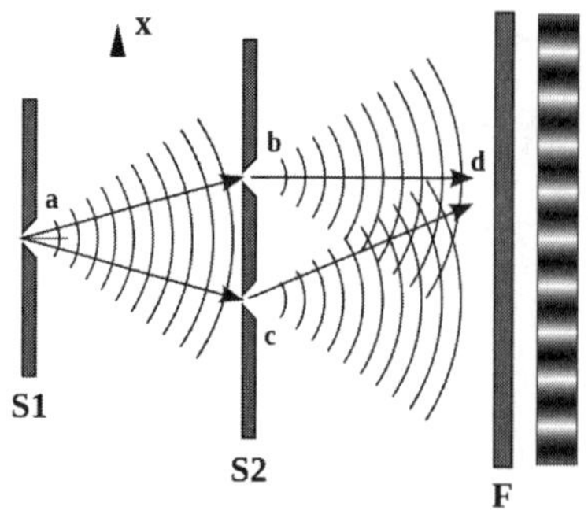

[그림 5-9] 빛의 간섭실험

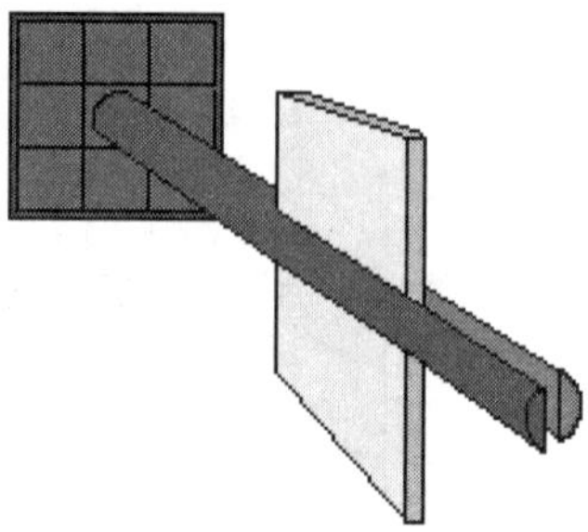

[그림 5-10] 영의 실험을 모식적으로 나타낸 것

것이 무엇인가에 대한 이해가 필요하다는 점이다. 이것을 이해시키기 위한 효과적인 방법 중의 하나는 창의적 과학자들이 어떤 문제 해결을 위해 어떻게 가설들을 세웠는지에 대한 사례를 제시하고 그 과정을 이해시키는 것이다. 이러한 사례들을 제시하는 데 있어서는 과학사적으로 모두가 성공적인 가설들을 세운 것이 아니라 때때로 실패한 가설들을 세우고 이들을 검증하기 위해서도 노력했다는 것을 제시하여 그 가설들이 어떤 문제가 있었는지를 분석해 보는 활동도 필수적으로 필요하다.

가설 형성 능력을 향상시키는데 있어서 두 번째로 고려해야 할 것은 과학적 문제 해결을 위한 가설을 세워보도록 어떻게 훈련시킬 것인가이다. 이 과정에서 중요한 것은 좋은 과학적 가설 형성 상황을 개발하여 제시하는 것이다.

학생들로 하여금 이러한 과정을 거치도록 하기 위해서는 과학사적으로 가설 형성 사례들(실패한 가설 포함)을 분석하여 정리하는 것과 이러한 사례들을 모형화하여 학생들의 가설 형성 능력 향상을 위한 프로그램 개발에 적용하고, 이렇게 개발된 프로그램을 실제로 적용해 보아 효과를 분석하고 개선하는 과정 또한 과학교육에서 매우 필요한 일이다(김원숙, 김영민, 2016).

과학사에서 귀추 사례와 패턴

|제6장|

역사적으로 보면 과학의 발달 과정에서 창의적 사고를 보인 과학자들은 매우 많다. 그러나 이들이 어떤 사고 과정을 거쳐 창의성을 보였는지에 대한 기록은 많지 않다. 따라서 문헌적으로 파악이 가능한 학자들 가운데에서 과학의 각 영역에서 획기적인 변화를 이루어 낸 과학자들을 선정하여 그들의 사고 과정을 분석하고 학생들의 창의성 교육에 활용할 수 있도록 그들의 창의적 사고과정을 분석하였다. 특히 귀추에 관련된 내용들을 중심으로 분석하였다. 여기서는 유비적 귀추뿐만 아니라 퍼스가 말하는 일반적인 귀추에 대해서도 분석하였다. 또한 단순히 아이디어를 빌린 경우만을 분석하는 것이 아니라 가설 형성과 관련된 귀추적 사고 과정을 분석하였다. 또한 이들을 종합하고 분류하여 과학에서의 귀추적 사고의 패턴을 분석하였다.

과학사에서의 귀추 사례

케플러의 귀추적 사고와 창의성

케플러의 귀추적 사고는 여러 문헌(Peirce, 1955; Hanson, 1958; Lawson,

1995)에서 인용되고 있으며, 특히 행성 운동에 대한 태양중심설을 믿게 된 과정 및 행성의 타원 궤도 운동 발견에 대한 귀추적 사고가 많이 인용되고 있다. 케플러는 행성의 타원 궤도 운동에 대한 개념 형성에서뿐만 아니라 인간이 어떻게 물체를 시각적으로 지각하는가에 대한 개념 형성에서도 귀추적 사고를 보인 것으로 밝혀졌다(김영민, 2006). 여기서는 케플러가 태양중심설을 믿게 된 과정 그리고 행성의 타원 궤도 운동 발견 과정에 대해 분석적으로 살펴보고, '인간이 어떻게 물체를 지각하는가'에 대한 이론 형성 과정에 대해서는 제7장 귀추의 역할과 속성에서 다루었다.

태양중심설에 대한 케플러의 귀추적 사고

케플러는 코페르니쿠스의 논리가 기하학적이고 시각적이어서, 고대 철학자들의 '단순한 확률적'인 것과는 대조적이라고 주장하였다. 이 주장 외에도 케플러는 몇 가지 논리적 주장을 추가하게 된다. 첫째는 '코페르니쿠스 이론은 복잡한 주전원의 체계 없이도 설명될 수 있다'는 것이다. 하나의 구형 체계가 되어야 한다는 것이 훨씬 더 확률적으로 옳다는 것이다. 두 번째 주장은 물리적인 그럴듯함을 포함하고 있으며 그 내용은 다음과 같다:

> "큰 물체 주위를 작은 물체들이 도는 것이 더욱 믿을 수 있는 현상이다. 그래서 달은 자기보다 더 큰 지구 주위를 돌고 있고, 목성의 네 개의 위성들도 목성 주위를 돌고 있다. 그러나 태양이 움직인다면, 가장 큰 태양과 지구보다 더 큰 세 개의 행성들이 그보다 훨씬 작은 지구 주위를 도는 것이 될 것이다. 그러므로 작은 천체인 지구가 가장 큰 천체인 태양 주위를 돈다고 보는 것이 훨씬 믿을 만한 이론이다."(Franklin, 2001, p.148). 14)

14) Franklin은 이 문장을 J. Kepler, Epitome of Copernican Astronomy 4 pt. 1 ch. 3, trans. C. Wallis in Encyclopaedia Britanica Great Books of the Western World, 16:861; Kepler, Astronomia Nova, trans. W. Donahue (Cambridge, 1992), 51.에서 인용했다고 한다.

그 당시 망원경이 발명되면서 목성의 위성들이 관측되기 시작했다. 그리고 그 위성들이 목성의 주위를 돌고 있다는 것이 명확했으며, 이 사실로부터 지구를 비롯한 행성들이 태양 주위를 돈다고 추론(abduction)하였다. 이것은 귀추적 추론의 하나이며, 케플러가 말한, "나는 조화로운 우주의 운행체계(archetype)로부터 내 해답을 추론해냈다(abduction)"[15] 라고 하는 표현에서도 그가 귀추적 사고를 통해 새로운 과학적 발견을 이루어냈음을 알 수 있다(Franklin, 2001, p.151).

케플러는 "이 상황에서의 믿음은 목성과 그것의 4개 위성들을 태양과 그것의 6개 행성들과 비교함으로써 확실해졌다."고 주장했다(Franklin, 2001, p.151). 이것은 케플러가 태양중심설을 믿게 하는 데 결정적인 역할을 했다. 그의 설명을 보면, "그것은 분명히 태양 주위의 6개 행성들과 같다. 즉, 목성의 4개 위성들의 경우에도 마찬가지로 성립한다. 더 멀리 떨어진 위성은 목성으로부터 영향을 덜 받아서, 목성 주위를 도는 시간이 길어지게 된다. 그리고 회전 시간은 같은 비율이 아니라 더 커지게 되는데, 목성으로부터 각 위성까지 거리의 3/2 비율로 커지게 된다. 그리고 그것은 우리가 이미 알고 있는 6개 행성들 사이의 비율과 정확히 같다. … 이것은 훨씬 높은 확률을 가진다. 왜냐하면, 태양은 6개 행성들보다 훨씬 크고, 지구는 달보다 훨씬 크며, 목성은 그 위성들보다 훨씬 크다. 그런 이유로, 태양과 마찬가지로, 다른 행성들과 위성들 사이에도 이 관계는 성립한다."(Franklin, 2001, p.151). 이 과정에서의 케플러의 사고 과정을 귀추적 사고 형식으로 살펴보면 다음과 같다.

행성 운동에 관한 톨레미 이론(지구를 중심으로 공전, 원운동)

↓

코페르니쿠스가 행성 운동의 태양중심설 제기

↓

목성의 위성 4개가 목성 주위를 공전하는 것 관측

↓

15) Franklin은 이 문장을 Kepler, Preface to *Epitome of Copernican Astronomy* 4, at 847에서 인용했다고 한다.

목성의 위성들이 목성 주위를 공전하듯이 지구가 태양 주위를
공전하는 것이 타당하다고 추론.
그러므로 태양중심설이 옳다고 확신 (유비적 귀추)

케플러의 생각은 목성의 위성들이 자신들보다 훨씬 큰 목성 주위를 공전하듯이 지구 또한 그보다 훨씬 큰 태양 주위를 공전해야 한다는 것이다. 그리고 이 추론에 대해 한슨(Hanson, 1958)은 케플러가 코페르니쿠스가 주장한 태양중심설을 받아들인 추론, 즉 태양이 행성계의 중심에 아주 가깝게 있으며 아주 크기 때문에, 태양은 다른 행성들의 운동의 원인이 된다고 추론한 것에 대해, 이것은 그 당시 매우 중요한 추측(conjecture)이었으며, 아마도 지금까지의 그 어느 것보다도 가장 중요한 체계적 가설(systematic hypothesis)일 것이라고 말했다.

행성들의 공전 궤도에 대한 케플러의 귀추적 사고

튀코와 케플러는 1600년 프라하에서 만났으며, 당시 케플러는 튀코의 계산이 관측 값과 5°의 오차(이것은 당시의 지구중심설에서 본다면 결코 큰 오차는 아니었다)를 보일 때도 있다는 점을 이상하게 생각했다.

케플러 이전에는 행성은 완전한 원형 궤도를 돈다고 믿었다. 케플러도 그렇게 믿고 있었다. 그러나 행성이 완전한 원형 궤도를 돈다는 가정하에 계산하면 실제로는 화성의 이심률[16] 이 있기 때문에, 화성 궤도의 요소들에 대한 방정식이 잘못되었거나 일관성이 없게 나타났다. 그래서 케플러는 다른 방법을 사용하여 이 요소들을 결정했다. 케플러가 사용한 방법은 〈같은 시간에 같은 면적을 이동하는 방법〉(면적법)인데, 그 결과는 관측 값과 계산 값 사이에 8′(8분)[17] 의 차이를 보였다.

---

16) 원이 찌그러져 타원이 되었을 때 그 찌그러진 정도를 나타내는 것으로, 타원의 장반경을 a, 단반경을 b라고 하면, 이심률 e는 다음과 같이 계산된다: $e = \sqrt{a^2 - b^2}/a$. 이 계산에 의하면 원인 경우 $a = b$이므로 이심률은 0이 되며, 많이 찌그러진 타원일수록 이심률이 크다.

17) 평면에서 각도의 단위는 '도(°)', '분(′)', '초(″)', '라디안'이 있다. 도(degree)의 기호는 °이며 한 회전을 360등분한 것이다. 분(minute)의 기호는 ′ 이며 1도를 60등분한 것이다.

만약 궤도가 정말 원형이라면, 이 방법에 의한 오차는 1′(1분)보다 더 클 수가 없는 것이었다. 처음에 케플러는 이러한 잘못이 면적법(the method of areas)의 불완전성 때문일 것으로 생각하여 이 결과에 대해 반신반의하였다. 그러나 그는 점차로 과거 2000년 동안 선조들이 성급하게 행성 궤도를 원형이라고 생각한 것이 아닌가하는 의문을 품기 시작하였다(Peirce, 1955; Hanson, 1958).

케플러는 화성의 궤도가 원형이 아닐 수도 있다는 관점을 고려하기 위해 세 가지 잠정적인 논의(tentative arguments)를 제기하였다. 첫째는 궤도가 원형이라는 가정으로부터 계산된 원일점의 경도, 궤도의 이심률, 지구 궤도와의 비율 등이 관찰 결과와 일치하지 않았다는 점, 둘째는 주의 깊게 관찰된 세 개의 거리(원일점으로부터 10°, 37°, 104° 호의 길이)가 원형 궤도에 대해 그려졌을 때에는 조금씩 뒤쳐져서 나타난 점, 셋째는 면적법을 사용하면 90°와 270° 위치에서는 너무 긴 시간이 요구되고 따라서 행성의 운동이 굉장히 느려야만 했다는 점이 그것이다. 그러면서도 케플러는 다시 한 번 면적법을 의심했고, 그 과정에서 원형 궤도와 면적법에 의해 얻어진 방정식을 일치시키지 못하게 되자 면적법을 포기하기도 했다. 그러나 그 후로도 계속적으로 원형 궤도에 의해 얻어진 결과들이 튀코의 관찰 결과와 일치하지 않게 되자 비로소 케플러는 체계적으로 원형 궤도의 가설을 의심하기 시작하였다(Hanson, 1958).

케플러는 근일점에서만 원과 일치하는 비원형 곡선을 만들어냈다. 이것이 그 유명한 달걀 모양(figuram ovalem)이다. 이것은 오랜 시간을 끌었고 궁극적으로는 성공을 이루었던 귀추의 결정적인 단계였으며, 특히 강조되어야 할 한 가지 점은 케플러의 첫 번째 비원형 곡선은 타원이 아니었다는 것이다.[18] 화성의 미관찰 지점에 대한 예측은 그때까지 수행되지 않았었다. 케플러 또한 타원 궤도 가설

초(second)의 기호는 ″이며 1분을 60등분한 것이다. 라디안(radian, rad)은 기호는 쓰지 않으며 부채꼴의 호와 반지름의 비이다.

18) 그의 첫 번째 비원형 곡선은 달걀로부터 귀추된 달걀 모양의 행성 궤도였다. 그런데 달걀형은 괴상한 기하학적 존재로 결코 두 개의 초점을 가질 수가 없다. 바로 이것이 궁극적으로 케플러에게 어려움을 주었으며, 이것이 그로 하여금 다른 곡선 모형을 찾는 계기가 되었을 것으로 과학자들은 추측하고 있다.

[그림 6-1] 케플러의 행성 궤도에 대한 유비 추론(달걀형과 타원)
(자료원: Hanson, 1958, p.77)

을 제기하기 이전에는 그러한 것을 행해야 할 필요를 느끼지도 않았다.

그러나 달걀형 궤도는 기하학적으로 다루기가 매우 어려운 도형이다. 한슨이 이것이 매우 다행스러운 사건이라고 했다. 만일 달걀형이 다루기 쉬운 도형이었다면 케플러가 타원을 결코 그의 사고에 도입하지 않았을 것이라고도 했다. 초기의 달걀형 이론은 화성의 운동을 근일점에서는 아주 느리고 평균 거리에서는 너무나 빠르게 만들었다. 이것은 원형 궤도에서 발견되어지는 잘못들과는 대조적인 것이었다. 그러나 원 부분의 면적과 타원 부분의 면적의 평균값이 실제 궤도에 근접할 수도 있다는 것이 드러났다. 그리고 화성 궤도의 40개 지점에서의 튀코의 관찰 결과를 비교했을 때, 실제 궤도는 원과 달걀형의 중간인, 타원에 더 가까운 모양이라는 것이 확실해졌다. 이 결과들을 통해 케플러는 화성의 타원 궤도 가설을 만들게 된다.

이것은 물리학적인 큰 발견이었다. 태양계 전체를 통해서 동일한 물리적 조건들이 얻어졌기 때문에 동일한 방정식이 다른 행성들의 회전을 또한 설명해야 했다. 다음의 세 개의 위대한 설명자들(explicantia)은 잘 알려진 것들이다. ① 행성 궤도는 태양을 공통의 초점으로 하는 타원이다(1609년). ② 태양 주위를 도는 면적은 시간에 비례한다(1609년). ③ 회전 주기의 제곱은 장축 또는 태양으로부터의 평균 거리의 세제곱에 비례한다(1619년).

퍼스와 한슨의 귀추적 추론의 형태에 따라 케플러의 행성 궤도 추론을 분석해 보자.

① 어떤 놀랄만한 현상 p가 관찰된다.
② 만약 H가 참이면 p가 설명될 것이다.
③ 따라서 H가 참이라고 생각할 이유가 있다.

H의 내용이 ②에 포함되어 있지 않으면 H는 결코 귀추적으로 추론될 수 없다. 귀납적 설명은 p의 반복으로부터 H가 출현하기를 기대한다. H-D 설명은 어떤 설명되지 않은 '고도의 가설(higher-level hypothesis)' H의 창출로부터 p가 출현하도록 만든다.

'만약 화성의 궤도가 타원이라면 당연히 화성의 위치들은 원과 달걀형의 중간에 위치할 것이다.' 여기에서 H는 p의 숫자가 증가함에 따른 계산상의 또는 통계학적인 과정으로부터 나온 결과가 아니다. H는 단순히 '생각되어지는 것'도 아니며 그것들로부터 p가 연역될 수 있는 것도 아니다.

케플러의 귀추에 의하면 다음 현상도 설명이 가능해진다. 즉, 왜 화성은 90°에서와 270°에서 가속되는 것처럼 나타나는가?-(p). 왜냐하면, 화성의 궤도가 타원이기 때문이다-(H) (Hanson, 1958).

퍼스(Peirce, 1955)는 "이 귀추는 위대한 지적 노력이며, 케플러의 모든 업적을 생각해 볼 때 가장 중요하다."고 했다.

폴야(Polya, 1954, p.150)의 다음과 같은 설명도 이를 뒷받침한다.

> "타원궤도 이론은 케플러가 한 행성이 태양에 가까워질수록 빨리 움직인다고 생각하면 풀릴 수 있다고 깨달으면서 확실해지게 된다. 이것은 순수하게 기하학적 관점으로부터 온 가설과는 다르다. 그러나 행성들의 운동이 태양으로부터의 어떤 힘 때문이라면 이 생각은 이해가 될 수 있다."

"물리학에서 일상적인 것처럼 나는 확률적인 것과 논리적인 것을 혼합하여 그

혼합으로부터 그럴듯한 결론을 도출하였다. 왜냐하면 이 연구에서 천체물리학과 천문학을 혼합한 이래 아무도 어느 정도의 추측에 대해서 놀라는 사람은 없었다. 이것은 물리학, 약학, 그리고 눈으로 보는 확실한 증거 이외의 다른 원리들을 사용하는 모든 과학의 본성이다. 이와 같이 물리적인 차이는 현재 톨레미, 코페르니쿠스, 튀코 사이에 분명히 나타난다. 추측이라는 방법은 임상학에서의 의사의 추측이나 다른 자연과학에서의 추측과 같이 확실한 것은 아무것도 없다."

갈릴레오의 귀추와 창의성

갈릴레오 또한 그의 과학적 발견 과정에서 귀추적 사고를 많이 사용했다. 자유낙하 운동 법칙을 발견할 때 성당 안에 있던 램프의 규칙적인 진동을 유비적으로 귀추한 것, 달의 표면의 불규칙성을 설명할 때 지구 표면의 모양을 유비하여 귀추적으로 추론한 것, 태양의 흑점 현상을 설명하기 위해 지표면 위의 구름을 유비적으로 귀추한 것 등 여러 가지가 있다(김영민, 2007). 여기서는 이 세 가지 경우에 갈릴레오가 어떻게 귀추적 사고를 사용했는지 분석적으로 살펴보자.

낙체 운동에 대한 갈릴레오의 과학적 문제 발견과 귀추적 사고

갈릴레오는 대학 시절에 진자의 등시성을 발견한 것으로 알려져 있다. 당시 갈릴레오는 피사 대성당에서 미사를 드리던 중 우연히 천장에 매달린 샹들리에가 흔들리는 광경을 보았으며, 많이 흔들리거나 조금 흔들리거나 샹들리에가 한 번 흔들리는 데 걸린 시간이 같아 보였다. 그는 곧 자신의 맥박을 이용하여 샹들리에가 흔들리는 데 걸린 시간을 측정하여 그의 생각이 옳음을 확인하였다는 일화가 전해진다. 실제 기록에 의하면 갈릴레오는 '샹들리에가 진동하는 주기는 같을 것이다.'라는 생각을 검증하기 위해 줄의 길이가 같은 진자 두 개를 준비하고, 한 진자에는 질량이 큰 추를, 다른 진자에는 질량이 작은 추를 매달아 진폭을 달리하며 진동을 시키고 한 번 왕복하는 데 걸린 시간을 측정해 보았다. 그리고는 무거운 추이든 가벼운 추이든, 진폭이 크든 작든, 길이가 같으면 두 진자는 똑같은 주기로 진동하는 것을 관찰하였다(Galilei, 1954). 이와 같이 갈릴레오는 진자의 주기는 진자가 흔들리는 진폭에 관계없이 일정하다는 것을 알아내었다. 이것을 등시성이라 한다. 갈릴레오 자신의 저서(Galilei, 1954)에서 자신의 생각을 표현하는 살비아티의 설명에서 그가 생각하고 검증한 내용이 무엇인지를 알 수 있다.

> “살비아티: … 따라서 나는 납으로 된 공과, 코르크로 된 공을 각각 4~5큐빗 되는 같은 길이의 실에 매달았습니다. 이때, 납으로 된 공의 무게는 코르크로 된 공의 100배 이상이었습니다. 각각의 구를 연직의 상태에서 옆으로 들어 올렸다가 동시에 놓았더니 구들은 같은 길이의 실을 반경으로 하는 원주를 따라 낙하하여 연직선을 통과해 가서는 다시 같은 길을 되돌아왔습니다. 이 자유 진동이 100회나 반복된 결과, 무거운 물체는 가벼운 물체와 거의 같은 주기를 갖고 있어서 100회 진동 또는 1000회 진동을 하여도 무거운 물체가 가벼운 물체를 앞서지 않을 것임을 보여주었습니다. 즉, 이들은 완전히 같은 정도로 진동하고 있었습니다.”(Galilei, 1954, p.84).

이 기록을 볼 때, 진자의 등시성에 대한 생각은 이미 갈릴레오의 마음속에 있었음을 알 수 있다.

갈릴레오가 낙체 운동 이론을 세운 배경과 과정은 다음과 같다. 갈릴레오 이전에 운동에 관한 생각을 처음으로 체계적으로 발전시킨 사람은 아리스토텔레스이다. 아리스토텔레스는 운동을 자연스러운 운동과 강제적인 운동으로 구분하고 운동에 관련된 현상을 인과적으로 설명하였다. 그는 물체의 낙하 운동은 자연스러운 운동이며 낙하 운동에서 낙하 속도는 물체의 무게에 비례하고 그 물체가 통과하는 매질의 밀도에 반비례한다고 생각했다(김영식, 1986). 갈릴레오는 실제 낙하하는 물체들의 관찰로부터 ‘무거운 것이 가벼운 것보다 빨리 떨어진다.’고 하는 아리스토텔레스의 이론에 대해 의심을 갖게 된다. 그는 1632년 ‘두 세계 체계에 대한 대화(Dialogues Concerning Two New Sciences)’에서 ‘살비아티’라는 등장인물을 통해 다음과 같이 실험 방법과 결과를 제시하고 있다(Galilei, 1954, pp.64-65).

“살비아티: … 아리스토텔레스는 ‘100큐빗 되는 높은 곳에서 떨어지는 100파운드의 쇠공은 동시에 같은 높이에서 떨어지는 1파운드의 쇠공이 1큐빗 떨어졌을 때에 지면에 도달한다.’고 말했습니다. … 그러나 실험을 해 보면 큰 물체가 손가락 2개 길이만큼 앞섭니다. 즉, 큰 물체가 지면에 도달했을 때, 작은 물체는 손가락 2개 정도 늦는 것을 발견할 수 있습니다. 당신은 이 손가락 두 개의 차이 때문에 아리스토텔레스의 99큐빗 착오를 그냥 보아 넘기지는 않겠지요?”

이와 관련된 내용은 그의 저서에서 여러 군데 표현되어 있으며, 그는 관찰을 통해 자유낙하 하는 물체의 운동에 대한 아리스토텔레스의 설명에 문제가 있다는 것을 발견했음을 알 수 있다. 또한, 갈릴레오는 물체의 낙하 운동에 대한 관찰을 통해 아리스토텔레스의 설명을 의심했을 뿐만 아니라, 논리적으로도 모순이 있음을 사고 실험을 통해 설명한다. 그의 사고 실험은 다음과 같다(Galilei, 1954, p.63).

“살비아티: 그러나 만일 그것이 사실이라고 한다면, 그리고 큰 돌이 8의 속도로 운동하고 작은 돌이 4의 속도로 운동한다면, 그 두 돌을 묶으면 8보다 작은 속도로 운동하게 될 것입니다.”

이 말은 두 개의 돌을 묶으면 큰 돌과 작은 돌을 합한 무게가 되어 가장 빨리 떨어져야 한다는, 즉, ‘무거운 것이 먼저 떨어진다.’는 아리스토텔레스의 낙하 운동에 대한 설명이 논리적으로 모순된다는 것을 보여준다.

이렇게 아리스토텔레스의 낙하 운동에 대한 설명은 폐기될 수밖에 없었고 새로운 설명이 요구되었다.

다음의 과정은 자신의 가설을 평가하는 과정으로 볼 수 있다. 갈릴레오는 위에서 제기된 문제에 대해 다음과 같은 논리적 설명을 통해, ‘모든 물체는 진공 중에서 같은 높이에서 떨어지면 같은 시간에 같은 높이만큼 낙하한다.’는 가설을 더욱 공고히 하게 된다.

“살비아티: … 우리들은 이미 비중이 다른 물체의 속도의 차는 저항력이 큰 매질 속일수록 현저하게 나타나는 것을 압니다. 예를 들면, 수은 속에서 금은 납보다 빨리 밑바닥으로 가라앉을 뿐 아니라, 아마도 금은 수은 속에서 가라앉는 유일한 물질인데 비하여, 다른 어떠한 금속이나 돌들은 모두 표면에 뜨게 됩니다. 그러나 공기 중에서는 금, 아연, 구리, 돌 그 밖의 무거운 공들의 속도의 차는 매우 근소해서 100큐빗 낙하하는 동안 금으로 된 공이 구리로 된 공보다 결코 손가락 4개 정도도 앞서지 못할 것입니다. 이러한 관찰을 통해 나는 저항력이 전혀 없는 매질 중에서 모든 물체는 모두 같은 속도로 낙하할 것이라는 결론에 도달하였습니다.”(Galilei, 1954, pp.71-72)

이 설명 속에서 우리는 그의 귀추적 사고과정을 추론할 수 있다. 즉, 여러 매질 속에서 일어나는 물체의 낙하 운동을 관찰하여 진공 중에서는 물체의 낙하 속도가 모두 일정할 것이라는 가설에 도달하게 되었음을 알 수 있다.

이 실험에서도 갈릴레오는 공기의 저항 때문에 나타나는 현상들 때문에 설명에 어려움을 겪는다. 그는 이러한 결론을 무게와 관계없이 모든 물체에 적용하기 위해 진공이 존재하는 세계를 생각해야 했다. 이렇게 해서 갈릴레오는 진공 중에서 모든 물체가 무게에 관계없이 같은 가속도로 떨어진다는 놀라운 가설에 도달했다. 갈릴레오가 살아있는 동안에는 이 아이디어를 입증할 만큼 큰 공간을 진공으로 만들 방법은 없었다. 이 가설은 후에 갈릴레오-뉴턴 역학에서 수학적으로 증명되었으며, 실험 기술의 발달로 진공 중에서의 실험으로도 증명되었다.

위에서의 사고 실험은 아르키메데스의 가르침의 영향을 받아 물리 문제를 이상화 조건 속에서 단순화하는 기법을 사용하였다고 하며, 그는 과학 탐구에서의 성공을 위한 필요 조건은 해결 가능한 문제의 선택과 사고 실험이나 실제 실험과 같은 타당한 증거(valid evidence)라는 것을 굳게 믿었다고 한다(Crombie, 1990).

태양 흑점 발견 과정에서 갈릴레오의 귀추적 사고

갈릴레오는 태양의 흑점은 그가 오래전부터 알아왔던 현상이었고 흑점으로부터 태양이 회전하고 있다는 생각을 추론했다는 것을 언급하고 있다(Drake,

1957, pp.89-104.). 이 글에서 언급한 것을 보면 갈릴레오는 흑점을 태양 표면 위에 있거나 표면에서 떨어져 있더라도 지구에서 보이는 구름 높이 이상은 아닌 것으로 생각하였다. 갈릴레오는 지구에서 관찰된 현상만으로 주저 없이 흑점이 태양의 구성 물질임을 추론할 수 있었지만 공식적으로 표명하지는 않았다. 이것은 갈릴레오가 흑점에 대해 생각했던 초기의 귀추적 사고였다.

갈릴레오는 태양 흑점은 눈 또는 망원경 렌즈에 의한 착시가 아니라 실제 물체라는 것, 태양 흑점은 정지해 있는 점들이 아니고 태양과 관련되어 규칙적인 운동을 하고 있다는 것, 서에서 동으로 움직인다는 것을 관찰했다. 그는 또 일부의 흑점들이 생성되고 다른 일부 흑점들은 사라진다는 것을 관찰했다. 갈릴레오는 웰셔에게 보낸 편지에서 "내 의견을 피력하자면 태양은 회전축을 중심으로 자전하면서 흑점을 수반하고 있으며 자전하는 동안 일부의 흑점은 제자리로 돌아오고 일부의 흑점은 새로 생겨나기도 하고 일부의 흑점은 용해되기도 하고 일부의 흑점은 흑점인지 아닌지 구분하기 쉽지 않은 형태나 패턴으로 변화한다는 것입니다. 실제로 태양과 태양 주위를 움직이는 수성 사이에 일부 다른 행성들이 존재할 수도 있고 존재하지 않을 수도 있습니다. 그러나 그들이 존재한다면 그들이 태양 아래에 왔을 때 그것의 일부라도 볼 수 있어야 하는 것이 타당하기 때문에 나는 확실히 그들이 존재하지 않는다고 생각합니다. 나는 흑점 그 자체 외에는 어떠한 것도 본 적이 없습니다."라고 했다.

이상의 내용으로부터 갈릴레오가 추론한 흑점에 대한 가설은 다음과 같다: (1) 흑점은 행성이 아니며 태양의 일부분이다. (2) 흑점들은 달에서 관측되는 점들보다 검지 않다. (3) 흑점은 태양과 수성 또는 금성 사이에 있지 않고 태양 표면 위 또는 태양 표면에 아주 근접해 있다. 여기서 갈릴레이는 샤이너의 가설에 대해 조목조목 그 생각에 오류가 있음을 지적하고 있다.

갈릴레오가 웰셔에게 보낸 두 번째 편지에는 좀 더 명확하게 흑점에 대한 그의 생각이 들어 있다:

> "… 망원경으로 본 태양 표면에 있는 흑점들은 표면으로부터 멀리 떨어져 있지 않다는 것이 입증되었습니다. 이들은 행성이나 항성도 아니며 어떤 흑점들은

생성되었다가 소멸되기도 하였습니다. 흑점은 1~2일에서 30~40일 기간 동안 다양하게 나타납니다. 이들은 대부분 불규칙한 형상을 가지고 있으며 모양이 계속 변화하는데 어떤 것은 빠르게 어떤 것은 천천히 변화합니다. 어떤 흑점들은 3개나 4개로 나누어지고 종종 몇몇이 합해지기도 합니다. 이런 현상은 태양 표면의 중심부보다 가장자리에서 더 적게 발생합니다. 그리고 흑점들은 평행하게 태양 표면을 가로지르는 움직임을 보입니다. 이러한 운동 특성으로 보아 태양은 완전한 구형이며 중심부를 둘러싸서 서에서 동으로 돌고 있으며, 흑점은 태양과 함께 평행하게 원운동을 하며 움직인다는 것과 한 번 원운동 하는 데 약 1개월이 걸린다는 것을 알 수 있습니다.”

아담스(Adams)와 베리어(Verrier)의 귀추와 창의성

한슨(Hanson, 1971)과 타가드(Thagard, 1988)는 해왕성의 발견이 귀추적 추론에 의해 이루어졌다고 주장하였다. 해왕성의 발견은 관측된 천왕성의 위치가 뉴턴 역학에 의해 계산된 것과 일치하지 않는다는 문제로부터 촉발되었다. 뉴턴 역학은 태양과 태양계 내의 다른 천체들의 중력에 의한 영향을 고려하여 행성의 움직임을 이론적으로 기술해 줄 수 있다. 그런데 이렇게 이론적으로 계산된 값과 비교했을 때 실제 천왕성의 궤도는 오차의 범위를 넘어서는 정도로 이탈되어 있었다. 이러한 이상 현상을 접한 아담스와 베리어는 각각 천왕성의 궤도 밖에 또 하나의 행성이 돌고 있으며 그 영향으로 인해 그런 오차가 생길 수 있다고 추론하였고, 실제 관측을 통하여 자신들의 예견한 행성-해왕성의 존재를 확인하였다(Leverington, 1995).

이와 같은 해왕성의 발견 과정에 포함된 귀추적 추론을 오필석과 김찬종(2005)은 한슨(Hanson, 1958)이 제안한 형식에 따라 다음과 같이 정리하였다.

1. 관측된 천왕성의 궤도가 이론적으로 계산된 궤도와 일치하지 않는 놀라운 현상이 발견되었다.
2. 만일 천왕성 주변에 또 하나의 행성이 돌고 있다면, 그러한 오차는 당연한

것으로 설명될 수 있다.

3. 따라서 천왕성 주변에 또 하나의 행성이 돌고 있다는 가설을 제안할 좋은 이유가 있다.

베게너(Wegener)의 귀추와 창의성

대륙 이동설은 독일의 베게너(Wegener, 1966)가 주장하였는데, 이 가설에 따르면 옛날에는 모든 대륙이 한 덩어리였던 초대륙, 즉 판게아라는 대륙이 약 2억 년 전부터 분리되기 시작했다는 것이다. 베게너는 대륙 이동의 증거로, 대서양 양쪽 대륙의 암석 및 지질 구조와 화석의 상호 유사성 등을 제시하였다. 이러한 증거가 밝혀졌음에도 불구하고 이 주장에 반대한 사람들은 대륙을 이동시킬 에너지의 출처와 대륙 지각이 딱딱한 해양 지각을 헤치고 운동할 수 있는 효과적 방법에 대한 설명이 불가능하였기 때문에 이 가설을 받아들이지 못하였다.

오필석과 김찬종(2005)에 따르면, 타가드(Thagard, 1992, pp.158-160)는 지구과학의 역사에서 베게너가 대륙 이동설을 제안한 것이 바로 '개념적 조합'(conceptual combination) 전략에 의해 가능했다고 주장하고, 인공지능 프로그램에서 새로운 규칙을 형성하는 과정을 통하여 어떻게 대륙 이동설이 제안될 수 있었는지를 설명하였다. 그에 따르면 베게너의 추론은 서로 멀리 떨어져 있는 아프리카 대륙과 남아메리카 대륙의 해안선이 매우 잘 일치한다는 현상을 인식한 것으로부터 시작되었다는 것이다. 즉 새로운 설명적 진술을 통해 해결되어져야 할 놀라운 현상들은 다음과 같다.

1. 남아메리카와 아프리카 대륙이 서로 잘 일치한다. (fit together)
2. 남아메리카와 아프리카 대륙이 서로 떨어져 있다. (are apart)

그런데 이러한 현상들은 다음과 같은 잘 알려진 규칙들에 의해 설명되어질 수 있다.

1. 만일 z가 x와 y로 분리된다면, x와 y는 서로 잘 일치한다.
2. 만일 x와 y가 붙어 있다가 수평적으로 이동한다면(drift), x와 y는 서로 떨어져 있게 된다.

열기관 가설 형성 과정에서 카르노의 귀추와 창의성

1824년에 카르노(Carnot)는 '불의 원동력에 대한 고찰(Reflections of the Motive Power of Fire)'이라는 논문을 썼다(Carnot, 1824). 이 논문에서 카르노는 실제 동작하고 있는 증기 기관이 아닌 '카르노 기관'이라 불리는 가상적인 기관을 생각해 내었다. 이 기관은 실제 기관의 동작 원리만을 포함하고 있다. 카르노는 이 열기관의 모형화 과정에서 두 차례의 귀추적 사고를 하였다. 그 과정을 살펴보면 다음과 같다.

카르노가 탐구한 과학적 문제

카르노가 열기관 이론을 제기할 당시에 기술적으로는 와트의 증기기관이 산업에 폭넓게 이용되고 있었다. 그가 열기관의 기술적 측면이 아니라 이론적 측면을 탐구하게 된 것은 그 당시 증기 기관이 발명되어 이용되고 있었지만 그에 관한 이론적이고 체계적인 연구가 거의 되어 있지 않았기 때문이다(김학수, 1988b). 카르노는 '불의 원동력에 관한 고찰'이라는 그의 논문에서 '자연으로부터 어느 때, 어느 곳에서나 열과 열에 의한 동력을 발생시킬 수 있는 수단을 연구하여 개발하고 사용하게 하는 것이 열기관의 목적이다. 열에 의한 동력은 유한한가?, 무한한가? 열기관의 발전에 한계가 있을지, 무한히 계속 발전할 수 있을지, 증기보다 더 나은 작동물질이 있는가 하는 것이 의문점으로 남는다.'(Carnot, 1824, p.5)고 말한 데서 그 당시 새롭게 탄생시키는 이론의 목적과 가능성을 서술하고 있으며, '열에 의한 동력 생산 원리를 가장 일반적인 방법으로 이해하기 위해서는 특정 기계 장치나 실제 채용하는 작동 물질에 관계없이 문제를 고려해야 한다. 즉, 증기 기관뿐만 아니라 가상적인 열기관에도 적용될 수 있는 원리를 수립해야 한다.'(Carnot, 1824, p.6)라고 말함으로써 이론적인 접근을 위한 기본적인 방법을 서술하고 있다.

카르노의 귀추적 사고

카르노의 유일한 논문인 '불의 원동력에 관한 고찰'에는 열기관을 수력기계에 비유하는 중요한 내용이 들어 있다. 이 수력기계에 관한 것은 그의 아버지 라자르 카르노의 핵심적 연구였으며, 그의 아버지가 쓴 '기계 일반에 대한 논문'과 '평형과 운동의 일반원리'는 카르노의 '카르노 기관'을 구상하는데 결정적인 영향을 미친 것으로 평가되고 있다(김학수, 1988a). 카르노(Carnot, 1824, p.15)는 그의 저술에서 그의 생각을 다음과 같이 비유적으로 설명하고 있다:

> "현재 정립되어 있는 원리에 따르면, 우리는 열의 동력을 폭포의 동력에 충분하고도 정확하게 비유할 수 있다. 폭포의 동력과 열의 동력은 각각 어떤 능가할 수 없는 최대 한계치를 가지며, 수력 기계는 물에 의한 작용을 받고, 작업 물질(the substance)은 열에 의한 작용을 받는다. 폭포의 동력은 그 높이와 물의 양에 의존하며, 열의 동력은 사용된 열소(caloric)의 양과 '떨어지는 높이(height of fall)'에 해당하는 고온 물체와 저온 물체의 온도 차에 의존한다."

이러한 사실을 보면 카르노는 열기관에 대한 이론을 구상할 때 열기관의 동작 원리를 수력기계의 동작 원리로부터 유추한 것을 알 수 있다. 즉, 카르노는 수력기계를 열기관의 원리에 도입하는 귀추적 사고를 통하여 열기관 가설을 수립한 것을 알 수 있다. 수력기계와 열기관의 비유 관계를 보면 〈표 6-1〉과 같다.

〈표 6-1〉에서 보는 바와 같이 카르노는 열의 동력과 물의 동력 사이의 유비를 소개하고 간단하지만 중요한 비유 관계를 세우고 있다. 물이 떨어짐에 따라 생산되는 동력의 양(amount of power)이 제한되는 것과 같이, 열의 이동으로부터 얻어질 수 있는 능률도 제한되어 있다는 것이다. 또, 카르노는 온도의 차를 폭포의 높이 차로 비교함에 의해서 더욱 명확하게 비유를 사용하고 있다. 두 저수지 사이의 높이 차와 두 물체 사이의 온도 차의 대응관계는 이 비유에 있어서 핵심적

〈표 6-1〉 수력기계와 열기관의 비유 관계

수력 기계 요소	열기관 요소
고수위 (High level)	고온 (High temperature)
저수위 (Low level)	저온 (Low temperature)
폭포의 동력 (Motive power of a waterfall)	열의 동력 (Motive power of heat)
수력기계 (Machine)	열기관 (Heat engine)
물의 흐름 (Water flow)	열소의 흐름 (Caloric flow)

요소에 속한다. 카르노는 이러한 대응 관계를 좀더 높은 수준의 관계에도 사용하고 있다. 그는 이 시스템에 의해 생산된 동력(power)은 물질의 양(물 또는 열소)과 두 수준 사이의 차(높이 차 또는 온도 차)에 모두 의존한다고 주장하고 있다. 이 경우는 카르노가 수력기계의 동작 원리를 도입하여 열기관의 원리를 고안하고 설명하는 귀추적 사고를 하고 있음을 알 수 있다.

그런데, 이러한 그의 가설 형성 과정에서 특이한 것은 다음의 경우이다. 카르노는 위의 비유 관계를 설명하면서 다음과 같은 의문을 제기한다:

> “폭포에서는 동력(motive power)이 높은 곳과 낮은 곳의 높이차에 정확히 비례한다. 그러나 열소의 낙하에서는 동력은 뜨거운 물체와 찬 물체의 온도 차에 따라 증가하지만, 그 차에 정확히 비례하는지는 알 수가 없다. 다시 말하면, 온도가 100도인 곳에서 50도인 곳으로 떨어질 때의 열소는 50도에서 0도로 떨어질 때의 열소보다 많거나 적을 수 있다는 것이다.” (Carnot, 1824, p.15)

즉, 카르노는 비유적 고찰과 분석을 통해 새로운 가설을 형성했다는 것이다. 카르노는 열 엔진의 원리를 설명하고, 그런 다음 수력 엔진에서의 관계 체계를 분석함에 의해서 새로운 통찰을 얻게 된다. 그리고 새로운 가설을 제안하는 데 있어 두 번째로 귀추적 사고를 사용했음을 보여준다. 즉, 그는 위 비유의 분석을 통해 ‘주어진 열소량이 고온에서 낙하할 때보다 저온에서 낙하할 때 더 많은 동력이 생산된다’라고 하여 ‘효율 η 는 $\eta \propto 1/\theta$일 것이다’라는 가설을 세웠다. 여기서

θ는 고 열원의 온도이다. 즉, 카르노는 수력기계와의 유사성으로부터 $\eta \propto 1/\theta$를 추론하였다. 그의 추론 과정은 다음과 같다. 수차에 단위 시간에 흘러 들어가는 수량(또는 유량)이 가진 운동에너지를 K1, 수차를 돌리고 기계를 빠져나가는 유량의 운동에너지를 K2라 하면 효율 η는 $\eta \propto$ = (K1 - K2)/K1 = △K / K1 이다. 즉, 같은 운동에너지의 차이이면 유입 운동에너지가 작은 경우가 효율이 크다. 유입 운동에너지는 물의 낙차에 비례하므로 같은 운동에너지의 차이라면 유입 낙차가 작은 경우가 효율이 더 크다. 이 사실과, 같은 온도 차이라면 고 열원의 온도가 낮은 쪽이 효율이 더 크다는 $\eta \propto 1/\theta$의 식은 귀추적으로 추론될 수 있다.

광학에서의 뉴턴의 귀추와 창의성

뉴턴이 빛과 색에 대한 이론을 제시한 17세기까지 데카르트와 다른 광학의 선구자들은 빛(백색광)은 순수하고 균일하며 색은 백색광의 변형으로 생성되는 것이라는 관점을 따르고 있었다.

뉴턴의 광학에 대한 연구는 1704년 "광학(Opticks)"을 출판하기 훨씬 이전부터 시작되었던 것으로 보인다. 뉴턴은 1665년경에 집의 한 방을 실험실로 꾸미고 광학 연구를 시작하였다. 1671년 그는 광학 연구에 기초가 되었던 그의 발명품인 반사식 망원경을 왕립학회에 보냈다. 이 망원경의 길이는 단지 6인치였지만 정교하게 설계되어, 6피트 길이의 굴절식 망원경과 같은 40배 배율의 성능을 발휘했다. 1672년에 뉴턴은 그의 이론을 상술하는 '빛과 색에 대한 새로운 이론'이라는 제목의 편지 형식의 논문을 왕립학회에 최초로 발표하였다. 뉴턴은 이것을 '결정적 실험(experimentum crucial)'이라 불렀으며, 빛을 분해하는 이 실험은 과학사의 획기적인 사건이었으며 놀라운 실험적 방법의 고안이었다. 과학사가들은 뉴턴의 광학연구는 당시 발명된 망원경의 가장자리에 항상 나타나는 선명하지 않은 흐린 상을 제거하려는 순수한 기술적 문제로 시작되었다고 본다. 이 문제를 해결하기 위해서 그는 처음에는 원기둥 모양 대신 포물체 모양의 렌즈를 깎아보는 일반적인 방법으로 노력하였다. 그러던 중 빛에 대한 프리즘의 효과를 관찰하게 되고, 다른 연구자들이 발견하는데 실패하였던 굴절 망원경의 결함 원인이 빛 자체의 특성이란 관점에서 빛의 굴절에 의한 것임을 주장하였다(Wightman, 1953).

당시에 색 현상이 광학에서의 주제가 된 이유는 망원경을 통해 천체를 관측할 때 나타나는 물체의 상에 색이 나타나고 초점이 흐려지는 색수차 현상, 그리고 색 이론에 대한 아리스토텔레스주의적 자연철학과 기계론적 자연철학이라는 서로 다른 입장 간의 차이였다. 뉴턴은 망원경 제작과 결함의 개선에 몰두했고, 망원경의 가장자리에 생기는 색(색수차)을 제거하려고 광학 연구를 시작했다. 뉴턴은 1666년에 프리즘을 구입하여 색채의 현상에 대한 연구를 시작하였다. 그 당시에 프리즘에 햇빛을 통과 시키면 무지개처럼 경계 지워진 색들의 띠가 나타난다는 사실이 알려져 대중의 관심을 끌고 있었지만 프리즘이 색을 생성하는 것으로 이해하고 있었다.

원기둥 형태의 렌즈를 포물체 모양으로 깎는 일반적인 방법으로 노력하였으나 문제를 해결하지 못한 뉴턴은 기본적으로 프리즘을 이용하여 빛과 색에 대한 실험을 계속하였다. 프리즘 실험에서 가장 이상적인 조건은 한 가닥의 빛을 이용하는 것이지만 실제 실험에서는 가는 빛의 다발을 쓸 수밖에 없으므로 실험의 결과를 충분히 보여 줄 수 있을 정도로 큰 것이어야 한다. 또한 프리즘에 입사하는 빛의 다발이 평행한 광선으로 구성되어야 한다. 그러나 태양이 시야에서 30분의 각도 차이가 나므로 이를 보정하기 위하여 프리즘의 양면에서 같은 굴절이 일어나도록 해야 했다.

뉴턴은 1672년에 왕립학회에 보낸 '빛과 색에 대한 새로운 이론'이라는 제목의 편지 형식의 논문에 프리즘 현상의 관찰을 통해 나타나는 이상한 발견에 관하여 서술하였다. "나는 유명한 '색채의 현상'을 연구하기 위해 세모꼴로 된 프리즘을 손에 넣었다. 그리고 적당한 양의 태양광선을 얻기 위하여, 방을 어둡게 만들고 창에 작은 구멍을 뚫고 빛이 들어오는 입구에 프리즘을 놓아 반대편 벽으로 굴절할 수 있도록 하였다. 그렇게 해서 생긴 생생하고 짙은 색채를 바라보는 것이 처음에는 아주 즐거웠다. 그런데 잠시 후 그것을 좀 더 신중하게 고찰하고 나서 그것들이 길게 늘어난 원형이라는데 놀라게 되었다. 일반적으로 인정되는 굴절의 법칙에 따르면 그것은 원형이어야 된다고 생각했기 때문이다."(홍성욱, 이상욱, 2004, p.68).

당시 알려진 사실로는 유리가 빛을 굴절시킨다는 것과 굴절에 대한 수학법칙 그리고 갈릴레오가 망원경을 만들어 별과 위성의 움직임을 관측했다는 사실, 프리즘이 태양광선을 여러 색의 스펙트럼으로 분산시킨다는 사실 정도였으며 색이 생기는 이유는 저마다 견해가 조금씩 달랐다. 또한 데카르트도 프리즘을 이용한 실험을 하였었다. 데카르트는 프리즘의 한쪽 면에는 태양광선이 완전히 비치도록 하고, 다른 한쪽 면은 불투명한 종이로 막고 아주 작은 구멍 하나만 뚫어 빛이 이 구멍으로만 통과하도록 하였다. 이 구멍을 태양광선이 통과한 후 무지개 색이 나타났다. 이 상은 불투명한 종이의 그림자 때문에 무한정 크게 나타나지는 않았다. 데카르트는 만약 불투명한 종이의 구멍이 매우 크다면 스펙트럼은 보이지 않을 것이라 추론했다. 즉, 스펙트럼은 그림자 없이는 눈에 보이지 않는다고 생각한 것이다. 스펙트럼의 내부 윤곽은 그다지 뚜렷하지 않았지만 스펙트럼에는 빛의 그림자가 필요하다는 결론을 내렸다. 그는 무지개 색을 띤 스펙트럼이 어떤 것인지 알고 있었다고 하더라도 '둥근' 구멍을 통과한 빛의 스펙트럼이 '길게' 나타나는 현상에는 전혀 관심이 없었던 것이다(홍성욱, 이상욱, 2004).

그 당시 뉴턴은 굴절의 법칙을 알고 있었다. 그러나 원형의 광선이 프리즘을 통과하면서 색 스펙트럼이 나타나면서 상이 한 개 축 방향으로 길게 늘어난 원형이 되는 문제를 발견한 것이다. 이 현상은 굴절의 법칙으로는 설명이 되지 않는 현상이었다. 백색광에 대하여 세운 스넬의 법칙이 각각의 색의 빛에 적용되느냐 하는 문제가 생긴 것이었다. 즉, 새로운 과학적 문제를 발견하였다.

뉴턴이 발견한 과학적 문제는 이미 잘 정리되어 있는 문제가 아니라 발견된 문제(discovered problem)의 유형에 속한다고 볼 수 있다. 또한, 외연적으로 드러나 있는 문제가 아니라 내재적으로 잠재되어 있는 잠재적인 문제(potential problem)의 유형에 속한다고 볼 수 있다. 잠재적인 문제들은 발견의 과정에서 확실하게 드러나는데, 어느 누구에게도 의미 있는 문제의 발견이 쉽지 않다. 이는 뉴턴이 그 당시의 충분한 빛에 관한 지식을 가지고 문제를 해결할 수 있는 원인을 찾을 수 있는 통찰력을 가지고 있었다고 생각된다. 뉴턴은 스펙트럼 띠를 최초로 본 인물이 아니라 그것을 최초로 분석한 인물이었다(Crease, 2004). 뉴턴은 당시 유럽의 가장 진보적인 과학자들의 새로운 철학과 물리학 그리고 수학을 그의 격리된 개인적 노트 속에서 자기 혼자서 발견하고 완벽하게 터득했다. 이는 뉴턴이 당시 여러 과학자들의 이론을 공부하는데 많은 노력과 시간을 들였으며 그 이론들을 파악하고 있었다는 것이다. 그러면서 빛과 색에 대한 기존의 이론에 대하여 의문을 가지고 빛과 색의 관계를 근본에서부터 재정립하고자 하였다. 자신의 프리즘을 이용한 실험을 통해 색이 만들어지는 현상을 기존의 이론이 다르게 설명하고 있음을 주목하였다. 자신의 프리즘 실험에서 스펙트럼 상이 한 개 축 방향으로 길어진 원형이 되는 현상을 굴절의 법칙으로 설명하지 못함으로 빛과 색에 대한 새로운 이론을 필요로 하는 새로운 과학적 문제를 발견하게 되었다. 투사거리와 프리즘 양면에서 동일한 굴절을 조건으로 실험한 결과로 나타난 길게 늘어난 스펙트럼은 우연에 의한 관찰 사실이었다.

뉴턴은 프리즘에 의한 상이 원형이 아니라 한 축 방향으로 길게 늘어난 모양이 되는 원인을 찾기 위해서 실험조건을 변화시키면서 관찰하였다. 관찰을 통하여 가능하다고 생각했던 원인을 하나씩 제거해 나갔다. 먼저 기구의 배치를 변화시켰다. 특히 프리즘에 입사하는 빛의 경사각은 변화시키지 않은 채 빛이 통과하는 유리쐐기의 두께가 변하도록 프리즘을 앞뒤로 움직이면서 관찰하였다. 다음으로 그는 프리즘에 입사하는 빛이 통과하는 구멍의 크기를 변화시키면서 관찰하였다. 그러나 이러한 조건의 어느 것도 상이 길어지는 원인이 아니었다. 또한 프리즘 속의 불규칙성으로 인해 스펙트럼이 길어지는 것이 아닌 가 의심하여 같은 두 개의 프리즘을 굴절하는 가장자리 점을 반대방향으로 두었을 때의 효과를 시험하였다. 통과하는 유리의 길이가 두 배가 되어 비균일성에 의한 효과 또한 두 배가 될 것이었다. 그러나 그 결과는 광선이 지나가는 곳에 전혀 프리즘이 없었던 것처럼 원형의 상이 나타났다. 이미 굴절에 관한 법칙을 알고 있었으므로 상의 크기가 얼마인지를 계산하였다. 그런데 스펙트럼의 크기가 계산한 것보다 5배가량 크다는 것을 발견하였다. 그래서 그는 빛이 직진하지 못하고 "라켓으로 비스듬히 친 테니스공"처럼 곡선으로 움직인다고 생각하기 시작했다. 그러나 굴절된 광선에서 그러한 곡률을 발견하지 못했다(Crease, 2004).

뉴턴은 단순히 논리적이 아니라 실질적 실험을 통해 가능성이 적은 원인들을 처리해 나가는 방법을 사용하였다. 그가 실험을 통해 제거한 유리의 불완전성과

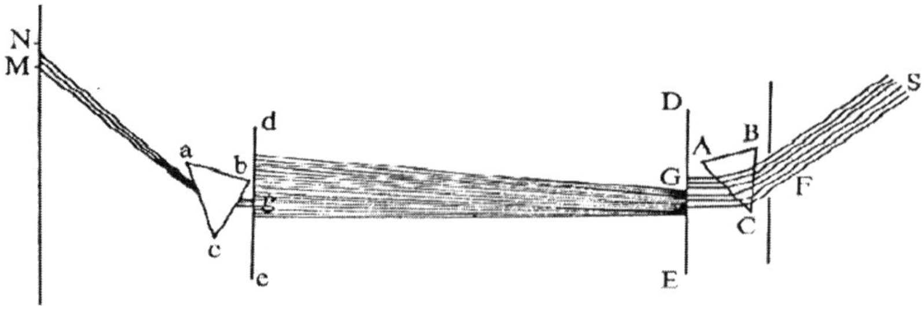

[그림 6-2] 두 개의 프리즘을 통과하는 동안의 햇빛의 굴절
(자료원: Crease, 2004, p.59)

만곡광선 등의 여러 원인들은 우연적으로 생각한 것이 아니었다. 당시의 빛이 물질의 운동이며 색은 이러한 빛의 변형에 의한 것이라는 이론에 바탕을 둔 원인설명들이었다. 뉴턴 자신은 당시의 빛에 대한 이론에 모순이 있다는 것을 알고 있었다고 볼 수 있다. 따라서 뉴턴은 기존 이론에 바탕을 둔 이러한 가설들을 시험해보고 나서 '결정적 실험(Experimentum Crucial)'을 하였다고 하였다(그림 6-2).

"얇은 두 개의 판 중간에 직경 1/3인치인 둥근 구멍을 만들고, 창문 가리개에는 많은 태양빛의 광선이 나의 어두운 방속으로 들어오도록 훨씬 넓은 구멍 F를 만들었다. 나는 방으로 들어온 광선이 반대편 벽 쪽으로 굴절하도록 가리개 뒤에 프리즘 ABC를 놓고, 굴절된 빛이 판 DE의 중간 부분에 도달하도록 하여, 그 빛의 중간 부분이 그 판의 중앙에 만들어진 구멍 G에 도달하도록 하였다. 이렇게 전달되는 그 빛의 부분은 다시 두 번째 판 de에 도달하게 하면 그곳에 장원형의 채색된 태양의 상이 나타난다. 그리고 또 다른 프리즘 abc를 고정시켜 이 판 de를 가려서 구멍 g를 통해 들어온 빛을 다시 굴절시켰다. 그리고 나서 나는 처음 프리즘 ABC로 재빠르게 되돌아가서 프리즘을 그 축에 대해서 앞과 뒤로 천천히 회전시켜서, 두 번째 판에 비친 상이 판에서 위와 아래로 움직이게 하여, 상의 모든 부분을 그 판의 구멍 g를 통과시켜 뒤에 있는 프리즘 abc에 도달하게 하였다. 그동안 나는 두 번째 프리즘에서 굴절하면서 통과한 빛이 반대편 벽에 도달하는 위치를 살펴보았다. 내가 관찰한 위치의 차이에 의하면, 첫 번째 프리즘에서 크게 굴절하여 상의 보라색 끝부분으로 진행했던 빛은 상의 빨간색 끝부분으로 갔던 빛보다 두 번째 프리즘에서 다시 더 크게 굴절되었다. 그리고 이 결과는 두 프리즘의 축이 평행이든, 다른 것과 경사지든, 어떤 주어진 각에 수평이든 아니든 항상 일어났다." (Crease, 2004)

이 단계에서 태양광은 순수하지도 균일하지도 않고 여러 가지 굴절률을 가진 광선들로 이루어져 있다는 가설을 분명히 말하지 않았다. 뉴턴은 빛에 관한 그의 소견을 정의할 때 "나는 가설을 만들지 않는다(Hypotheses non fingo)"는 입장을 분명히 내세웠다. 이 말은 '프린키피아'의 끝에 나오는 구절이다. 그러나 "결정적 실험"에서 스펙트럼의 좁은 영역을 따로 떼어서 다시 굴절시켜 보는 방법이 해결의 실마리라는 것을 분명히 알고 있었다(Wightman, 1953). 그는 이를 가설이라고 주장하지는 않았지만, 지금까지의 관찰을 통한 추론에 의한 가설을 형성하는 귀추적 사고의 과정이었다고 볼 수 있다.

"프리즘에 의한 상의 길이변화에 대한 의문점들을 차례로 제거하면서 나는 결정적 실험에 이르렀다. 나는 두 개의 판을 준비하여 그중 하나는 창문 가까이에 있는 프리즘 뒤에 놓았다. 그래서 작은 구멍을 통과한 빛이 12피트 떨어진 다른 판에 도달하도록 하였다. 다른 판 역시 구멍을 뚫어 입사되는 빛의 일부분이 통과하도록 하였다. 그리고 다른 프리즘을 두 번째 판 뒤에 놓고 두 판을 지나온 빛을 통과시키면 벽에 도달하기 전에 다시 굴절하였다. 이러한 현상이 일어날 때, 나는 먼저 프리즘을 손으로 잡고 축에 대하여 앞뒤로 돌려보았다. 두 번째 판에 나타나는 상의 여러 부분을 계속해서 구멍을 통과시키자 통과한 부분의 빛이 두 번째 프리즘에 의해 굴절되면서 벽에 나타나는 것을 관찰하였다. 이러한 위치 변화로 상의 끝에 도달하는 빛은 첫 번째 프리즘에서 굴절된 방향으로 향하면서 두 번째 다른 끝에서 나타나는 것을 보았다. 상이 길어지는 원인은 입사각의 차이에 관계없이 서로 다른 굴절률을 가지는 광선들로 이루어진 빛의 각 광선들이 굴절률에 따라 벽의 여러 부분으로 전달되기 때문이라는 것 외에는 간파되지 않았다."

그는 1차 프리즘을 통해 굴절된 각 색채의 광선을 2차 프리즘으로 다시 굴절시켰다. 각 색채는 그 색 특유의 굴절률을 가지고 있는데, 보라색으로 갈수록 커지고 적색으로 갈수록 작아지는 것을 확인했다.

> "햇빛이나 촛불 또는 램프 같은 빛은 두 경계에서 모든 가능한 굴절성을 가지는 광선으로 이루어져 있다. 그리고 각 광선의 굴절률 차이로 배열되는 위치와 특정한 색을 나타내는 경향이 다르다. 색은 굴절 또는 자연적인 물체의 반사에 의한 조건이 아니라 여러 가지 광선이 가지는 본질적인 고유한 특성이다." (Crease, 2004)

따라서 백색광은 순수하지도 균일하지도 않고 여러 가지 굴절률을 가진 광선들로 이루어져 있다는 가설을 제안했다. 그리고 이것을 색채를 결합하는 실험을

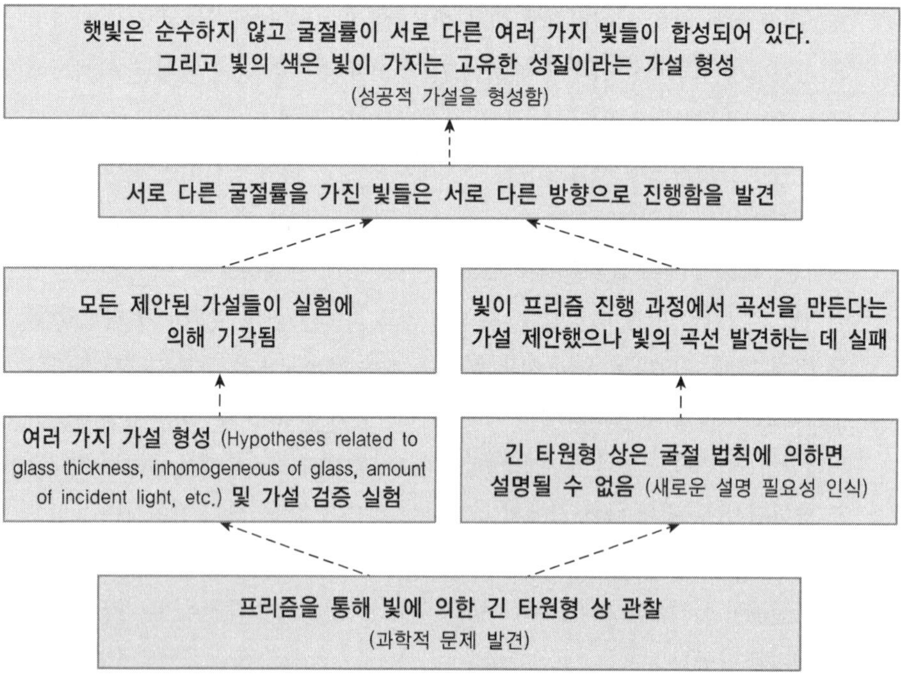

[그림 6-3] 빛과 색에 관한 가설 형성에서의 뉴턴의 귀추적 사고 과정

통해서도 증명하였다. 뉴턴은 1704년에 출판된 "광학" 1판에서 가설이 의혹을 넘어 증명될 수 있는 12개 이상의 많은 실험을 기술하였다.

이상의 분석에서 뉴턴이 과학적 문제를 발견하고 문제를 해결하기 위한 가설을 설정하는 사고 과정은 [그림 6-3]과 같이 정리할 수 있으며, 과정의 논의를 살펴보면 다음과 같다.

1. 설명되어야 하는 발견된 사실이 있다(프리즘의 색스펙트럼이 길어진 원형임을 발견).
2. 당시 이론을 바탕으로 발견된 사실을 설명할 수 있는 여러 가능한 원인이 있다(굴절의 법칙, 프리즘의 두께, 프리즘에 입사하는 빛의 양, 유리의 비균일성).
3. 이러한 가능한 원인들은 실험결과 기대되는 결과들이 나타나지 않고, 발견된 사실들의 원인으로 설명하지 못하기 때문에 부적절하거나 그럴듯하지 않은 것으로 판정된다(가능한 원인들을 실험을 통해 하나씩 제거하면서 새로운 설명에 대한 실험 결과를 분석함).
4. 결정적인 실험을 통해 원인으로 가장 좋은 설명이 주어진다(태양광은 순수하지도 균일하지도 않고 여러 가지 굴절률을 가진 광선들로 이루어져 있다는 가설 제안).

이러한 과정은 귀추적 사고 과정의 하나로 볼 수 있다.

빛의 간섭 이론에서의 영(Young)의 귀추와 창의성

토마스 영(T. Young)은 빛이 파동의 성질을 가진다는 것을 밝혀내기 위해 많은 연구와 저술을 했다. 그의 저술 내용을 보면 매우 다양한 비유 추론과 귀추적 사고를 보인다. 빛의 간섭 이론 형성과정에서의 그의 연구와 저술 내용은 〈표 6-2〉와 같다(김원숙, 김영민, 2016).

〈표 6-2〉 빛의 간섭 이론 형성 과정에서의 영의 사고과정 분석을 위해 선정된 논문목록과 개요

발표연도	목록	개요
1800년	Outlines of Experiments and Inquiries Respecting Sound and Light	· 소리에 대한 여러 가지 실험과 소리와 빛 사이의 밀접한 비유에 관해 서술. · 불완전하지만 빛이 파동현상임을 주장.
	An Essay on Music	· 악기에서 현 또는 기주의 길이와 진동수 관계 설명
1801년	On the Theory of Light and Colour	· 파동론 입장에서 4개 가설과 9개 명제 제시 · 가설과 명제를 통해 착색 현상에 대한 분석적인 설명 및 빛의 파장 계산 · 빛의 간섭 원리에 대해 초기 언급 및 빛은 파동이라고 주장
1802년	An Account of Some Case of the Production of Colours Not Hitherto described	· 섬유에서의 착색현상과 얇은 판의 착색현상에 대해 간섭 원리를 사용하여 설명
	An Account of Dr. Young's Harmonic Sliders	· 조수의 중첩효과를 설명하기 위해 고안한 조화슬라이더에 대해 설명
1803년	Experiments and Calculations relative to Physical Optics	· 영이 결정적인 증거라고 부르는 실험 제시. · 다른 과학자들의 다양한 실험으로부터 추론된 측정값들을 비교
1804년	Dr. Young's reply to the animadversions of the Edinburgh Reviewers, on some papers published in the Philosophical Transactions	· 자신이 광학 연구를 하게 된 동기와 어떤 사고과정을 통해서 연구를 진척시켜 나갔는지 설명 · 자신의 논문에 대해 비평가가 잘못 기술하고 있거나 이해하지 못한 부분을 자세하게 설명
1807년	A course of lecture on natural philosophy and the mechanical art	· 1801년부터 1803년까지 강연에서 했던 내용을 모아 출판한 책

소리와 빛의 유사성 추론

1800년에 영은 두 편의 논문을 발표하였다. 첫 번째 논문은 '소리와 빛에 대한 실험과 탐구에 대한 개요 Outlines of Experiments and Inquiries Respecting Sound and Light'로 소리에 대해 실험한 결과와 소리와 빛의 관계를 논의한 내용이며, 두 번째 논문은 '음악에 대한 에세이 An Essay on Music'으로 악기에서 나타나는 서로 다른 진동수를 실험하고 논의하는 내용이다. 첫 번째 논문에서는 주로 소리에 대해 논의하였으며, 그중에 빛의 본성에 대해서 논하는 내용이 나오는데, 여기에서 그는 뉴턴의 저서 『광학』을 읽으면서 알게 된[19], 뉴턴 링 실험에서 렌즈의 아래 공기층의 두께가 같은 양만큼 증가할 때마다 동일한 색이 나타나는 주기성과 자신이 실험한 오르간 파이프에서 파이프 길이가 어떤 길이의 배수가 될 때마다 동일한 소리가 반복되는 주기성 사이에 강한 유사성이 있음을 느꼈다고

Sound moves in a second 1130 feet.			
Note.		Vibrations in a second.	Length of open pipe in feet.
C_6	.	1	565.00
C_5	.	2	282.50
C_4	.	4	141.25
C_3	.	8	70.62
C_2	audible	16	35.31
C	New P. Forte.	32	17.66
$\overline{C}$		64	8.83
c		128	4.41
$\overline{c}$		256	2.21
$\overline{\overline{c}}$		512	1.10
c^3		1024	.55
c^4		2048	.28
c^5		4096	.14
c^6		8192	.07

[그림 6-4] 열린 관의 길이와 소리 진동수의 배수적인 반비례 관계
(자료원: Young, 1800b, p.124)

19) 영은 한 논문(Young, 1804)에서 자신이 빛의 파동이론에 대한 입장을 갖기까지 뉴턴의 광학뿐만 아니라 빛에 관한 논문들을 얼마나 많이 분석했는가를 서술하였다.

했다(Young, 1804, p.199). 그리고 두 번째 논문인 '음악에 대한 에세이'에서는 [그림 6-4]에서 보는 바와 같이 관악기에서 나오는 소리가 관의 길이가 배수적으로 증가함에 따라 배수의 역수로 작아지는 진동수(vibration)를 가진다는 것에 대해 실험을 통한 데이터와 함께 발표했다.

영은 이렇게 두 현상에서 계속 반복적으로 나타나는 주기성 비교에서 빛이 소리와 같은 파동이라는 생각을 가지게 되었으며 소리와의 비유를 사용한다면 착색 현상을 설명할 수 있겠다는 생각을 하게 되었다(Young, 1804, p.199). 또 영은 "뉴턴의 광학적 관찰에 관해서는 몇 가지 인과적 부정확성(causal inaccuracies)을 제외하고는 아직 필적할 만한 것이 없다."(Young, 1801, p.613)라고 표현하면서 뉴턴의 관찰에 부정확성이 있음을 완곡하게 암시했다. 즉, 뉴턴이 자신의 실험에서 빛의 파동성을 관찰하지 못했다는 것을 암시하고 있다.

빛의 파동설에 대한 뉴턴의 거부와 그 속의 오류 발견

영은 뉴턴의 빛에 대한 견해를 분석할 때, 뉴턴의 『광학 Opticks』이 출간되기 전에 왕립학회에 제출된 논문들을 중심으로 분석하였으며, 뉴턴이 하위헌스(호이겐스)의 이론에 대해 반박한 것의 핵심은 '빛이 작은 구멍을 통과할 때 직선으로 전파되지 않는다.'는 것임을 알아냈다. 즉, 뉴턴은 하위헌스(호이겐스)가 주장하는, "빛은 유체의 진동에 의해서 모든 방향으로 거의 동등하게 퍼지지 않고 전파될 수는 없다."(Young, 1804, p.200)는 주장을 받아들일 수 없다는 것이었다. 이 사항은 뉴턴의 『광학』 3권에 있는 〈질문 28〉에 다음과 같이 설명되어 있다:

> "유체에서는 직선으로 전파될 수 없기 때문에, 장애물 너머에 놓여있는 고요한 매질 쪽으로 휘어져 퍼질 수 있다. 소리를 구성하는 공기의 파동들, 펄스들, 진동들은 물결파가 휘어지는 정도까지는 아니지만 명백하게 휘어진다. 벨이나 대포(cannon) 소리가 시야를 방해하는 언덕너머에서도 들릴 수 있는 이유는 그 때문이다. 그리고 소리는 구부러진 파이프를 통해서 쉽사리 전파되지만, 빛은 구부러진 통로를 통해서 전파되지 못한다."(Newton, 1730, pp.362-363; Young, 1801, pp.621-622)

이 설명에서 보면 뉴턴은 빛이 직선으로 전파하는 것으로 보아 물결파 또는 소리파와 비교해 볼 때 빛은 파동이 될 수 없다고 주장하고 있음을 알 수 있다. 그러나 영은 뉴턴의 실험을 근거로 뉴턴과는 다른 해석을 한다. 즉, "어떤 물체 가장자리에 아주 가까이 지나가는 광선은 물체의 작용에 의해서 아주 조금 휘어졌다. 그러나 휘어지는 방향은 그림자가 있는 쪽으로가 아니라 그림자 반대쪽으로이다."(Young, 1801, pp.621-622)라고 하는 뉴턴의 설명이 곧 파동성을 관찰한 것이라고 해석했다. 빛이 거의 직선적으로 전파하는 것을 파동으로 설명하기 위해 그는 자신이 고안한 물결파 장치를 사용하여 구멍의 크기가 물결파의 파장보다 상당히 넓을 때 파동의 방향은 약간만 퍼지면서 거의 원래의 방향으로 전파된다는 관찰 사실 [그림 6-5]와 뉴턴의 『광학』 3권 〈질문 28〉에 있는 소리파가 물결파보다 적게 퍼진다는 내용을 이용하여 물은 탄성이 없지만 공기는 탄성 매질이므로 소리파가 물결파보다 적게 퍼지듯이 빛 에테르는 아주 높은 탄성을 가지고 있어서 빛은 소리파보다 훨씬 적게 퍼진다고 추론하여 빛이 거의 직선으로 전파하지만 퍼짐을 보이므로 빛도 파동이라는 것이다(Young, 1801, p.622). 이처럼 영은 빛도 회절 하지만 그 정도가 매우 적어서 빛이 직진하는 것처럼 보인다고 설명함으로서 빛이 파동일 수 있다는 근거와 가능성을 제시하였다.

또한 『광학』 3권의 〈관찰 1〉에서는 [그림 6-6]과 함께 "가느다란 물체의 그림자

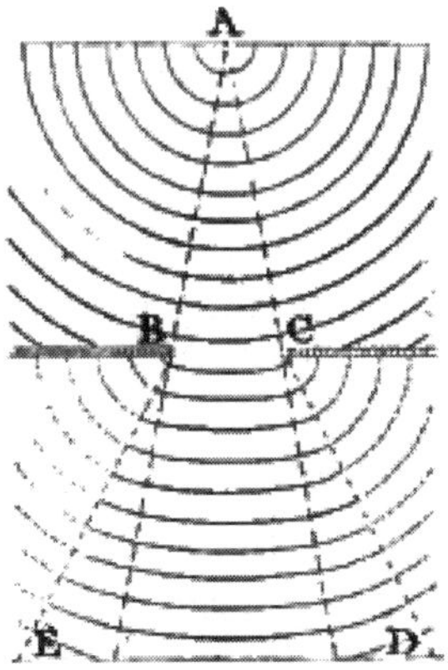

[그림 6-5] 구멍 BC를 통과하는 물결파의 퍼짐
(자료원: Young, 1801, p.632)

가 더 넓어졌다."(Newton, 1730, p.293)는 관찰 기록을 남기고 있어 가느다란 물체에 의한 그림자 현상을 잘못 해석했음을 보여주고 있다는 것을 Lambert의 실험결과(Young, 1807)와 배치됨을 들어 반박했다.[20]

그리고 영은 추가로 몇 가지 근거를 들어 뉴턴의 주장을 반박하고 있다. 첫째, 그리말디(Grimaldi)에 의해 묘사된 회절 현상은 뉴턴이 관찰한 결과와 다르다는 점[21], 둘째, 조단(Jordan)은 뉴턴이 빛의 휘어짐에 대해 설명한 것이 뉴턴 자신의 실험과 일치하지 않는다고 말했다는 점(Young, 1807, p.633) 등이다. 이러한 반박과 함께 영은 '뉴턴의 백색광의 성분에 대한 발견은 그의 이름에 불후의 명성을 줄 것이라는 것을 인정하지만 뉴턴도 잘못할 수 있고 그의 권위가 때때로 과학의 발전을 지연시키는 것을 본다.'(Young, 1804, p.201)고 말함으로써 뉴턴의 빛의 입자설이 완전하지 않으며 논의의 여지가 있음을 보이고자 노력하였다. 그리고 그는 "뉴턴의 광학 2권에 설명된 것과 같은 얇은 막에서의 착색 현상에

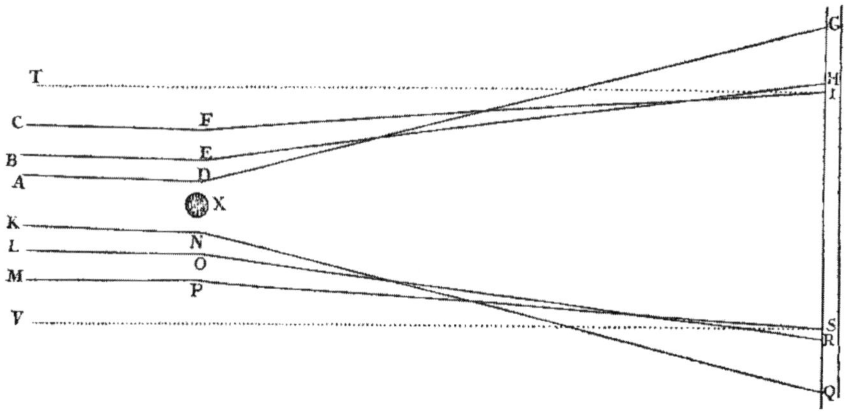

[그림 6-6] 뉴턴이 관찰한 작은 물체의 그림자(자료원: Newton, 1730, p.321)

---

20) Lambert는 빛이 통과하는 매질의 농도가 짙거나 빛이 통과하는 경로가 길수록 투과되는 빛의 양이 더 많이 감소하는 것을 실험으로 보였다(임경순, 2001). 즉, 가느다란 물체는 굵은 물체에 비해 빛이 멀리 지나오는 효과와 같기 때문에 그림자가 거의 생기지 않거나 모호하다는 것이다.

21) 그리말디(F. M. Grimaldi, 1618~1663)는 회절(diffraction)이라는 용어를 처음 사용한 과학자로 회절은 굴절과 다르다는 것을 관찰하였다(Cajori, 1899).

대해 나는 좀 더 심층적으로 분석했고, 그것은 내가 이전에는 막연히 선호하고 있던 빛의 파동설이 사실(truth)이라는 매우 강한 확신으로 바꾸어 주었다." (Young, 1801, p.141)고 말함으로써 빛의 파동설에 대한 강한 확신이 있었음을 밝히고 있다.

빛의 성질을 설명하는 데 있어 파동설의 비교우위 논증

영은 빛의 성질을 설명하는 데 있어서 입자설과 파동설을 비교하면서 입자설의 문제점을 지적하고 파동설이 더 적합함을 다음과 같이 논증하였다.

첫째, 광선의 일부는 반사되고 일부는 투과하는 부분반사 현상을 설명하는 데 있어, 빛의 입자설로는 설명하기가 어렵지만 파동설로는 설명이 가능하다는 것이다. 뉴턴은 부분반사가 빛 입자의 주기적인 지연으로 발생한다고 가정하고 있으나, 영은 이것으로는 광선의 분리가 설명되지 않는다고 보았으며, 반면에 빛의 파동이론에서는 필연적인 결과라고 보았다(Young, 1807, p.633).

둘째, 영은 빛의 분산과 착색 현상에 대해서 뉴턴의 입자설에서는 매우 복잡한 가정을 요구하며 이러한 복잡한 가정으로도 설명이 잘 되지 않는다고 지적하였다. 그러나 빛의 파동설에서는 빛의 색깔이 빛 에테르의 진동수에 따른다는 것은 얇은 막에서의 색깔과 오르간 파이프의 소리들의 비유에 의해서 추측할 수 있으며 (Young, 1800, pp.64-91) 붉은색의 빛이 더 큰 파장이고 보라색의 빛이 더 작은 파장이며 파장이 길수록 굴절하는 정도가 약하다는 파동설의 가정으로 분산현상을 설명할 수 있다고 하였다(Young, 1801, pp.620-630).

실제로 영은 뉴턴 링에서 공기층의 두께 측정치로부터 색에 대응하는 파장을 계산하고 그 결과 붉은색의 광선이 보라색의 광선보다 파장이 더 길다는 것을 확인하면서([그림 6-7] 참조) 파동설의 가정과 일치하는 것을 보고 빛의 파동이론에 대해 강한 확신을 가지게 된다(Young, 1801, p.630). [그림 6-7]의 첫 번째 행은 빛의 색, 두 번째 행은 한 개 파동의 길이를 인치로 나타낸 것, 세 번째 행은 1인치 안에 들어 있는 파수, 네 번째 행은 1초 동안의 진동수를 나타낸 것이고, 표 오른쪽의 값은 파장을 nm 단위로 환산한 것이다.

Colours.	Length of an Undulation in parts of an Inch, in Air.	Number of Undulations in an Inch.	Number of Undulations in a Second.	Wavelength (nm)
Extreme -	.0000266	37640	463 millions of millions	
Red - -	.0000256	39180	482	650
Intermediate	.0000246	40720	501	
Orange - -	.0000240	41610	512	609
Intermediate	.0000235	42510	523	
Yellow -	.0000227	44000	542	576
Intermediate	.0000219	45600	561 (= 2^{49} nearly)	
Green - -	.0000211	47460	584	536
Intermediate	.0000203	49320	607	
Blue - -	.0000196	51110	629	497
Intermediate	.0000189	52910	652	
Indigo - -	.0000185	54070	665	469
Intermediate	.0000181	55240	680	
Violet - -	.0000174	57490	707	444
Extreme - -	.0000167	59750	735	

[그림 6-7] 빛의 색에 대응하는 파장, 파수, 진동수에 대한 영의 계산

빛의 간섭 현상을 설명하는 가설 형성

영은 1801년에 쓴 논문인 『On the Theory of Light and Colour』의 명제 8에서 처음으로 간섭의 원리를 다음과 같이 표현했다:

> "다른 기원을 가진 두 파동이 진행하여 완전히 같거나 거의 같은 공간을 차지할 때(coincide either perfectly or very nearly), 그들의 합쳐진 효과는 각각의 운동의 결합이다." (Young, 1801, p.624)

이 명제에 대한 설명에서 영은 전파 매질의 각 입자는 각각의 파동에 의해서 영향을 받기 때문에, 그 합쳐진 운동은 각 운동의 합(sum)이나 차(difference)라고 하면서, 빛을 포함하는 모든 파동에 적용되는 형태로 언급하고 있다. 그리고 이 명제에서 빛의 간섭에 대해 현재 설명되는 동일한 기원이 아니라 서로 다른 기원이라고 표현한 것은 서로 다른 성분 조수의 중첩22) 과 진동수가 거의 비슷한

22) 영은 착색 현상을 설명하는 간섭의 원리를 이끌어내는 데 도움을 준 것은 변칙 사례인

두 개의 소리에 의한 맥놀이 현상으로부터 추론한 것으로 보인다. 영은 조수의 중첩에 대한 뉴턴의 설명을 받아들여서, 물결파에서 이러한 중첩이 일어난다면 소리에서도 두 개의 소리파가 교차할 때 중첩현상이 일어날 것이라고 생각하였다. 소리에서 진동수가 거의 비슷한 두 개의 소리가 만날 때 반복적으로 매우 약하고 매우 강한 소리를 내는 맥놀이 현상에 주목하고 파동의 중첩으로 설명할 수 있다고 하였다.

영은 "빛의 간섭 현상을 설명하는 합쳐진 효과는 소리의 경우에는 맥놀이 효과를 생성한다."(Young, 1801, p.625), 그리고 "음악의 본성과 빛의 본성 사이에 강한 닮음이 있다."(Young, 1803, p.645)라고 하여 소리와 빛의 밀접한 비유에 의해서 맥놀이 현상과 빛의 간섭 현상을 같은 원리로 설명할 수 있는 동일한 현상으로 보았으며, 이는 빛의 간섭 현상에서 보이는 색의 있고 없음의 반복과 맥놀이에서 소리의 크고 작음의 반복이 닮았다고 생각한데서 기인한 것으로 보인다. "뉴턴의 광학 2권에 기술된 얇은 판에서의 착색 현상에 대한 깊은 고려는 나로 하여금 빛의 파동 이론에 대한 호감 수준에서 강한 확신 수준으로 바꾸어 주었다."(Young, 1801, p.141)는 그의 설명이 이를 뒷받침해 준다.

영은 자신의 가설을 빛의 착색 현상이 나타나는 여러 가지 경우에 적용하고 설명을 해가면서 자신의 가설을 정교하게 만들어가게 되고 이 과정에서 자신의 가설을 뒷받침하는 결정적인 실험을 고안하고 제시하게 된다.

영은 먼저 이제까지 알려져 있던 빛의 착색 현상에 대한 설명을 하기 위해

통킹만에 있는 바슈아(Batsha) 항의 조수에 대한 뉴턴의 설명이라고 했다(Young, 1804). 뉴턴 역학 이론의 변칙 사례인 통킹만(지금의 Hanoi)의 조수는 바슈아(Batsha) 항에 거주하고 있었던, Francis Davenport라는 영국인 여행자에 의해서 1684년 철학회보에 보고되었다. 이 지역에서는 다른 곳과는 달리, 음력으로 한 달에 2번, 14일 간격으로 어떠한 조수도 나타나지 않는다는 것이다. 이러한 기이함은 핼리(Edmund Halley)의 관심을 끌었고, 뉴턴이 1688년 『프린키피아(Principia)』에서 이 현상을 논하게 된다. 뉴턴은 통킹(Tongkin)만의 조수 패턴을 다른 방향으로부터 도달하는 성분 조수의 중첩 때문이라고 설명했다. 6시간 걸리는 '중국해'로부터 오는 조수와 12시간 걸리는 '인도양(Indian sea)'으로부터 오는 조수가 동일한 크기이면 그들의 효과는 Batsha항에서 상쇄된다고 설명하였다(Cushing, 1998).

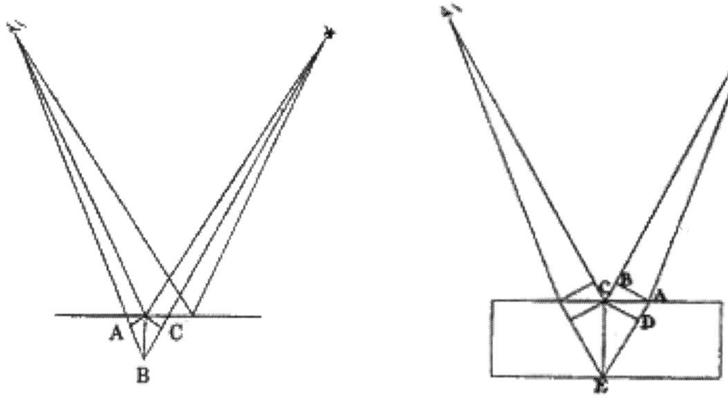

(a) (b)

[그림 6-8] (a) 홈이 있는 판에 의한 착색 현상에 대한 설명
(b) 얇은 판에 의한 착색 현상에 대한 설명
(자료원: Young, 1807, p.531, 613, 633)

자신의 가설을 적용한다(그림 6-8(a)). 보일이 처음으로 관찰한 것으로 보이는 홈이 있는 표면에서의 색 현상에 자신의 가설을 먼저 적용하게 된다. 주어진 평면에서 눈에는 하나로 나타날 정도로 서로 아주 가까운 두 개의 반사점(하나의 반사점은 홈의 B점에 있고, 맨 오른쪽 광선의 반사점은 표면에 있다.)에서 반사될 때, 홈으로부터의 반사는 표면으로부터의 반사와 간섭한다는 것이다. 이때 $\overline{AB}+\overline{BC}$의 경로 차이가 생기며(오른쪽 광선이 홈이 있는 곳 표면에서 반사된다고 가정), 이 경로 차가 파장의 1/2과 일치하면 서로의 운동은 소멸되고 파장과 같다면 서로의 운동이 합쳐져 2배가 되며 다시 파장과 $1\frac{1}{2}$의 경로 차가 생기면 서로의 운동은 다시 소멸된다는 것이다. 영은 또한 뉴턴의 『광학』에 나오는 얇은 판의 착색 현상을 두 광선의 경로 차이로 설명을 한다(그림 6-8(b)). 광선이 평행한 두 표면 위로 떨어질 때, 2DE는 지연의 간격이 되며, DE가 일정하면 동일한 색이 보이게 되는데 이는 뉴턴의 실험과 정확하게 일치한다는 것이다(Young, 1801, p.631)

영은 알려져 있던 착색 현상을 자신의 가설로 설명하였고 알려져 있지 않던 착색 현상에도 자신의 가설을 적용하면서 가설을 수정해 나간 것으로 보인다.

영이 가설을 적용한 후에 수정하여 발표한 간섭의 법칙은 다음과 같다: 동일한 빛이 같거나 거의 같은 방향으로 두 부분으로 나뉘었다가 다른 경로로 눈에 도달하는 경우에는 언제나, 그 경로 차가 어떤 길이의 배수이면 그 빛은 가장 강하고, 그 간섭하는 부분의 중간에서는 가장 약하다; 그리고 이 길이는 광선의 색에 따라 다르다(Young, 1802a, p.632).

여기에서 설명된 간섭의 원리에는 서로 다른 기원이라고 표현한 처음의 가설과는 달리 동일한 빛의 두 부분이라는 언급이 나타나 있어 가설이 수정되었음을 볼 수 있다.

결정적 실험의 발명과 제시

영은 섬유에 의한 색 현상을 설명할 때 섬유의 그림자 속에 보이는 선들은 그림자 속으로 휘어지는 빛의 두 부분으로부터 생성된다(Young, 1802b, p.633)고 하였는데 섬유에 의한 색 현상에 대한 실험을 숙고하면서, 빛의 두 부분에 의한 간섭의 원리를 보이기 위한 간단하면서도 논증적인 실험을 고안하게 된다(Young, 1803, pp.639-648). 영이 설명하는 간섭 법칙에 대한 결정적인 실험은 다음과 같다: "나는 창문 셔터에 작은 구멍을 내고, 가는 바늘로 구멍을 뚫은 두꺼운 종이로 그것을 덮었다. 관찰의 더 나은 편의를 위해서, 나는 창문 셔터 없이 작은 거울을 태양빛을 거의 수평방향으로 반사해서 맞은 편 벽으로 보내는 위치에 두었다. 나는 태양광선 속으로 1/30인치의 폭을 가지는 가느다란 카드 조각을 가져왔고, 그림자를 관찰했다. 그림자의 양 옆의 색 줄무늬를 제외하고 그림자 자체가 더 작은 크기로 평행한 줄무늬로 나누어졌다. 카드와 그림자 사이의 거리에 따라 줄무늬 수가 달라졌지만, 그림자 중앙은 항상 백색이었다. 이러한 줄무늬는 얇은 카드의 각 측면에서 지나온 빛의 부분들의 결합효과이다. 왜냐하면 카드 앞에 혹은 몇 인치 뒤에 작은 스크린을 두면 그림자에서 관찰된 줄무늬들이 즉시 사라졌으며, 빛의 세기가 1/10 혹은 1/20로 줄어도 이러한 효과가 나타났기 때문이다(Young, 1803, pp.639-640). 영은 이 실험에서 보이는 색의 줄무늬들은 빛의 두 부분의 간섭에 의해서 생성되며 자신이 고안한 실험은 햇빛이 비칠 때마다

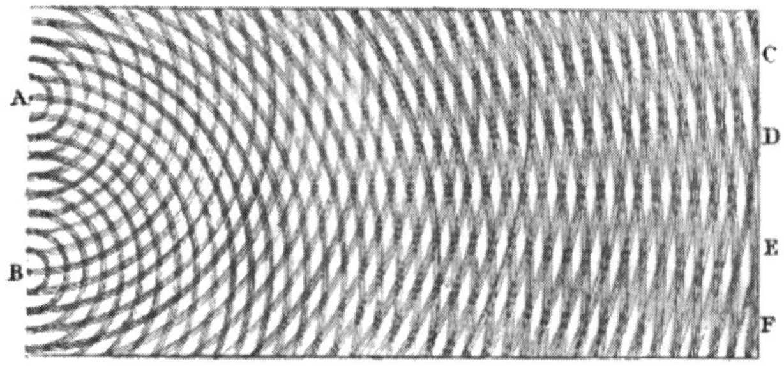

[그림 6-9] 물결파의 간섭 효과(자료원: Young, 1807, p.777)

아주 쉽게 반복될 수 있어 누구도 자신의 견해를 부인할 수 없는 결정적인 실험이라고 하였다(Young, 1803, p.45).

또한 영은 비유를 통해서 두 개의 동일한 수면파의 간섭 효과는 두 개의 똑같은 크기의 돌을 동일한 순간에 던졌을 때 관찰할 수 있으며, 빛의 간섭 효과도 이와 같은 물결파의 패턴을 통해서 비유적으로 이해할 수 있다고 설명하면서 자신이 고안한 결정적인 실험을 이해하기 쉽게 [그림 6-9]와 같이 물결파 간섭과 비유하여 설명하였다(Young, 1807, p.777, plate XX).

영은 빛의 간섭효과를 잘 관찰하기 위한 조건과 원리를 다음과 같이 기술하여 자신이 생각한 간섭의 원리에 대해서 정리하고 있으며, 우리가 현재 알고 있는 이중 슬릿 실험에 대한 내용도 여기에서 볼 수 있다. 그 내용은 다음과 같다: 빛의 두 부분은 필수적으로 동일한 기원을 가져야 하며, 다른 경로를 통해서 동일한 지점에 도달해야 하고, 방향에서는 서로 많이 벗어나지 않아야 한다. 이러한 벗어남은 회절, 반사, 굴절, 이러한 혼합된 효과들에서 생성될 수 있다. 그러나 가장 간단한 경우는 균일한 빛이 매우 작은 두 개의 구멍이나 슬릿을 통과하여 빛이 모든 방향으로 회절될 때 나타난다. 이 경우에, 두 개의 새롭게 형성된 광선은 스크린에 줄무늬를 만든다. 스크린이 멀어지면 줄무늬는 더 넓어지고, 슬릿 사이의 간격이 더 좁아지면 줄무늬는 또한 더 넓어진다. 하나의 구멍으로부터 오는 빛은 다른 구멍으로부터 오는 빛보다 더 긴 경로를 지나와야 한다. 경로차가 파장의 '1배, 2배, 3배, …'이면 밝은 부분을, 파장의 '$\frac{1}{2}$배, $1\frac{1}{2}$배, $2\frac{1}{2}$배, …'이면 어두운 부분을 만든다(Young, 1807, pp.364-365). 영은 이 과정에서 빛이 파동

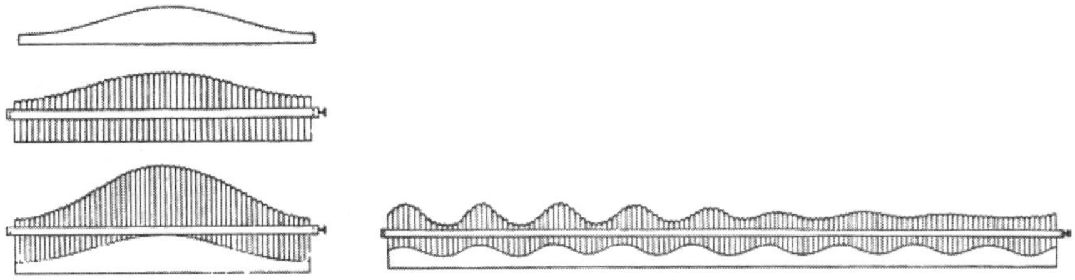

(a) (b)

[그림 6-10] (a) 맨 위 슬라이더를 두 번째 슬라이더 밑에 대고 밀어 올리면 맨 아래 조화 슬라이더와 같이 중첩 모양을 만들 수 있고, 슬라이더를 상대적으로 이동시키면 파동이 중첩 모양도 변화된다. (b) '(a)'에서의 조화 슬라이더를 여러 개 붙여 놓고 약간만 어긋나도록 밀면 이와 같이 맥놀이 파동을 만들어 볼 수 있다.

임을 비유적으로 보이기 위해 물결파 실험 장치를 직접 고안하여 실험하고, 그 결과를 제시하는 창의적인 능력을 보였다(Young, 1804).

또한 일반인들에게 파동의 중첩을 효과적으로 설명하기 위해서 역학적인 장치인 조화 슬라이더(harmonic sliders)를 고안하여 조수의 중첩과 맥놀이 현상을 이해하기 쉽도록 시각적으로 설명하는 도구를 직접 만들어 보인 창의적인 설명 능력도 보였다(그림 6-10)(Young, 1802b, pp.217-218).

영의 비유추론 및 귀추의 사용과 창의성

빛의 간섭 이론을 형성하는 과정에서 영이 사용한 비유 추론은 다음과 같이 정리할 수 있다(김원숙, 김영민, 2016).

첫째, 영은 소리와 빛의 유사성을 추론하는 과정에서 비유 추론을 사용했음을 알 수 있다. 파이프 오르간에서 파이프의 길이가 배수가 될 때마다 같은 음을 낸다는 것과 뉴턴 링에서 뉴턴 링 아래의 쐐기 부분의 공기층의 두께가 배수가 될 때마다 같은 색을 나타내는 것이 유사하다는 것이다. 이것으로부터 영은 공기가 파동이듯이 공기와 유사성을 보이는 빛도 파동일 수 있다는 것을 비유 추론하게 된다.

둘째, 영은 소리가 회절 현상을 나타내듯이 빛도 회절 현상을 나타내는 것이

유사하다는 것을 발견했다. 이 과정에서는 영의 예리한 관찰력을 볼 수 있다. 물체 그림자의 경계선이 불분명해지는 현상을 뉴턴은 그림자가 나타내는 현상으로 보았지만 영은 소리가 장벽을 넘어 휘어서 전달되듯이 빛이 물체 끝에서 휘어져 전달되는 현상으로 보았고, 이 논증 과정에서 그리말디가 실험으로 얻은 회절 현상을 도입하여 설명하였다. 이 과정에서도 영은 공기가 회절 현상을 나타내는 파동이듯이 빛도 회절 현상을 나타내는 파동이라고 비유 추론하게 된다.

셋째, 빛이 일부는 투과 또는 굴절하고 일부는 반사하는 부분 반사 현상은 소리 현상의 경우와 같이 파동으로 설명해야 잘 될 수 있음을 들어 빛이 파동일 수 있음을 비유 추론하게 된다.

넷째, 영은 파장이 같은 두 물결파가 나타내는 파동의 간섭 현상으로부터 귀추하여, 같은 근원의 두 빛이 어떤 거리에서 중첩될 때 밝고 어두운 연속적 무늬를 나타낼 수 있음을 추론하고 빛의 간섭 현상을 설명하는 가설을 설정하게 된다. 그리고 실험 장치를 개발하여 이를 증명하였으며 이것은 빛이 파동임을 증명하는 결정적인 실험이 된다.

빛의 간섭 이론을 형성하는 과정에서 영의 창의성은 다음과 같이 정리할 수 있다.

첫째, 전혀 다를 것 같은 소리와 빛 사이의 유사성을 영이 발견한 것도 창의적이지만 그 유사성을 좀 더 높은 수준의 '파동성'으로 추론한 것은 그 이상의 창의성 발현의 하나로 볼 수 있다.

둘째, 동일한 빛이 갈라졌다가 만날 때 밝고 어두운 무늬를 보이는 현상이 두 물결파가 만나 보강과 소멸을 보이는 현상과 동일한 이론으로 설명될 수 있음을 추론하여 빛의 간섭 현상을 설명하는 가설을 추론한 것 또한 성공한 귀추의 하나로 중요한 창의성 발현에 속한다.

셋째, 영은 물결파의 간섭 현상을 보이기 위해 실험 장치를 고안하였으며, 파동의 중첩을 쉽게 설명하기 위해 조화 슬라이더 장치를 고안하였다. 또한 빛의 간섭 현상을 보이기 위한 이중 슬릿 실험 장치를 고안하였다. 이들은 현대 과학교육에서도 널리 쓰이거나 쓰일 수 있는 창의적 실험 설계들이다.

과학에서의 귀추적 사고 패턴

유사한 기하학적 모양을 귀추하여 가설을 형성한 경우

여기에서는 먼저 퍼스가 멋진 귀추라고 소개한 케플러의 귀추 과정과 달 표면 모양에 대한 갈릴레오의 귀추 과정을 소개함으로써 유사한 기하학적 모양을 귀추하여 가설을 형성한 경우에 대한 이해를 돕고자 한다.

행성의 타원 궤도 운동에 대한 케플러의 귀추

케플러의 귀추적 사고는 여러 문헌(Hanson, 1958; Lawson et al., 1989; Peirce, 1955)에서 인용되고 있으며, 특히 행성의 타원 궤도에 대한 귀추적 사고가 많이 인용되고 있다. 케플러는 튀코의 계산이 관측치와 5°의 오차를 보일 때도 있다는 점을 이상하게 생각했다. 케플러는 코페르니쿠스가 주장한 태양중심설을 받아들였는데, 왜냐하면, 태양은 태양계 중심에 매우 가까이 있기 때문에, 그리고 매우 크기 때문에, 케플러는 역동적으로 그 사건들을 바라보면서, 태양이 행성들을 그 궤도에서 움직이게 하는 원인들과 관계가 있을 것으로 생각했기 때문이다. 이것은 그 당시 매우 중요한 가설이었다(Hanson, 1958). 이와 관련된 그의 귀추는 위대한 지적 노력이며, 케플러의 모든 업적을 생각해 볼 때 가장 중요하다고 볼 수 있다. 계속적으로 원형 궤도에 의해 주어진 계산 결과들이 튀코의 관찰 결과와 일치하지 않게 되자 비로소 케플러는 체계적으로 원형 궤도의 가설을 의심하기 시작하였다. 케플러는 화성의 궤도가 원형이 아닐 수도 있다는 관점을 지지하기 위해 한 가지 잠정적인 가설을 설정하여 이를 조심스럽게 논의하였다. 케플러는 근일점에서만 원과 일치하는 비원형 곡선을 가정했다. 이것이 그 유명한 달걀형(figuram ovalem) 행성 궤도이다. 근일점에서만 원과 일치하는 비원형 곡선 상정한 것이다. 왜냐하면, 행성 궤도가 원형과 관련이 있을 것이란 생각을 완전히 버리지 못했기 때문인 것으로 보인다. 이것은 오랜 시간을 끌었고 궁극적으로는 성공을 이루었던 귀추의 결정적인 단계였으며, 특히 강조되어야 할 한 가지 점은 케플러의 첫 번째 비 원형 곡선은 타원이 아니었다는 것이다. 그런데 달걀형은 괴상한 기하학적 존재로 결코 두 개의 초점을 가질 수가 없다. 바로 이것이 궁극적으로 케플러에게 어려움을 주었으며, 이것이 그로 하여금 다른 곡선 모형을 찾는 계기가 되었을 것이다.

화성의 미관찰 지점에 대한 예측은 그때까지 수행되지 않았었다. 케플러 또한 타원 궤도 가설을 제기하기 이전에는 그러한 것을 행해야 할 필요를 느끼지도 않았다. 그러나 이러한 궤도 또한 관측치와 맞지 않고 기하학적으로 매우 다루기 어려웠다. 그 다음 추론한 것이 우리가 잘 아는 타원 궤도이다. 퍼스(Peirce)와 한슨(Hanson)의 가설적 추론의 형태에 따라 케플러의 행성 궤도 가설 추론을 분석해 보자: 왜 화성은 90° 에서와 270°에서 가속되는 것처럼 나타나는가?−(p). 왜냐하면, 화성의 궤도가 타원이기 때문이다−(H). 이로부터 예측 가능한 것은 '만약 화성의 궤도가 타원이라면 당연히 화성의 위치들은 원과 달걀형의 중간에 위치할 것이다.'이다(그림 6-11).

이러한 생각은 당연히 다른 행성들에게도 적용할 수 있는 것으로 예측되었고 행성운동의 법칙으로 정리될 수 있었다.

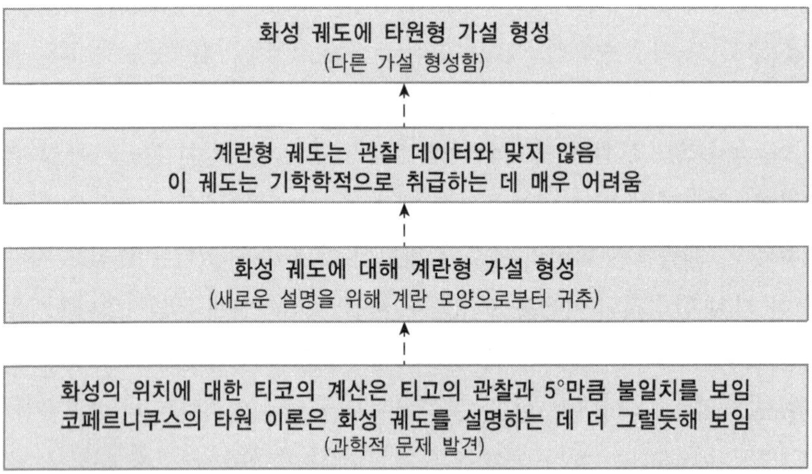

[그림 6-11] 화성의 타원 궤도 가설 형성에서의 케플러의 귀추

달 표면 모양에 대한 갈릴레오의 귀추

갈릴레오는 망원경 관찰을 통해 이전에는 여러 가지로 의견이 분분하였던 달의 검은 부분 중 밝게 빛나는 점들이 달의 모습과 관계가 있음을 알게 된다. 새롭게 발명한 망원경으로 달을 주의 깊게 관찰한 갈릴레오는 달의 표면이 매끄럽지도 않고, 일정하지도 않으며, 완전한 구의 모습도 아니라는 것과 오히려 그 표면이 지구와 마찬가지로 산맥들과 계곡들에 의해 울퉁불퉁하다고 설명하였다. 그러나 이러한 관찰은 아리스토텔레스 이론을 추종하는 많은 과학자들이 기본적인 원리로 삼고 있는 원리 곧 '모든 천체는 완전한 구형'이라는 원리를 위협하게 되었다. 갈릴레오의 경쟁자들은 명백한 반증에 직면하여서도 그들의 이론을 옹호하기 위해 눈에는 보이지 않는 어떤 물질이 달 표면에 있는 산들을 덮고 분화구를 메우고 있어서 달의 표면은 완전히 둥글다는 주장을 내세우게 된다. 보이지 않는 물체가 존재한다는 것을 어떻게 탐지할 수 있는가라는 물음을 제기했을 때, 그들은 어떠한 방법으로도 그것은 탐지될 수 없다고 대답했다 (Chalmers, 1982). 그러나 갈릴레오는 관찰 사실과 지구에서 일어나는 현상을 유추하여, 달의 검은 부분 중 밝게 빛나는 부분을 다음과 같이 설명하고 있다 (Cohen, 1985):

> "달의 표면에서 어두운 부분과 밝은 부분의 경계는 칼로 자른 듯이 반듯한 것이 아니라 들쑥날쑥하였으며, 놀랍게도 어두운 부분의 중간 중간에 밝은 점들이 여기저기 흩어져 있다. 시간이 지남에 따라 이 점들은 그 크기와 밝기가 점점 커지다가 한두 시간쯤 뒤에는 다른 밝은 부분과 완전히 합쳐졌으며 동시에 밝은 부분의 범위도 점점 넓어졌다. 그러는 동안 어두운 부분 쪽에서는 새로운 밝은 점들이 하나 둘 나타나고 이들은 점점 커지다가 다시 밝은 부분과 합쳐지곤 하였다. 그러면 지구의 경우를 생각해 보자. 태양이 막 떠오를 때 높은 산의 꼭대기에는 태양의 빛이 도달하므로 밝게 빛나지만 밑의 평지는 아직 그림자 속에 묻혀 있을 수 있지 않은가? 또 태양이 점점 떠오름에 따라 산의 더 많은 부분이 밝게 빛나게 될 것이고, 결국 태양이 완전히 떠오른 후에는 평지나 언덕이나 할 것 없이 비치게 되므로 완전히 연결된 한 덩어리의 밝은 부분을

이루게 될 것이다. 이와 같이 달은 어떤 곳은 산과 같이 높이 솟아 있고 어떤 곳은 푹 패어져 있어 거친 표면을 가지고 있다.”

갈릴레오의 이 설명은 귀추적 사고를 통해 달의 모습을 유추하여 설명한 예에 속한다. 이상을 종합하여 갈릴레오는 달 표면은 지구 표면과 마찬가지로 울퉁불퉁하다는 가설을 세웠다. 그리고 이것은 기술이 발달함에 따라 그리고 달에까지 보내진 우주선에 의해 옳다는 것이 판명되었다.

유사한 기능을 귀추하여 가설을 형성한 경우

여기에서는 케플러의 시각 이론 형성 과정에서의 귀추 과정과 카르노의 열기관 이론 형성 과정에서의 귀추 과정을 소개함으로써 유사한 기능을 귀추하여 가설을 형성한 경우에 대한 이해를 돕고자 한다.

케플러의 시각 이론 형성 과정에서의 귀추 과정

앞의 과학적 문제 발견 패턴에서 언급한 바와 같이, 케플러는 그 자신의 필요에 의해서 비텔로의 시각에 관한 설명을 분석하였다. 그때 그의 분석은 그 앞의 과학자들이 했던 것과 마찬가지로 투명한 구(sphere)를 통과하는 빛에 한정되어 있었다. 케플러는 투명한 구 앞에 작은 구멍을 놓음으로써 시각과 비슷한 환경을 만들었다. 그의 광학적 분석인 [그림 3-2]에서 a 점을 구형렌즈의 중심이라고 하고 ef를 그 앞에 놓은 작은 구멍이라고 하자. hi를 물체로 놓고, kl 위치(k와 l은 물체 hi에서 보내지는 광선에 의해 형성된 상의 끝단)에 스크린이 놓여 있다고 하자. i로부터 보내지는 광선들은 작은 구멍을 통과하여 mn 범위에 모이게 된다. h로부터 오는 광선들은 구의 중심부를 통과하여 k 위치에 비교적 선명한 상을 생성하게 된다. 이 실험으로부터 스크린 kl에는 hi에 있는 물체의 도립상이 맺힌다는 것이 명백하다(Crombie, 1990).

케플러는 이러한 광학적 실험 결과와 분석을 믿었기 때문에, 광학적 분석 결과와 일치하지 않는 알하젠과 비텔로의 시각 이론에 대해 의심을 갖게 되고, 새로운

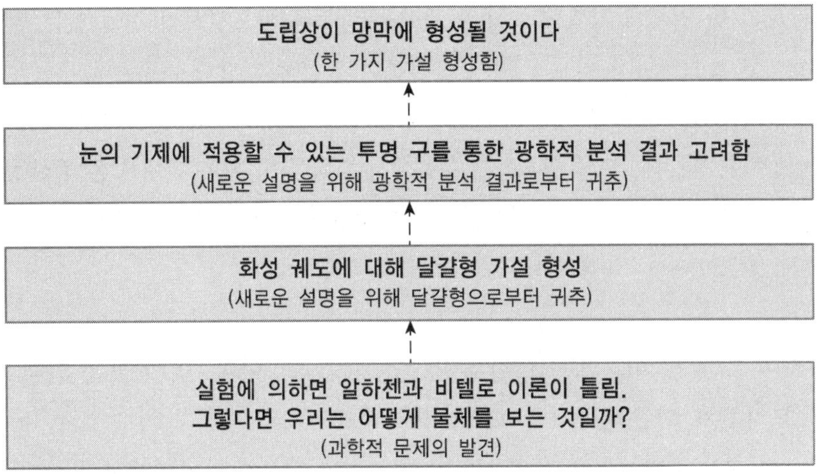

[그림 6-12] 망막 상에 대한 가설 형성에서의 케플러의 귀추

시각 이론을 세우기 위해 노력하게 된다(Crombie, 1990).

케플러는 앞에서 보였던 투명한 구를 통과하는 광선들의 분석이 약간의 수정을 거치면 사람의 눈의 기작을 분석하는 데 적용할 수 있는 것으로 간주하게 된다. 그러면 수정체는 구형으로 볼 수 있는가? 완전한 구형은 아니지만 투명한 구에서의 광학적 분석이 적용되기에는 충분히 근사적이라고 보았다. 케플러는 수정체의 앞면이 구형 또는 타원형이며 수정체의 뒷면은 쌍곡면이라고 생각했다(Lindberg, 1976). 이 사고의 과정을 분석해 보면 [그림 6-12]와 같으며, 여기서 보인 것과 같이 케플러는 구형 렌즈에서 나타나는 현상(과거 경험)을 도입하여 시각 이론의 가설을 형성함을 알 수 있다. 퍼스(Peirce, 1955)와 한슨(Hanson, 1958)에 따르면 이러한 사고 과정은 귀추적 사고 과정의 하나로 볼 수 있다.

케플러(Kepler)는 보이는 물체의 각 점에서 나오는 광선들이 각막 전체와 동공을 통과하고, 물체의 각 점이 꼭짓점이 되고 동공이 밑면이 되는 원추를 형성한다고 생각했다. 이러한 케플러의 생각은 과거 알하젠 및 비텔로의 생각과는 정반대되는 것이었다. 그 광선들은 각막을 지나면서 약간씩 굴절하여 수정체 표면으로 들어오게 된다. 케플러는 그의 책 De Mono Visions(Crombie, 1990)에서 그 과정을 다음과 같이 설명하였다:

"물체의 한 점에서 각막에 보내진 광선들은 동공에 도달하기 전에 있는 밀한 액체를 통과하면서 비교적 크게 굴절하여 동공에 도달한 다음, 더 진행하여 수정체의 표면으로 들어가게 된다. 이렇게 물체의 각 점들은 유사한 원추를 형성하게 되는데, 모든 원추들은 동공에서 교차하여, 왼쪽 점에서 온 광선들은 오른쪽으로, 오른쪽의 점에서 온 광선들은 왼쪽으로 진행하게 된다."(Lindberg, 1976)

이것이 그의 빛 이론에 기초한 망막 상 형성 과정이며, 이 이론은 현대 시각 이론의 기초가 되었다.

광선에 대한 아이디어를 적용하면서, 케플러는 처음으로 바깥세상의 상이 안구 속의 수정체에 생기는 것이 아니라는 것을 깨달았다. 케플러는 물체의 상이 도립으로 망막에 맺힌다는 것을 발견했지만 그것을 우리가 어떻게 바로선 상으로 느끼는 것인지는 설명할 수 없었다. 이것도 해결해야 할 새로운 문제이지만 또한 그는 망막 상이 어떻게 생기는가에 대한 이론을 형성한 후에 '이차원적으로 생기는 망막 상으로부터 우리는 어떻게 삼차원적으로 세계를 인식하는가?'라는 새로운 문제를 제기하였다(Wade, 1998). 그는 성공적인 귀추적 사고 후에 새로운 과학적 문제들을 발견한 것이다.

카르노의 열기관 이론 형성 과정에서의 귀추 과정

카르노가 열기관 이론을 제기할 당시에 기술적으로는 와트의 증기기관이 산업에 폭넓게 이용되고 있었다. 그 당시 프랑스에서는 증기기관에 의해 열이 기계적 에너지로 변환하는 데에 대한 요인이 탐구되고 있었다. 영국에서는 이미 증기기관이 1세기 이상에 걸쳐 사용되어 왔음에도 불구하고, 이 요인이 영국에서는 깊이 연구되고 있지 않았다. 와트는 증기기관 속에서 증기압이 실린더의 유효부피에 따라 어떻게 변화하는지 그래프로 그려 보여 주기는 했지만, 그 당시는 와트뿐만 아니라 다른 영국 과학자들도 이 그래프로부터 그 무엇인가를 끌어내지 못했다.

프랑스에서는 이론과학자도 현장의 기술자도 열에 대한 문제를 연구하고 있었는데, 일반적으로 말해서 이들은 모두 열의 물질설을 받아들여 열소를 무게 없는 유체로 간주하고 있었다. 카르노가 열기관의 기술적 측면이 아니라 이론적 측면을 탐구하게 된 것은 그 당시 증기 기관이 발명되어 이용되고 있었지만 그에 관한 이론적이고 체계적인 연구가 거의 되어 있지 않았기 때문이다(김학수, 1998b). 카르노는 '불의 동력에 관한 고찰'이라는 그의 논문에서 '자연으로부터 어느 때, 어느 곳에서나 열과 열에 의한 동력을 발생시킬 수 있는 수단을 연구하여 개발하고 사용하게 하는 것이 열기관의 목적이다. 열에 의한 동력은 유한한가?, 무한한가? 열기관의 발전에 한계가 있는가, 증기보다 더 나은 작동물질이 있는가 하는 것이 의문점으로 남는다.'(Carnot, 1824)고 말한 데서 그 당시 새롭게 탄생시키는 이론의 목적과 가능성을 서술하고 있으며, '열에 의한 동력 생산 원리를 가장 일반적인 방법으로 이해하기 위해서는 특정 기계 장치나 실제 채용하는 작동 물질에 관계없이 문제를 고려해야 한다. 즉, 증기기관뿐만 아니라 가상적인 열기관에도 적용될 수 있는 원리를 수립해야 한다.'(Carnot, 1824)라고 말한 데서 이론적인 접근을 위한 기본적인 방법을 서술하고 있다.

카르노는 증기기관 속에서 열은 고온도 부분인 보일러에서 저온도 부분인 응결기로 흘러가는데, 그 과정 중에 기계적인 작업이 실린더와 피스톤을 통해 이루어진다는 사실에 주목했다. 이러한 관점에서 카르노는 증기기관을 다른 동력기관인 수차와 비슷한 것으로 생각하였다. Carnot의 유일한 논문인 '불의 동력에 관한 고찰'에는 열기관을 수력기계에 비유하는 중요한 내용이 들어 있다. 이 수력기계에 관한 것은 그의 아버지 라자르 카르노의 핵심적 연구였으며, 그의 아버지가 쓴 '기계 일반에 대한 논문'과 '평형과 운동의 일반 원리'는 Carnot가 '카르노 기관'을 구상하는데 결정적인 영향을 미친 것으로 평가되고 있다(김학수, 1988b).

카르노는 수력 기계를 열기관의 원리에 도입하는 귀추적 사고를 통하여 열기관 이론을 수립했다. 그가 언급한 수력기계와 열기관의 비유 관계는 앞에서 제시한 〈표 6-1〉과 같다(Carnot, 1824).

카르노는 열기관의 필수적인 동작 요소를 첫째, 기관에 열을 공급하는 높은 온도의 열원과 유용한 일을 하고 난 뒤 남은 열이 배출될 수 있는 낮은 열원이 있어야 한다는 것, 둘째, 기관이라고 하면 피스톤이 움직이면서 동력을 생산하고 난 뒤에 반드시 처음 상태로 돌아오는 순환 과정을 갖추어야 한다는 것 등 두 가지로 보았다. 이것은 수력기계의 동작 원리를 빌어 와 열기관의 원리를 고안하고 설명하는, 그의 첫 번째 귀추적 사고이다.

그리고 그는 이러한 열기관 이론 형성 과정에서 연속적인 귀추를 통해 또 다른 새로운 가설을 형성하게 된다. 카르노는 열 엔진의 원리를 설명하고, 그런 다음 수력 엔진에서의 관계 체계를 분석함에 의해서 새로운 통찰을 얻게 된다. 그는 위의 귀추가 끝난 후 다음과 같이 말했다(Carnot, 1824):

> "폭포에서는 원동력(motive power)이 높은 곳과 낮은 곳의 높이 차에 정확히 비례한다. 그러나 열소의 낙하에서는 원동력은 뜨거운 물체와 찬 물체의 온도 차에 따라 증가하지만, 그 차에 비례하는지는 알 수가 없다. 다시 말하면, 온도가 100도[23] 인 곳에서 50도인 곳으로 떨어질 때의 열소는 50도에서 0도 떨어질 때의 열소보다 많거나 적을 수 있다."

여기서 그는 새로운 가설을 제안하는 데 있어 두 번째로 귀추적 사고를 사용했음을 보여준다. 그는 이 비유의 관계에서 유사한 점(폭포의 높이 차가 클수록 동력이 큰 것처럼, 온도차가 클수록 열의 동력이 크다.)뿐만 아니라 같지 않을 수 있는 점(폭포의 동력은 높이 차에 정확히 비례하지만 열의 동력은 정확히 비례하는지 알 수 없다.)을 포착해 낸 것이다. 그는 실제 실험을 통해 '주어진 열소량이 고온에서 낙하할 때보다 저온에서 낙하할 때 더 많은 동력이 생산된다.'(Carnot, 1824)는 것을 알아냄으로써 열기관 이론에 이어 열효율 개념을 발견하게 된다. 이것은 그의 연속적인 두 번째 귀추적 사고라고 할 수 있다.

유사한 성질을 귀추하여 가설을 형성한 경우

여기에서는 패러데이(Faraday)의 자기력선과 전기력선 개념 형성 과정에서의 귀추 과정을 소개함으로써 유사한 성질을 귀추하여 가설을 형성한 경우에 대한

---

23) Carnot 논문(1824)에서 100 degree라고 표현하였으므로 여기서는 100도라고 번역하였다.

이해를 돕고자 한다. 패러데이 당시의 과학적 문제 중의 하나는 '자기력과 정전기력이 어떻게 전달되는가?' 하는 것이었다. 이 문제 해결의 과정에서 패러데이는 자기력선과 전기력선 개념을 형성하면서 두 가지 개념으로부터의 상호보완적 귀추적 사고를 사용하여 발전시켜 갔다. 그 과정을 보면 다음과 같다.

자기력선에 대한 최초 귀추

1831년 패러데이는 전자기 유도 현상을 발견하고, 이 현상에 대한 일반적인 법칙을 내 놓으면서 공식적으로 자기력선이라는 표현을 처음 언급했다. 그는 이때 "자기력선은 철가루(iron filings)에 의해 그려지는 선, 또는 작은 나침반 바늘이 접선으로 위치하는 그러한 선을 의미한다."고 정의했다. 보통 막대자석에서는 그것은 자석의 한 극에서 나와 다른 한 극으로 들어가는 모양을 이루었고, 전류가 흐르는 도선 주위에서는 동심원의 형태를 나타냈다. 이렇듯 자기력선의 휘어진 곡선 형태는 철가루의 배열 모양으로부터 쉽게 알 수 있었다(홍성욱, 1986). 이렇게 그는 자기력선의 개념을 생각해 냈고, 휘어진 곡선 형태의 자기력선을 귀추적으로 유추해 낼 수 있었다.

정전기 유도 역선에 대한 귀추

1837년 패러데이는 정전기 유도가 원거리 작용이 아니라 인접한 입자들에 의한 작용이라고 생각했다. 여기서 그는 이 인접한 입자들이 모여서 나타내는 가상적인

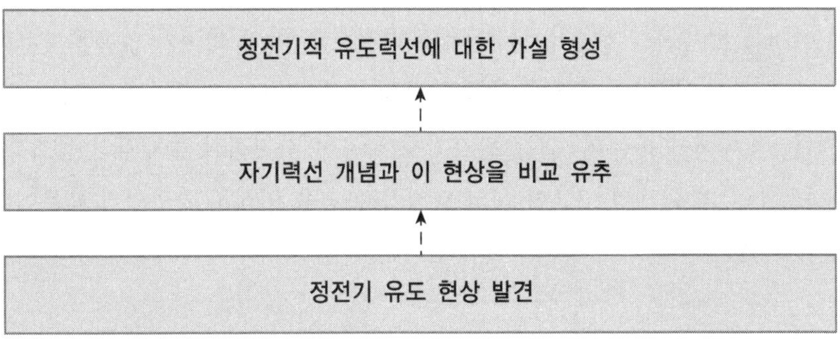

[그림 6-13] 정전기 유도 역선 개념 형성에서의 패러데이의 귀추

역선을 유도 역선(line of inductive forces)이라고 명명하게 된다. 그리고 정전기력은 이 유도 역선을 통해 한 입자에서 다른 입자로 연속적으로 전달되는 것이라고 주장했다. 유도역선을 정의하면서 그는 정전기력의 방향이 직선이 아니라 휘어진 곡선(curved lines of force)임을 주장하기 위해 이것과 자기력선과의 비유를 제시했다(그림 6-13)(홍성욱, 1986).

자기력선 개념에 대한 혼란과 갈등

(1) 앙페르 이론과의 불일치

1820년대에 이르러 전기와 자기 현상을 설명하는 이론 중에서 가장 정통적으로 받아들여지던 것은 앙페르(Ampère)의 이론들이었는데, 그의 이론은 자기력이 궁극적으로 전기력이라는 가설에 기초해서 설명했으며, 전류가 나타내는 자기력도 자석에 존재하는 전기적 분자 상호간의 힘의 총합이었다. 이렇게 자기력이 자석에 존재하는 전기적 분자 상호간의 힘의 총합이라는 개념이 정확한 자기력선 개념을 형성하는 데 어려움을 주었다고 생각된다(홍성욱, 1986).

(2) 반자성체로부터의 혼란

그 당시 반자성체들이 발견되었으며, 자성체와 반자성체의 가장 뚜렷하고 근본적인 차이는 보통 자성체가 자석의 극에 의해 인력을 받으나 반자성체는 척력을 받는다는 것이었다. 기존의 자기력선 개념으로는 이렇게 두 물체의 상이한 효과를 설명하기가 어려웠다. 처음에 그는 반자기력선(diamagnetic curves) 개념을 도입해 이것을 설명하려 했으나, 이것이 물리적으로 거의 의미가 없음을 인식하고 곧 그만 두었다. 반자기력선이 의미를 가지기 위해서는 반자기력이 독립적으로 실재하는 것이어야 하는데, 그는 반자기적 작용이 자기력과 물체와의 상호작용에 기인하는 것이지 물체의 고유한 힘의 효과가 아님을 인식하고 있었기 때문이다(홍성욱, 1986).

자기력선 개념을 위한 새로운 귀추
(자기력선이 자기 현상을 설명하는 중심 개념으로 부상하는 과정)

이 당시 패러데이는 자성체가 자기적 작용이 약한 곳에서 강한 곳으로 움직이는 데 비해 반자성체는 반대로 자기적 작용이 강한 곳에서 약한 곳으로 움직인다는 것을 발견하게 된다. 그러면서 그는 자신이 고안한 결정적 실험을 통해 반자성체의 작용이 그 물질의 역방향의 극성 때문이 아니라, 유도 전류에 의한 것임을 알았다. 그리고 그는 다른 여러 실험을 통해 진공은 자기력선의 존재를 전혀 교란시키지 않으며, 물질은 자기력선을 교란시킨다는 것, 그리고 자성체는 그 내부에 자기력선을 집중시키지만 반자성체는 자기력선을 분산시킨다는 것을 발견하게 된다. 즉, 정전기력선과 달리 자기력선은 물체 내부에서도 존재한다는 것을 발견함으로써 자기력선의 개념을 정교화시키게 된다(홍성욱, 1986). 이 과정에서 패러데이는 톰슨의 자기적 전도이론(magnetic conduction theory)을 이용하여 물체 내부에 자기력선이 통과한다는 것을 귀추하면서 자기력선의 방향뿐만 아니라 세기에 대해서도 정량화하려는 노력을 하게 된다.

과학에서 귀추의 역할과 속성

|제7장|

과학자들은 과학 지식을 생성하는 데 귀추를 빈번히 사용한다. 마그나니(Magnani, 2002)는 귀추를 이론적 귀추와 조작적 귀추로 구분하였으나 과학자들이 빈번히 사용하는 귀추를 구분하는 데에는 한계가 있다. 과학자들의 귀추는 유비적 귀추와 일반 배경지식에 의한 귀추로 구분할 수도 있다. 유비적 귀추는 유비 추론(analogical reasoning)에 의한 귀추를 말하며, 일반 배경 지식에 의한 귀추는 유비적 귀추 외에 일반 배경 지식을 통하여 귀추하는 것을 말한다. 여기에서는 귀추 유형별로 귀추적 사고의 역할과 속성을 살펴보고자 한다.

귀추의 역할

귀추적 사고는 가설을 형성하는 데 사용될 수 있는데, 그 하나로 새롭게 관찰된 과학 현상을 설명하는 설명 가설을 형성하는 데 사용된다.

여기에 해당되는 예는 매우 많이 있다. 러더퍼드(Rutherford)는 그의 제자들이 실험을 통해 관찰한 알파입자의 되튐(recoil) 현상을 설명하기 위해 귀추적 사고를 통해 당시까지 원자구조 이론으로 알려져 있던 톰슨의 원자 모형을 버리고 원자핵이 가운데 있고 전자들이 이 원자핵을 돌고 있는 모형으로 설명하였다. 갈릴레오는 망원경을 통해 흑점을 관찰하고 그 흑점이 이동한다는 것, 도중에 사라지거나 생겨나기도 한다는 것 등을 설명하기 위해 흑점은 지구의 구름과 마찬가지로 태양 표면의 어떤 물질일 것이라고 귀추적으로 추론하였다. 멘델(Mendel)은 식물의 잡종에 대한 실험에서 잡종들이 세대를 거치면서 규칙적으로 발현시키는 특성을 관찰한 후 다음과 같이 생각하게 된다. '한 종류의 식물 잡종에 대해 여러 세대를 걸쳐 오랫동안 자세히 실험하여 통계적 상호관계를 규명한다면, 잡종의 형질이 다음 세대에서 어떻게 발현되는지에 대한 규칙을 찾아낼 수 있을 것이다.'(Mendel, 1865). 이 생각은 잡종이 나타내는 형질의 특성을 관찰하고 이에 대한 설명 가설을 형성한 예로 볼 수 있다.

귀추적 사고는 또한 어떤 현상을 예측하는 가설을 형성하는 데에도 사용된다. 제6장에서 가설 형성 과정의 예로 토마스 영(Young)이 사용한 귀추적 사고를 제시한 바 있다(Young, 1907). 영은 '빛은 파동일 것이다.'라는 가설을 검증하기 위해 물결파와의 비유 추론을 통해 예측 가설을 만들게 되는 데 그 과정은 다음과 같다.

두 개의 동일한 물결파가 서로 반대 방향으로 진행하면서 만날 때, 마루(elevation)와 골(depression)이 만나면 소멸되고 마루와 마루, 골과 골이 만나면 보강된다. 즉, 두 개의 동일한 구면파가 동시에 발생되면, 이들은 그 진행 과정에서 일부가 겹치게 된다. 그 효과는 마루와 골이 만나는 곳에서는 평평해지고(smooth), 마루와 마루가 만나거나 골과 골이 만나는 곳에서는 더 보강된다(strong agitation).

영은 이 물결파 현상으로부터 추론하여 다음과 같은 예측 가설을 만들었다: '빛이 파동이라면 빛의 경우에도 물결파와 마찬가지로 간섭 현상이 나타날 것이다.' 이 예측에 따라 영은 과학사에서 '결정적 실험'(crucial experiment)이라고 불리는 빛의 간섭 현상 관찰 실험을 수행하게 된다. 영의 예측 가설은 그의 결정적 실험을 통해 검증되었으며, 빛이 파동인 것이 증명되었다.

귀추의 속성

성공한 귀추와 실패한 귀추

모든 귀추가 성공으로 이어지는 것은 아니다. 어떤 문제를 해결하기 위해 가설을 세울 때, 여러 개의 가설을 세울 수 있지만 그 가설들이 모두 옳은 것으로 검증되지는 않는다는 것이다.

귀추와 경쟁 가설들의 대립

어떤 현상을 설명하기 위해 귀추적 사고에 의해 생성되는 가설들은 여러 가지가 있을 수 있으며, 이 가설들은 모두 경쟁가설이 된다. 한 예를 들면 다음과 같다. 이 내용은 제6장에서 간단하게 소개되었지만 좀 더 자세하게 설명하면 다음과 같다.

1611년에 태양 흑점이 관측되었고 이렇게 관측된 흑점이 무엇인가에 대한 과학적인 논쟁이 제기되었다. 이 당시 가장 주목을 받았던 논쟁은 샤이너(Scheiner)의 가설과 갈릴레오(Galileo)의 가설 사이의 논쟁이었다. 샤이너는 태양 흑점을 여러 번 관측하였고 그의 관찰과 이론을 그의 친구인 웰서(Welser)에게 편지를 통해 설명하게 된다. 그리고 웰서는 '샤이너의 편지들'이란 책을 출판하면서 그의 발견과 이론들을 소개한다. 이 사실은 갈릴레오에게 알려지게 되고 태양 흑점을 누가 먼저 발견했는가에 대한 선점권을 두고 샤이너와 논쟁을 빚게 된다. 샤이너의

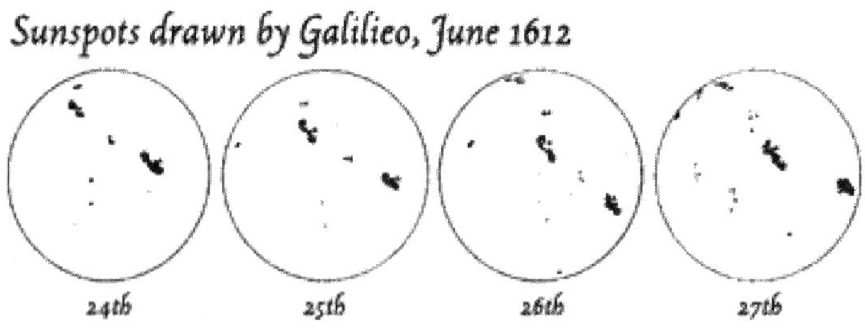

[그림 7-1] 갈릴레오가 그린 태양 흑점들
(자료원: http://earthobservatory.nasa.gov/Features/SolarMax/) (2017. 2. 20)

태양 흑점 관찰은 1611년 10월 21일에 처음 기록된 것으로 나타났으며, 갈릴레오의 첫 번째 흑점에 대한 언급은 1611년 10월 1일 키골리(Cigoli)에게 보낸 편지에 수록되어 있다. 이렇게 보면 갈릴레오가 샤이너보다 흑점을 먼저 관찰한 것이다. 그래서 갈릴레오가 흑점을 최초로 발견한 것으로 알려져 있으나 사실상 이 두 사람보다도 먼저 태양 흑점을 발견한 사람이 있어서 태양 흑점의 최초 발견에 대한 명예는 패브리우스(Fabricius)라는 사람에게 주어지게 된다. 이 사람의 소책자는 1611년 여름에 저작되었으나 학계의 주목을 받지는 못했다고 한다(Drake, 1957).

샤이너와 갈릴레오 둘 다 태양 흑점을 관찰하고 나서, 당시로서는 매우 새로운 현상인 이 흑점들에 대해 이것을 설명하는 가설을 세웠으나, 그 흑점의 성질에 대한 설명가설이 서로 달랐다. 즉, 흑점을 관찰한 다음에 이들이 귀추적으로 생각한 흑점의 성질에 대한 설명은 달랐다는 것이다. 드레이크(Drake, 1957)가 쓴 [갈릴레오의 발견과 견해(Discoveries and Opinions of Galileo)]라는 책에 흑점이 발견된 후의 흑점의 성질에 대한 논쟁이 잘 나타나 있다. 여기서는 주로 이 책에 수록된 내용을 중심으로 이들의 귀추적 사고를 논의하고자 한다.

샤이너는 태양의 표면에 얼룩이 나타났다 사라졌다 한다면 천체에 대해 지금까지 믿어왔던 완전한 깨끗함이나 불변성이 훼손되기 때문에 이를 피하기 위해 태양 주변에 몇 개의 작은 행성들이 회전하고 있어서 이들이 사람의 시야를 가리기 때문에 흑점이 생기는 것으로 설명하였다. 이렇게 설명하면 태양 흑점은 태양에 속해 있는 것이 아니라 행성의 운동에 따라 이동하는 것이 된다. 그러나 갈릴레오는 흑점을 태양 표면에 있거나 표면에서 떨어져 있더라도 지구에서 보이는 구름 높이 이상은 아닌 것으로 생각하였다. 이것은 갈릴레오가 흑점에 대해 생각했던 초기의 귀추적 사고였다. 이와 같이 샤이너와 갈릴레오는 똑같은 흑점을 관찰했지만 그것에 대한 생각이 서로 다른 것을 알 수 있다. 정리해 보면 흑점에 대한 샤이너의 가설적 추론은 다음과 같다: (1) 흑점은 태양 주위를 움직이는 작은 행성들이다; (2) 흑점들은 달에서 보이는 검은 점들보다 더 어둡다; (3) 흑점은 태양과 수성 또는 금성 사이에 위치하고 있다. 그런가 하면 흑점에 대한 갈릴레오의 가설적 추론은 다음과 같다: (1) 흑점은 행성이 아니며 태양의 일부분이다; (2) 흑점들은 달의 표면에 보이는 검은 점들보다 더 밝다; (3) 흑점은 태양과 수성 또는 금성 사이에 있지 않고 태양 표면 또는 태양 표면에 아주 근접해 있다. 이들의 생각을 모형화하여 비교해 보자.

샤이너(Scheiner)의 귀추적 사고 과정을 모형화해 보면 [그림 7-2]와 같다.

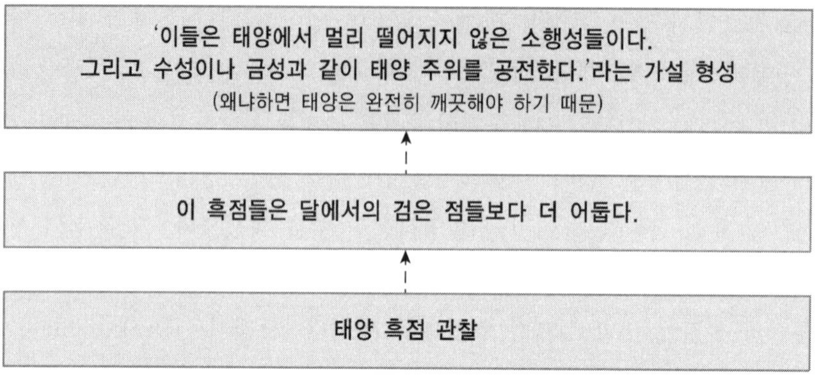

[그림 7-2] 태양 흑점에 대한 샤이너의 귀추적 설명 가설

한편, 갈릴레오(Galileo)의 귀추적 사고 과정을 모형화해 보면 [그림 7-3]과 같다.

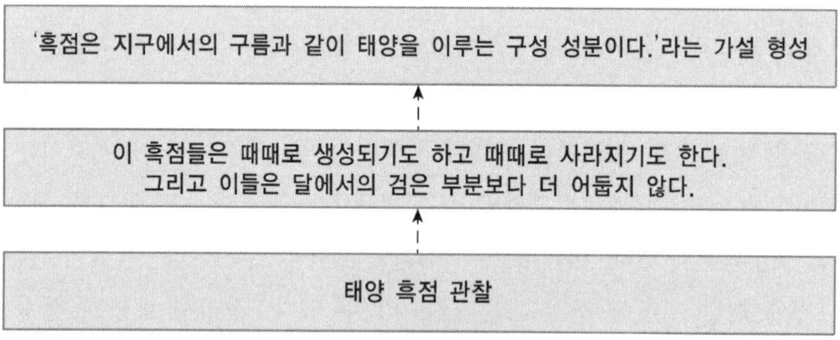

[그림 7-3] 태양 흑점에 대한 갈릴레오의 귀추적 설명 가설

여기서 가설 추론을 하기 전의 두 사람의 관찰 사실 중 특이한 차이점을 살펴보면, 샤이너는 '흑점들은 달에서 관측되는 검은 점들보다 더 어둡다.'라고 관찰한

반면, 갈릴레오는 '흑점들은 달에서 관측되는 검은 점들보다 더 어둡지 않다.'라고 하여 똑같은 현상을 서로 다르게 관찰했다는 점이다. 갈릴레오는 그렇게 관찰한 이유에 대해, 흑점들이 태양의 양 끝부분에 왔을 때에도 관측되었기 때문에(만일 달이 태양 끝부분에 왔다면 보이지 않았을 것이기 때문) 달의 가장 밝은 부분보다도 더 밝다고 추론하였다. 또 갈릴레오는 '흑점들은 생성되기도 하고 소멸되기도 한다.'고 관찰하였으며 이 관찰은 흑점들이 태양의 일부분이라는 가설을 형성하는 데 크게 기여했을 것으로 보인다. 이렇게 똑같은 현상을 관찰하고 그 현상을 설명하는 가설을 형성했지만 그 결과는 매우 다르다.

갈릴레오의 귀추적 사고 과정을 좀 더 자세히 살펴보자.

그는 흑점이 태양 표면에 존재하거나 표면에서 떨어져 있더라도 지구에서 보이는 구름 높이 이상은 아닌 것으로 생각하였다. 갈릴레오는 지구에서 관찰된 현상만으로 주저 없이 흑점이 태양의 구성 물질임을 추론할 수 있었다. 하지만 그는 이 추론을 공식적으로 표명하지는 않았고 이 내용을 키롤리에게 편지로 써서 보냈다. 이것은 갈릴레오가 흑점에 대해 생각했던 초기의 귀추적 사고였다. 샤이너는 곧 갈릴레오의 첫 번째 편지 내용을 얻게 되고, 자신의 추론과 다른 것임을 알고, 그에 대해 '태양 흑점에 대한 좀 더 정확한 논의와 목성을 도는 별들'이라는 제목의 답신을 보낸다. 이 논쟁은 좀 더 확대되고 갈릴레오는 최초로 이 내용을 활자화하여 명확히 주장하게 된다. 1613년 로마에서 인쇄된 갈릴레오의 '태양 흑점에 대한 편지들'이라는 책은 많은 사람의 관심을 이끌어내었다.

갈릴레오는 태양 흑점에 대한 자신의 생각을 웰서에게 보낸 편지에서 명확하게 설명하였다.

> “나는 당신이 보낸, 아펠레스(Apelles; Scheiner의 다른 이름)가 쓴 책에 관련된 태양 흑점에 대한 질문에 만족할만한 답변을 할 수 있을 때까지 침묵해 왔습니다. 태양 흑점은 연속적으로 자주 관측할 수 없기 때문에 이 어려움이 나의 판단을 더디게 만들고 있습니다. 나는 새로운 것을 발표하는데 좀 더 주의 깊고 신중해야 한다고 생각합니다. 당신이 알다시피, 기존의 학설과 다른 새로운 학설들은 요란스럽게 부정되고 논박당하기 때문에 나는 그것을 증명할 수

있는 보다 더 많은 증거를 가질 때까지 침묵했습니다. 반대자들은 사소한 오류를 치명적인 실수인 것처럼 나를 비난하기 때문에 나는 충분하지 않은 검토로 다른 사람들보다 앞서 견해를 발표한 뒤 나중에 그 발표한 견해를 번복하는 것보다는 정확한 견해를 찾는 것이 더 중요하다고 생각합니다. 이렇게 신중하게 검토하느라고 당신의 질문에 대한 답변이 더디어졌습니다. 잘못을 밝히는 것보다는 진실을 발견하는 것이 훨씬 어렵습니다. 부분적으로나마 당신의 질문에 답하고자 합니다.

첫째, 태양 흑점은 눈 또는 망원경 렌즈에 의한 착시가 아니라 실제 물체라는 것을 의심하지 않습니다. … 당신 친구가 보낸 편지에 적힌 대로 태양 흑점은 정지해 있는 점들이 아니고 태양과 관련되어 규칙적인 운동을 하고 있다는 것 역시 사실입니다. 그러나 이들의 운동은 아펠레스가 말한 것과는 반대 방향으로 움직인 것으로 관측되었습니다. 즉, 동에서 서가 아니라 서에서 동으로 움직였습니다. 이 점들은 태양에 대해 수성, 금성, 그리고 다른 행성들이 서쪽에서 동쪽으로 운동하는 것처럼 운동합니다. 그리고 그들이 태양 표면에 있을 수 없다는 설명은 이해되지 않습니다.

다음으로 아펠레스는 태양 표면의 흑점들은 달에서 관측되는 점들보다 더 검다고 말했습니다. 나는 이 부분이 절대적으로 잘못되었다고 생각합니다. 나는 태양 흑점이 최소한 달의 가장 밝은 부분만큼 밝다고 생각합니다. 그 이유는 다음과 같습니다. 금성이 저녁에 나타날 때에는 매우 밝습니다. 그러나 만일 태양과 금성이 동일 수평선상에 동시에 있을 때, 그것은 태양으로부터 충분히 먼 거리가 되기 전까지는 보이지 않습니다. 그것은 하늘의 태양 주변 부분이 금성의 그것보다 밝기 때문입니다. 이것으로부터 만일 우리가 보름달을 태양 바로 옆에 놓을 수 있다면, 보름달은 보이지 않을 것이고 원래 보름달의 밝기보다 그 주변은 더 밝을 것입니다. 지금 우리가 망원경으로 찬란한 태양을 관측할 때, 그것은 그 주변보다 훨씬 밝다는 것을 생각해 보십시오. 그리고 태양 흑점을 태양 자체의 밝기와 태양 주변부의 밝기와 비교해 봅시다. 이 둘을 비교해 보면 우리는 태양 흑점이 태양 주변부의 밝기보다는 밝다는 사실을 알 수 있습니다. 그렇다면, 만일 달이 이러한 동일한 주변부 내에서 인지할 수 없는 채로 남아있다면, 달의 밝은 부분은 태양 흑점보다 덜 밝다는 결론을 내릴 수 있습니다. 그리고 만일 태양 흑점이 달의 가장 밝은 부분보다 더 밝다면, 달의 가장 어두운 점들과 비교하면 어떻게 될까요? 후자의 점들은 달의 산맥들의 그림자가 투영되어 발생한 것이고 밝은 부분과 비교하면 그들은 이 종이에 대해 잉크만큼이나 어둡다는 것을 명심하십시오. 나는 이것을 아펠레스를 반박하기 위해 말한 것이 아니라 흑점 물질의 밀도가 매우 높고 불투명하다는 가정을 할 필요가 없다는 것을 보여주기 위해 한 것입니다. 구름과 유사한 정도의 밀도와 불투명성이면 그 흐릿함과 어두움을 만들기에 충분합니다.

… 나는 아펠레스의 세 번째 편지에 대해 언급하고자 합니다. 그는 그 편지에서 태양 흑점들이 태양으로부터 멀리 떨어지지 않은 별들이고, 그 흑점들이 태양 주위를 수성 및 금성과 같은 방향으로 공전하고 있다고 결론지으면서, 태양 흑점의 위치, 운동, 물질들에 대해 설명하고 있습니다. 그들의 위치를 결정짓기 위해 그는 태양 흑점은 태양 표면에 위치하지 않으며, 태양의 회전에 따라 움직이지 않는다는 것을 증거로 삼고 있습니다. 그는 15일 동안 태양의 보이는 반구를 가로지르는 것과 같은 점들이 매달 돌아와야 하는 현상이 일어나지 않았다고 말합니다. 만일 우리가 그 점들이 영구적이어서 새롭게 생기거나 지워지거나 사라지지 않는 것을 확인한다면 그의 주장은 결정적일 것입니다. 그러나 일부의 흑점들이 생성되고 다른 일부 흑점들은 사라지기도 하며, 자전하는 태양이 이전의 것과 동일하지 않게 배치된 또는 이전 것과 같은 모양을 가지지 않는 태양 흑점들을 운반하고 있다고 말할 수 있습니다. 지금 나는 그들이 영구적이라는 것을 증명하는 데 어려움을 겪고 있고, 심지어는 불가능함을 겪고 있습니다. 우리의 관측은 그것과 반대로 나타나고 있습니다. 아펠레스는 그 스스로 일부 흑점들은 태양 표면에서 처음으로 나타나기도 하고, 어떤 것들은 태양을 가로지르기 전에 사라지는 것을 관찰했음에 틀림없습니다. 왜냐하면 저는 많이 관찰했기 때문입니다.

… 아펠레스는 흑점은 항성이라기보다는 행성이며 게다가 정확하게 흑점은 태양과 수성 또는 금성 사이에 위치하고 있으며 우리와 태양 사이에 여전히 나타나는 행성일 뿐이라고 결론짓고 있습니다. 이 결론에 대해 나는 흑점이 행성이나 어떤 부류의 항성이라고 믿지 않으며 또한 흑점이 태양과 분리되어 떨어진 채로 태양 주위를 돌고 있다는 것도 믿지 않습니다. 내 의견을 피력하자

면 태양은 회전축을 중심으로 자전하면서 흑점을 수반하고 있으며 자전하는 동안 일부의 흑점은 제자리로 돌아오고 일부의 흑점은 새로 생겨나기도 하고 일부의 흑점은 용해되기도 하고 일부의 흑점은 흑점인지 아닌지 구분하기 쉽지 않은 형태나 패턴으로 변화한다는 것입니다. 실제로 태양과 태양 주위를 움직이는 수성 사이에 일부 다른 행성들이 존재할 수도 있고 존재하지 않을 수도 있습니다. 그러나 그들이 존재한다면 그들이 태양 아래에 왔을 때 그것의 일부라도 볼 수 있어야 하는 것이 타당하기 때문에 나는 확실히 그들이 존재하지 않는다고 생각합니다. 나는 흑점 그 자체 외에는 어떠한 것도 본 적이 없습니다. … 나는 어떠한 증거를 제시하지 않고 주장하는 것을 꺼려하기 때문에, 증거가 제시되지 않은 견해들은 나를 당황스럽게 합니다.”

여기서 갈릴레오는 아펠레스의 가설에 대해 조목조목 그 생각에 오류가 있음을 지적하고 있다. 갈릴레오가 웰서에게 보낸 두 번째 편지에는 좀 더 명확하게 흑점에 대한 그의 생각이 들어 있다.

“망원경으로 본 태양 표면에 있는 흑점들은 표면으로부터 멀리 떨어져 있지 않다는 것이 입증되었습니다. 이들은 행성이나 항성도 아니며 어떤 흑점들은 생성되었다가 소멸되기도 하였습니다. 흑점은 1~2일에서 30~40일 기간 동안 다양하게 나타납니다. 이들은 대부분 불규칙한 모양을 가지고 있으며 그 모양이 계속 변화하는데 어떤 것은 빠르게 어떤 것은 천천히 변화합니다. 어떤 흑점들은 3개나 4개로 나누어지고 종종 몇몇이 합해지기도 합니다. 이런 현상은 태양 표면의 가운데보다 가장자리에서 더 적게 발생합니다. 그리고 흑점들은 평행하게 태양 표면을 가로지르는 움직임을 보입니다. 이러한 운동 특성으로 보아 태양은 구형이며, 서에서 동으로 자전하고 있으며, 흑점은 태양과 함께 평행하게 원운동을 하며 움직인다는 것과 한 번 원운동 하는데 약 1개월이 걸린다는 것을 알 수 있습니다. 흑점이 행성처럼 스스로 태양 주위를 도는 것이 아니라는 것은 우리의 관찰 결과로부터 추론할 수 있습니다. 첫째, 태양이 한 번 자전할 때 보통 20~30개의 점을 볼 수 있는 것으로부터 추론할 수 있습니다. 둘째, 매일 매일 흑점을 관찰해 보면, 흑점이 같은 시간 동안 이동한 거리는 태양 표면의 가장자리에 있을 때 더 짧아집니다. 셋째, 한 흑점과 다른 흑점 사이의 간격으로부터 추론할 수 있습니다. 이러한 간격은 어떤 것들은 일정하고, 어떤 것들은 태양 표면의 중심부에서 크게 증가합니다. 다른 곳에서는 아주 간격이 좁고 태양 가장자리 근처에서는 알아볼 수 없을 만큼 좁습니다. 이러한 현상은 회전하는 천체 위의 두 점에 의해 만들어지는 원운동에서만 관찰될 수 있습니다. 태양의 같은 위도상의 같은 평행선을 따라 가까이 위치해 있는 흑점들은 태양의 중심부에서보다 가장자리로 이동해갈수록 훨씬 더 가까이 있는 것으로 보입니다. 그리고 흑점들이 태양 표면 중심 쪽으로 이동하면 그들은 점점 멀어지는 것으로 보입니다. 태양 표면의 중심에서 가장 멀어지고, 중심으로부터 가장자리 쪽으로 움직이면 다시 가까워집니다. 이러한 분리와 접근의 비율에 대한 정확한 관찰 결과는 그들이 오직 태양 표면에 있을 때에만 발생할 수 있음을 보여줍니다. 흑점은 태양의 표면에서 완전히 고정되어 있는 것이 아니라 계속적으로 모양이 변하고, 모이고, 흩어지고 한다는 것을 언급해야 하겠습니다. 이러한 관찰로부터 흑점은 태양 표면에 아주 근접해 있다는 것, 태양 표면이 구형이라는 것, 태양의 자전에 의해 흑점들은 이동한다는 것을 추론할 수 있습니다. 이런 현상들은 흑점을 설명하기 위해 제안된 다른 모든 이론들로는 설명할 수 없습니다."

갈릴레오는 이 편지에서 다른 이론들에 대해 다음과 같이 반증하고 있다.

"누군가 흑점들이 공기 중에 위치하기를 바란다고 가정해 봅시다. 공기 중에서는 실제로 다양한 형태로 생성되고 분해되거나, 응축되고 희박해질 수 있습니다. 그러면 먼저, 흑점들이 태양 표면의 아주 작은 공간을 차지하기 때문에 흑점은 지구에서의 가장 작은 구름-태양의 표면을 덮지 않는 아주 작은 구름-보다도 작아야 합니다. 그리고 이 경우, 이렇게 작은 부피의 물체가 어떻게 태양광선이 통과하는 것을 막을 만큼 충분한 밀도를 가질 수 있는가? 또 엄청난 힘으로 여러 날 동안 증발되는 물체가 있을 수 있는가? 왜 모든 흑점들이 우리와 태양 사이에만 있고 다른 부분에는 없는가? 어떤 반박도 허용하지 않는 절대적인 증거들이 있습니다. 그중 하나는 지구상의 멀리 떨어져 있는 두 위치에서 동시에 관측되는 흑점들이 태양 표면의 같은 장소에 같은 순서로 배열되어 있다는 것입니다. 이것은 여러 도시에서 만들어진 도표에 의해 알 수 있습니다.”

갈릴레오는 이 편지에서 흑점에 대해 다음과 같이 결론을 짓고 있다:

“흑점들은 태양 표면에 또는 표면으로부터 아주 가까이에 위치해 있습니다. 이들은 영구적이고 고정된 것들이 아니라 형태와 크기가 다양한 물질입니다. 이들은 불규칙한 움직임이 거의 없이 이동합니다. 그리고 어떤 것들은 더 긴 시간 동안, 어떤 것들은 더 짧은 시간 동안 생성되고 소멸합니다. 태양에 대한 흑점의 회전 또한 명백합니다. 태양이 자전하면서 흑점을 함께 나르기 때문에 일어나는지, 아니면 태양은 움직이지 않고 흑점들이 주위의 매개체 순환에 의해 이끌려지는 것인지가 의문으로 남아있지만, 나는 그 이동이 주위의 매개체들에 의한 것보다는 태양 자전에 의한 것이라는 주장이 훨씬 더 설득력이 있다고 봅니다. 먼저 나는 태양 주위를 둘러싸고 있는 물질이 아주 변하기 쉽고 유연한 존재라고 생각하기 때문에 이렇게 믿게 되었습니다. 이러한 주장은 전통적인 철학[24] 과는 아주 다른 것입니다. 그러나 단단한 고체상태의 물체에서는 일어날 수 없는 흑점의 형태 변화, 함께 모이고 분할하는 현상을 보면서 나는 확신하였습니다.”

갈릴레오는 태양 흑점은 그가 오래전부터 알아왔던 현상이었고 흑점으로부터 태양이 자전한다고 추론했다는 것도 언급하고 있다. 이와 같은 갈릴레오의 사고과정은 성공한 귀추가 어떻게 좀 더 확장된 과학적 개념을 형성할 수 있는지를 잘 보여준다. 그는 자기가 개발한 망원경으로 아주 어두운 필터를 통해 태양 흑점들을 관측했을 뿐만 아니라 흑점들이 태양의 동쪽에서 서쪽으로 이동하는 것도

---

24) 하늘은 일반적으로 글자 그대로 “firmament”(하늘) 혹은 a series of firmaments로 여겨졌다. 각각의 천체는 투명한 고체 속에 포함되어 있고, 궤도를 따라 이동하는 것으로 제안되었다. Tycho는 분명이 이 생각을 거부했지만 갈릴레오 시대의 많은 천문학자들은 여전히 이 생각을 고수하였다.

관찰하였다. 갈릴레오는 태양 흑점 관찰로부터 2가지 사실을 발견했는데, 흑점들이 태양 표면에 있다는 사실과, 태양은 자신의 축을 중심으로 자전하지만 태양의 자전이 고르지 못하고 적도에서는 고위도 지방보다 좀 더 빨리 돌고 있다는 사실이다.

이상에서 보는 바와 같이 갈릴레오의 귀추는 아펠레스의 귀추보다 훨씬 더 논리적이며 훨씬 더 많은 정확한 관찰 데이터를 근거로 하고 있다. 즉, 성공적인 가설을 설정하기 위해서는 정확한 논리와 정확한 관찰이나 측정에 의해 얻어진 풍부한 데이터를 바탕으로 해야 함을 알 수 있다. 또한 이들 논쟁 사례는 귀추로부터 얻어지는 가설들이 성공할 수도 있고 실패할 수도 있음을 보여주는 좋은 예이다.

실패한 귀추의 또 한 가지 예는 '에테르 가설'이다.

하위헌스(호이겐스, Huygens)는 1678년에 빛의 파동 이론을 프랑스 학회에서 발표하였고, 1690년에 논문으로 출판하였다. 하위헌스는 아이슬란드 수정(calcite) 속의 이중 굴절에 대한 실험을 수행하였고, 이 현상을 그의 파동이론으로 설명하였다. 빛을 전달하는 매질의 필요성은 하위헌스가 빛이 파동이라고 했을 때부터 제기되었다. 빛이 파동이라면, 파동이 굽이칠 수 있는 어떤 물리적 실체가 필요하다. 이 물질을 '에테르'라고 불렀다. 19세기 초에는 한 때 뉴턴의 영향에 따라 빛을 입자라고 생각했지만, 1803년 영국의 과학자 토마스 영의 실험을 계기로 빛의 파동설이 다시 나타났다. 19세기 중반까지 빛이 수면파와 같은 성질을 가진 파동 현상이라는 증거가 계속 쌓여갔다. 영을 비롯한 빛의 파동설 지지자들은 빛이 전파될 매질이 필요하다고 생각했다. 그래서 빛을 전파하는 매질인 에테르의 탐지가 긴급한 과제가 되었다(Miller, 1996).

하위헌스(호이겐스) 또는 다른 과학자에 의해 '에테르(ether)'라는 명칭이 붙여졌겠지만 이 과정은 분명히 다음과 같이 설명될 수 있는 귀추 과정의 하나이다.

P: 빛의 파동 현상(빛의 복굴절)을 관찰하였다.

H: '빛의 매질(에테르)이 있다면' 이 현상을 설명할 수 있다.

R: 그러므로 빛의 매질(에테르)을 탐구할 좋은 이유가 있다.

특히 이 귀추 과정은 '소리나 물결과 같이 파동이 매질을 필요로 하는 것처럼 빛도 파동이기 때문에 매질을 필요로 할 것이다'라는 유비 추론에 의한 귀추이기 때문에 유비적 귀추의 하나이다.

에테르는 빛의 파동 이론에서 기본적인 요소이므로, 에테르를 실험적으로 입증하는 것은 불가결한 숙제였다. 실험가들이 직면한 가장 큰 문제는 지금까지 여러 가지 방법으로 빛의 속도를 측정한 결과는 상당히 정확하게 서로 일치한다는 점이었다. 그러나 빛의 파동 이론이 완전해지려면 에테르가 존재한다는 증거가 있어야 했다. 에테르의 존재를 검증하기 위한 실험이 1887년 봄과 여름에 걸쳐 마이컬슨과 몰리에 의해 수행되었다. 이 '마이컬슨-몰리 실험'은 에테르가 존재한다는 믿음을 기초로 수행된 실험이었다.

이 실험은 수직으로 교차하는 두 축에 의한 빛의 간섭 현상을 이용하여 에테르의 존재를 증명하고자 한 실험이었다. 한 축은 지구의 운동방향과 평행하게 하고, 다른 축은 지구의 운동방향과 수직하게 놓는다(그림 7-4 참조). 그런 후 이 간섭계 전체를 회전시키면 두 빛의 경로에 위상차가 발생하고 주기적으로 변하게 되므로 간섭무늬도 주기적으로 변화해야 한다. 하지만 이러한 예상과는 달리 간섭무늬에는 어떠한 변화도 나타나지 않았다. 이 실험은 에테르의 존재를 증명하려고 시도한 것이었지만 결과는 예상과 반대로 나왔고 오히려 에테르의 존재를 부정하는 실험이 되고 말았다.

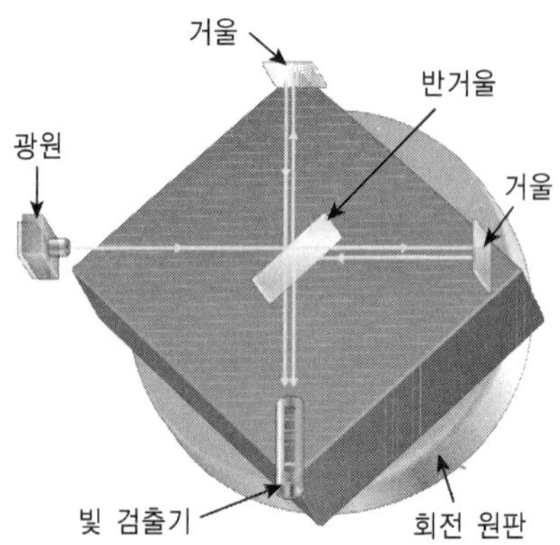

[그림 7-4] 마이컬슨-몰리 실험의 구조

이후로도 유사한 실험들이 감도(sensitivity)를 높여가며 여러 차례 수행되었고 1920년대에도 일련의 실험들이 수행되었으나 모든 실험들이 에테르의 존재를 부정하는 결과를 도출하였다. 모든 실험에서 지구가 에테르에 대해 정지해 있는 것과 같은 결과가 나왔고, 이것은 예측과 완전히 어긋났다(Eisele, Nevsky & Schiller, 2009; Herrmann et al., 2009; Michelson & Morley, 1887).

이렇듯 마이컬슨-몰리 실험과 그 이후 유사한 실험들이 에테르 존재를 찾는데 실패하고 아인슈타인의 상대성 이론이 성공하면서 에테르 가설은 이론으로 자리매김하는 데 실패하게 된다. 마이컬슨-몰리 실험이 실패하고 아인슈타인의 상대성 이론이 성공하면서 에테르 가설은 이론으로 자리매김하는 데 실패하게 된다. 상대성 이론은 에테르를 필요로 하지 않았다. 광속 불변의 법칙은 에테르 개념과 양립할 수 없는 것이었다. 오늘날 상대성 이론이 확고한 지위에 올라서고, 현대 과학에서 상대성 이론을 정설로 받아들이면서 에테르 가설을 폐기하였다.

성공적 귀추와 새로운 개념 또는 이론 형성

성공적 귀추를 통해 새로운 개념이나 이론을 형성한 예는 많이 있다. 그 대표적인 예는 앞에서 설명한 바와 같이 원자 이론의 발달이다. 원자의 구조에 대한 계속적인 성공적 귀추를 통해 이론을 발전시켜 오늘날의 원자 모형 이론에까지 이르렀다. 돌턴은 원자를 딱딱한 작은 입자일 것이라고 생각하고 다음 다섯 가지 핵심적인 이론을 발표했다(Thackray, 1966):

① 원소는 원자라고 하는 아주 작은 입자들로 이루어져 있다.
② 같은 종류의 원자는 크기, 질량, 그 밖의 성질들이 모두 같다.
③ 원자들은 쪼개지거나, 창조되거나, 소멸될 수 없다.
④ 화합물은 원자들이 일정한 비율로 결합한 것이다.
⑤ 화학반응에서 원자들은 결합하거나, 분리되거나, 재배열된다.

하지만 돌턴의 원자설 대부분이 과학적으로 맞지 않다는 것이 밝혀지면서 수정이 가해졌지만 돌턴의 원자론은 아직까지도 많이 다루어지고 있다.

이후 톰슨(Thomson)은 음극선 실험을 통하여 모든 원자에 같은 종류의 물질이 들어 있고 이 물질이 (−)극을 띤다는 것을 밝혀냈다. 이 음극선은 질량을 가지고 있으며 직진하는 성질이 있다는 것도 밝혀냈다. 후에 이 물질은 전자라고 밝혀졌으며 톰슨은 전체적으로 (+)극을 띤 원자 내에 (−)극을 띤 전자가 고루 퍼져있다는 푸딩 모형을 제시하였다. 전자의 발견으로 돌턴의 원자설은 좀 더 정교한 모형으로 발전하게 된다. 1897년에 전자를 발견한 톰슨에 의해 제시된 건포도 푸딩 모형은 1904년에 제안되었으며, 이때는 아직 원자핵이 발견되기 전이었다. 당시에 톰슨의 원자 모형은 양전하로 이루어진 구 속에 전자들이 일정한 간격으로 배치되어 안정된 구조를 이루고 있다는 이론이었다. 즉, 이 모형에서 원자는 양전하를 띤 물질 속에 음전하를 띤 전자들[25]이 양전하와 같은 전하량만큼 듬성듬성 박혀 있는 형태로 구성되어 있다. 이것은 마치 음전하를 띤 "건포도들"이 양전하를 띤 "푸딩" 속에 점점이 박혀 있는 모습이어서 과학자들은 이를 "건포도 푸딩 모형"[26]이라고 명명하였다. 전자들은 원자 전체에 위치하고 있는 것으로 생각되었다. 그러나 전자들은 무작위적으로 위치해 있는 것이 아니라 회전하는 고리에 위치하고 있다는 것이다. 이 원자 모형과 이론은 당시 다른 원자 이론보다 더 설득력 있게 받아들여졌으며 유럽 전체에 알려져 있었다고 한다. 물론 이 모형이 성공적인 모형은 아니지만 이 모형을 거치면서 현대적인 원자 모형으로 발전해 왔다는 것을 간과해서는 안 된다. 비록 원자의 양전하 부분은 모호하고 잘못 정의되긴 했지만, 지금의 원자 이론에 있어서도 적어도 원자의 일부는 톰슨이 주장한 음전하의 입자들로 구성되어 있는 것으로 설명된다. 톰슨은 다음과 같은 관점을 가지고 있었다:

> "… 원소들의 원자들은 음으로 대전된 입자들이, 양전하로 고르게 퍼져 있는 구 속에 갇혀 있는 형태로 구성되어 있다." (Thomson, 1904a)

---

25) 톰슨은 이때까지는 전자라는 용어를 사용하지 않고 이들을 "입자들(corpuscles)"이라고 불렀다.

26) 톰슨의 원자 모형은 톰슨 자신이 그렇게 부른 것은 아니지만 다른 과학자들에 의해 영국의 디저트 음식인 건포도 푸딩에 비교되었으며 그것으로부터 이 이름을 가지게 되었다.

이 톰슨의 원자 모형은 1909년에 수행된 금박 실험과 1911년 이에 대한 러더퍼드의 해석, 즉, 양전하가 원자의 중심에 있고 아주 작은 영역을 차지하는 핵을 이루어야 한다는 해석으로 인해 오류인 것으로 증명되었다. 1909년 러더퍼드와 그의 제자들은 알파입자를 얇은 금박에 충돌시켰을 때, 형광 스크린에 생긴 섬광으로 알파입자가 어떻게 이동하는지를 조사하였다. 그 결과 대부분의 알파입자들은 그가 예상했던 대로 금박을 거의 직선으로 통과했지만 약 20,000개 중 1개 정도의 알파입자는 큰 각도로 휘어졌으며, 어떤 것은 진행하던 방향과 반대 방향으로 되튀어 나왔다. 알파입자는 에너지가 매우 높은 (+)전하를 띤 입자라서 톰슨의 가설대로라면 그냥 금박을 뚫고 나가야 한다. 그러나 나아가던 방향으로 되튀어 나오거나 큰 각도로 휘어졌다는 것은 원자 안에 매우 무거우면서 (+)전하를 띤 무엇인가가 있어야 한다는 것을 의미했다. 러더퍼드는 이 입자를 원자핵이라고 명명하였고 전자가 행성처럼 원자핵 주위를 돈다고 생각했다. 그러나 이 이론은 전자가 결국에는 원자핵에 충돌해야 한다는 역학적인 불안정성 문제와 수소 원자의 선스펙트럼을 설명할 수 없었다.

러더퍼드의 원자 모형은 이후 보어(Bohr)에게 영감을 주어 고전물리학에 의한 원자모델의 결정판인 보어 원자 모형에 이르게 된다. 보어는 원자 내에 전자기파를 방출하지 않고 전자가 안정하게 회전할 수 있는 궤도가 존재한다는 가설을 세웠다. 고전 전자기학 이론에 따르면 전자 회전에 의해 전자기파가 방출되어야 하지만 원자의 세계는 예외라는 것이다. 이 가설로 보어는 원자의 안정성 문제를 해결했으며, 수소 원자의 선스펙트럼을 유도하였다. 이러한 보어의 모형은 당시에는 혁명적인 것이었다. 하지만 수소 원자 외에 다른 원자에 대한 선스펙트럼을 설명할 수 없었으므로 나중에 수정되었다.

1927년 하이젠베르크는 양자 역학을 이용하여 전자의 위치와 속력을 동시에 정확하게 측정할 수 없다는 불확정성 원리를 발표하였다. 따라서 전자의 속도와 위치를 정확하게 결정할 수 있다는 보어의 이론은 맞지 않는 것이 되고 말았다. 현대적 원자 모형에 따르면, 전자가 어떤 운동을 하는지 어디에 있는지는 정확히 알 수 없으며, 전자가 존재할 확률만을 알 수 있다. 오비탈이란 전자의 존재 확률 분포를 나타낸다.

이 밖에도 패러데이의 전기와 자기 이론, 다윈의 진화론 등이 성공적인 귀추를 통해 이론을 발전시켜 가는 대표적인 예에 속한다. 이에 대해서는 앞에서 충분히 설명하였으므로 여기에서는 귀추의 다른 속성들과 역할에 대해 설명하고자 한다.

귀추에 따른 문제 해결 후의 새로운 문제 발견

행성 운동의 법칙에 대한 귀추적 사고 외에 케플러(Kepler)의 또 다른 과학적 문제 발견과 가설 형성은 '사람이 어떻게 물체를 눈으로 지각하는가?'의 문제를 해결하는 과정에서 볼 수 있다. 케플러가 망막 상 이론을 발견했을 때, 그는 '천문학에서의 광학 부분(The Optical Part of Astronomy)'과 '화성 이론에 대한 논의들(Commentaries of the Theory of Mars)'이라고 하는 두 권의 책을 집필하는데 몰두해 있었다. 그는 그 집필을 위해 광학에 대한 여러 문헌들을 참고하기 시작했고, 인간의 눈의 기능을 탐구할 필요를 느꼈다(Ferguson, 2002). 그는 광학의 관점에서 그 당시 비텔로(Witelo)의 시각에 관한 설명을 분석하기 시작하였는데, 왜냐하면 비텔로는 중세 학자인 알하젠(Alhazen, 원래 이름은 Al Hatham)의 이론에 크게 의존하여 시각에 관한 책을 완성하였으며, 비텔로의 책이 그 당시에는 광학에 관한 가장 종합적인 저술이었기 때문이다(Crombie, 1990; Wade, 1998). 그런데, 케플러는 그 책에서 비텔로가 시각 상(visual image)에 대한 광학적 분석을 생략했다는 것을 발견하였으며 스스로 광학적 분석을 시도하였다(Wade, 1998). 이 분석을 통해 케플러는 비텔로 및 그 이전 학자들의 이론이 잘못되었다는 것을 발견하게 된다(Ferguson, 2002). 그러면, 시각 상에 대한 비텔로의 설명은 무엇이었으며, 그 이론에는 무슨 문제가 있었는가? 이에 대해서는 제4장 과학자들의 문제 발견 패턴에서 제시하였다.

간단히 다시 설명하면 다음과 같다: 알하젠은 시각은 물체로부터 보내진 빛에 의해 유발된다는 이론을 받아들였다. 눈의 감각 부분인 수정체(그 당시에는 glacial humor 라고 함)는 단지 그것에 수직으로 들어오는 빛에 대해서만 반응하여, 눈의 중심이 꼭짓점이 되고 시각 세계(visual field)가 밑면이 되는 원추를 형성한다고 설명하였다(Crombie, 1990; Lindberg, 1976). 그는 수정체에 상이 생긴다고 믿었던 갈렌(Galen)의 생각을 따르고, 유클리드(Euclid)에 의해 세워진 기하 광학과 톨레미(Ptolemy)의 원추를 조합하여 시각의 메카니즘에 대한 분석을 시도하였다. 그는 [그림 7-5]와 같이 물체의 모든 점으로부터 광선들이 눈으로 보내지고 각막에 수직으로 만나 통과하여 수정체로 보내진다고 생각하였다. 그리고 수정체의 앞면에 수직으로 들어오는 광선들만 감각되어 물체의 각 점들에 대응하는 점들로 구성된 상을 생성하게 된다고 설명하였다(Lindberg, 1976, pp.82-85). 그러나 그는 한 가지 어려운 문제를 피해가야만 했다. 광학적으로 보면, 수정체의 앞면에 입사한 광선들은 수정체를 통과한 후 유리액(vitreous humor)으로 들어와서는 수정체 곡률 중심에서 교차한 다음, 눈 뒤에 있는 신경 부분에 도립상을 만들게 된다. 알하젠은 이러한 도립상을 받아들일 수 없었다. 그래서 그는 곡률 중심으로 향하던 광선들이 교차되기 전에 수정체 뒷면에서 각각이 서로 멀어지도록 굴절하여 교차하지 않고 감각 신경에 도달한다고 생각했다. 그러나 문제는 이미 톨레미가 소한 매질에서 밀한 매질로 경계면에 비스듬히 입사하는 광선들은 경계면에 그은 법선 쪽으로 굴절하며, 밀한 매질에서 소한

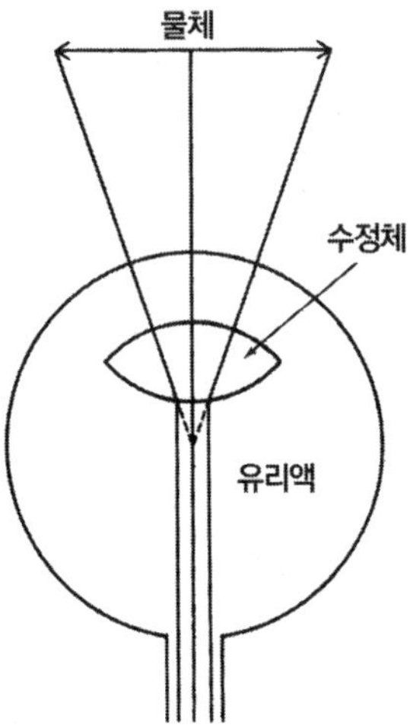

[그림 7-5] 시각에 대한 알하젠(Alhazen)의 생각
(자료원: Lindberg, 1976, p.82)

매질로 입사하는 광선들은 법선에서 멀어지는 방향으로 굴절한다는 것을 증명했다는 점이다. 그래서 그는 그가 요구하는 방향으로 광선들이 굴절하도록 하기 위해, 수정체가 유리액보다 광학적으로 더 소한 매질이라고 가정해야만 했다(Crombie, 1990; Lindberg, 1976).

16세기에는 비텔로가 알하젠의 이론을 대부분 받아들여 그것을 기초로 책을 집필하였으며, 1572년에 출판하였다. 그러므로 본질적으로 그 책 속의 이론들은 알하젠의 이론들이라고 볼 수 있다(Crombie, 1990; Wade, 1998).

위에서 언급한 바와 같이, 케플러는 그 자신의 필요에 의해서 비텔로의 시각에 관한 설명을 분석하였다. 그때 그의 분석은 그 앞의 과학자들이 했던 것과 마찬가지로 투명한 구(sphere)를 통과하는 빛에 한정되어 있었다. 케플러는 투명한 구 앞에 작은 구멍을 놓음으로써 시각과 비슷한 환경을 만들어 실험한 다음 비텔로 이론과 비교하였다. 이 내용은 [과학적 문제 발견 사례]에서 설명하였으며, 이 분석에 따른다면, 상의 위치는 수정체의 앞면이 될 수가 없다. 케플러는 이러한 광학적 실험 결과와 분석을 믿었기 때문에, 광학적 분석 결과와 일치하지 않는 알하젠과 비텔로의 시각 이론에 대해 의심을 갖게 되고, 새로운 시각 이론을 세우기 위해 노력하게 된다(Crombie, 1990). 케플러는 앞에서 보였던 투명한 구를 통과하는 광선들의 분석이 약간의 수정을 거치면 사람의 눈의 기작을 분석하는데 적용할 수 있는 것으로 간주하게 된다. 그러면 수정체는 구형으로 볼 수 있는가? 완전한 구형은 아니지만 투명한 구에서의 광학적 분석이 적용되기에 충분하다고 보았다. 케플러는 안구의 앞면이 구형 또는 타원형이며 수정체의 뒷면은 쌍곡면이라고 생각했다(Lindberg, 1976, pp.193-194).

케플러는 물체의 모든 점들에서 수많은 직선의 빛 흐름이 있으며, 무한대까지 진행하고, 이렇게 방출되는 모든 빛들을 광선으로 볼 수 있다고 생각했다(Kepler, 1990; Wade, 1998). 그는 또한 보이는 물체의 각 점에서 나오는 광선들이 각막 전체와 동공을 통과하고, 물체의 각 점이 꼭짓점이 되고 동공이 밑면이 되는 원추를 형성한다고 생각했다. 이러한 케플러의 생각은 과거 알하젠 및 비텔로의 생각과는 정반대되는 것이었다. 그 광선들은 각막을 지나면서 약간씩 굴절하여 수정체 표면으로 들어오게 된다. 케플러는 그의 책 [De Mono Visions](Crombie, 1990)에

서 그 과정을 다음과 같이 설명하였다:

> “각막과 그 바로 밑의 액체는 공기보다 밀하기 때문에 물체의 한 점에서 각막에 비스듬히 보내진 광선들은 법선 쪽으로 굴절한다. 그러므로 처음에 공기 중으로 퍼져나간 광선들은 동공으로 수렴하고, 이 광선들은 동공에 도달하기 전에 있는 밀한 액체를 통과하면서 비교적 크게 굴절하여 동공에 도달한 다음, 더 진행하여 수정체의 표면으로 들어가게 된다.”

이렇게 물체의 각 점들은 유사한 원추를 형성하게 되는데, 모든 원추들은 동공에서 교차하여, 왼쪽 점에서 온 광선들은 오른쪽으로, 위의 점에서 온 광선들은 아래쪽으로 진행하게 된다(Lindberg, 1976, p.193). 이것이 그의 빛 이론에 기초한 망막 상 형성 과정이며, 이 이론은 현대 시각 이론의 기초가 되었다.

이렇게 하여 케플러는 그의 망막 상 이론의 결론을 맺게 된다. 물체로부터 수정체 표면으로 들어오는 광선들이 만드는 셀 수 없이 많은 원추들, 물체 위의 각 점이 꼭짓점이 되고 수정체 표면이 밑면이 되는 수없이 많은 원추들로 물체를 보게 되는 원리를 개념화하였다. 이것은 그때까지의 어떤 과학자도 생각해내지 못한 놀라운 도식이었다. 케플러가 도입한 원추형 복사에 대한 생각은 중세 과학자들도 분명이 가지고 있었지만 원추의 모양이 반전되어야 한다는 생각은 누구도 하지 못했던 것이다(Lindberg, 1976).

광선에 대한 아이디어를 적용하면서, 케플러는 처음으로 바깥세상의 상이 안구 속의 수정체에 생기는 것이 아니라는 것을 깨달았다. 케플러는 물체의 상이 도립으로 망막에 맺힌다는 것을 발견했지만 그것을 우리가 어떻게 바로선 상으로 느끼는 것인지는 설명할 수 없었다(Ferguson, 2002). 이것도 해결해야 할 새로운 문제이지만 또한 그는 망막 상이 어떻게 생기는가에 대한 이론을 형성한 후에 ‘이차원적으로 생기는 망막 상으로부터 우리는 어떻게 삼차원적으로 세계를 인식하는가?’라는 새로운 문제를 제기하였다(Wade, 1998). 케플러는 이 문제를 제기했을 뿐 실제로 문제 해결은 다른 과학자들에 의해 이루어졌다.

새로운 아이디어의 받아들임과 무시의 차이

앞에서 본 바와 같이 예기치 않은 발견 또는 새롭고 놀라운 관찰이 일어났을 때 과학자 사회의 반응은 두 가지인데, 즉, 받아들이거나 무시하는 것이다. 그런데 그 경우에 받아들여야 할 것을 받아들이지 않거나 무시되어야 할 것이 오히려 받아들여지는 경우가 있다. 당시의 과학적 시대 상황으로 볼 때 받아들일 수밖에 없었던 것 아닌가라고 말할 수도 있겠지만 에테르 가설은 무시되었어도 되는 것이지만 받아들여진 경우이고, 1934년 페르미(Fermi)가 원자 번호 92번보다 더 높은 번호의 원자의 생산 가능성이라는 논문을 발표했을 때, 오히려 우라늄이 가벼운 원자 번호를 가진 몇 개의 큰 파편으로 쪼개질 수 있다고 귀추했던 노닥(Noddack)의 주장은 무시되었다. 그러나 그 후 4년 뒤 한(Hahn)과 스트라스만(Strassman)에 의해 원소가 2개의 조각으로 쪼개진다는 가설이 다시 한 번 제기되었으며 이번엔 그 주장이 무시되지 않았다. 반대로 아주 주목을 받았다. 헤르만(Herrmann)은 노닥(Noddack)의 주장이 핵분열의 예언으로 받아들여질 수 없었던 이유로, 노닥 스스로 자신의 논문을 실험해 볼 만큼 충분히 의미 있는 참신한 제안이라고 생각하지 않았기 때문이라고 말하지만, 코페르니쿠스가 태양중심설을 제기했을 때의 케플러와 갈릴레오 등의 태도와는 많이 다름을 보인다(Anderson, 2009). 이 경우에는 코페르니쿠스는 더 이상 진전시키지 못했지만 다른 과학자들이 이 일을 수행했다는 것이다.

앤더슨(Anderson, 2009)은 쿤이 발달시킨 분류학의 이론으로 이 현상을 설명하였다. 그것은 어떻게 변칙이 매우 다양한 종류의 발견을 촉진할 수 있는가를 설명하고 또한 그런 변칙을 수용하고, 그 배경에서 왜 어떤 과학자는 그 발견을 거부하고 무시하지만 다른 일부 과학자는 받아들이는지 각 과학자들의 개념적 구조 사이의 차이점을 설명하였다. 쿤의 이론에 따르면 분류학적인 개념 구조는 물체들을 유사 종류로 그룹화하는 것에 의해 세워진다. 이 그룹화는 필요충분조건에 의해 결정되지 않고, 범주 내에 있는 물체들 사이의 유사성과 대조적인 범주에 있는 물체들과의 비유사성에 의해 결정된다. 이러한 그룹화는 분류도(a taxanomy)를 만들게 되는데, 만일 어떤 변칙 사례가 발견되면 그것은 기존의 분류도의 구조 안에 수용될 수 있거나, 그렇게 되지 않으면 분류도 구조 자체를 변화시키게 된다.

분류도 개념의 유사성 평가에 따라 변칙 사례의 심각한 정도는 계층구조(graded structure)라고 불리는 현상에 연결된다. 이런 계층구조는 왜 모든 예외들이 동등하게 중요하지 않은지를 설명해 줄 수 있다. 만약 다른 특징을 가진 것으로 판명된 하나의 대상을 만난다면 이것은 심각한 예외일 수 있고, 그것은 명백하게 개념구조의 적절성에 대해 의문을 제기할 수 있다. 그러므로 계층구조의 분석은 왜 주어진 변칙 사례가 중요하게 혹은 중요하지 않게 판명되는지를 설명하고 왜 분류도의 재구성이 받아들여지거나 그렇지 않은지를 설명할 수 있다.

예를 들면, 1936년 보어는 물방울 유비를 소개하였는데 이것은 '핵'을 '진동하는 작은 물방울'로, '붕괴'를 '증발'로 비유하였다(Bohr, 1936). 이것은 인공 유도 붕괴과정의 분류도에 깔려있는 원칙의 변화이고, 그래서 분류도를 변화시켰다. 보어는 극단적으로 격렬한 충격 때문에 전체 핵의 폭발이 이론적으로 가능하다는 것을 명백하게 기록하였다. 그러나 비록 이 새로운 작은 물방울 유비가 분류도의 가능성을 넓혔지만 핵폭발은 존재할 필요가 없는, 단지 잠재적 현상으로만 소개되었다.

보어는 폭발을 일으키기 위해서 필요한 에너지는 실험실 실험으로는 한계가 있다고 명확하게 말했다(Bohr, 1936, p.348). 그래서 새로운 현상을 찾아야 했다. 게다가 비록 보어가 폭발의 마지막 생성물이 무엇이 될 것인가에 대해 상세화하지 않았다. 하지만 보어가 [그림 7-6]에서와 같이, 핵을 '여러 개의 당구공이 담긴 그릇'으로 유비했음을 볼 때, 그는 폭발 생성물이 큰 조각이 아니라 작은 소립자로

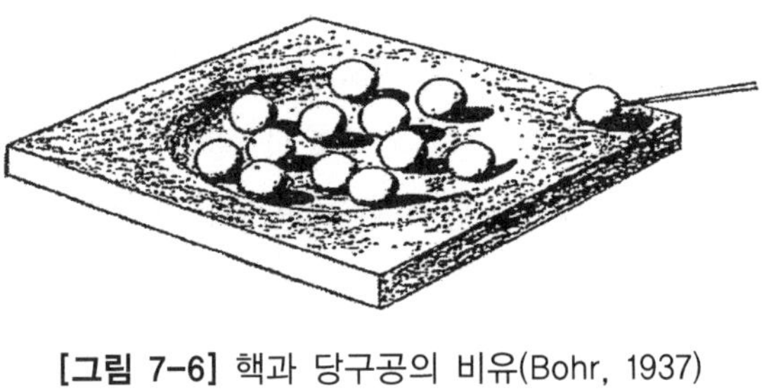

[그림 7-6] 핵과 당구공의 비유(Bohr, 1937)

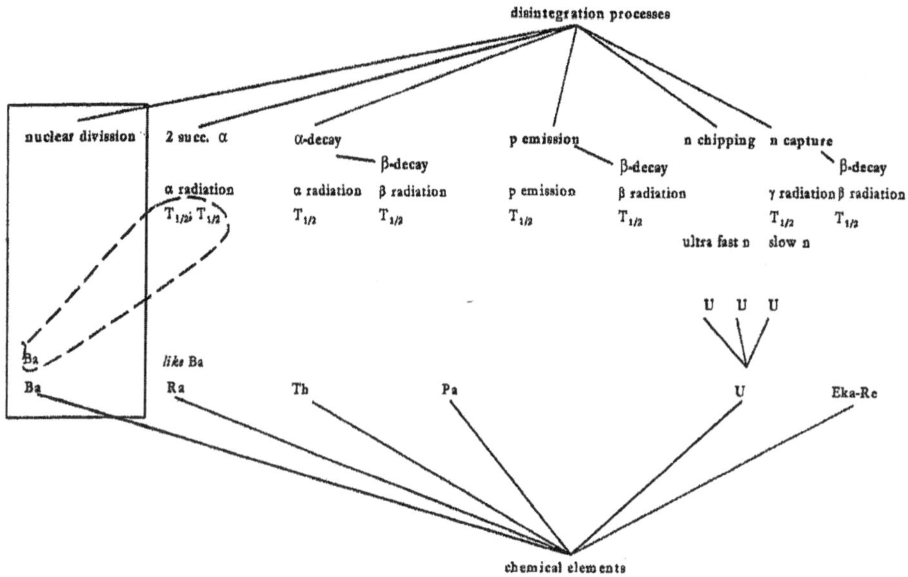

[그림 7-7] 한과 스트라스만의 원소 분류(자료원: Anderson, 2009, p.21)

생각한 것 같다. 그러므로 폭발에 이르기 위해 필요한 에너지 한계에 도달하더라도, 이미 당시에 알고 있는 과정과는 별다를 게 없는 현상이라고 보어는 예상했다는 것이다. 사실상 아무도 보어의 모형이 분류도의 잠재성을 넓힐 수 있을 것이라고 예상하지 못했다. 1938년 말 한(Hahn)과 스트라스만(Strassman)의 실험에 의해 원소 분류학은 인공 붕괴 과정을 포함한 분류학에 맞지 않음이 발견되었다. 그러나 노닥(Noddack)과 그로스(Grosse)에 의해 제기된 변칙(예외)들과는 반대로 이 시기에 그 예외는 원소 분류학의 잘 연구된 부분으로 포함되었다(그림 7-7).

한(Hahn)은 노닥(Noddack)이 했던 것과 같은 방법으로 재분류를 했는데, 이는 새로운 분열과정을 가정한 것이다. 여기서 차이점은 노닥의 경우엔 새로운 분류학을 설명하기 위해 그녀의 주장을 뒷받침해줄 이론이 없었던 것에 비해, 한과 스트라스만의 경우에는 있었다. 그러나 단지 부분적 설명에 지나지 않는다. 분류학의 변경은 그것을 설명하기 위한 어떠한 이론도 없을지라도 받아들여졌을 수도 있다. 그러므로 한과 스트라스만의 발견에 대한 즉각적 수용은 설명이 가능하였기 때문이라고 볼 수 있지만, 그렇다고 주장의 수용거부에 대해서는 이론의 부족만으로 설명할 수 없다. 새롭고 혁명적인 발견을 받아들이는 것은 단지 발견을 설명할 수 있는 사용가능한 이론이 있는가에 대한 질문이 아니라 혁명적인 발견을 받아들임에 의해 어떤 문제들이 풀릴 것인가에 대한 질문이다.

여기서 우리가 본 것은 유사성 개념은 일치상황에서는 개념의 명백한 사용을 설명하고, 불일치의 비상 상황을 설명하기 위한 수단의 필요성을 제공한다. 그렇다고 모두 받아들여서는 안 된다. 그래야 한다는 믿음 때문에 과학의 발달이 늦춰진 예들이 많이 있기 때문이다. 그러기에 늘 비판적 사고(critical thinking)가 필요하다.

두 가지 개념에 대한 상호 귀추를 통해 개념을 완성해 가는 경우

앞의 장에서 설명한 예에서 보인 것처럼 패러데이는 자기력선과 전기력선 개념을 형성하면서 두 가지 개념으로부터의 상호보완적 귀추적 사고를 사용하여 발전시켜 갔다. 이 또한 귀추의 속성 중의 하나이며 그 과정을 요약하면 다음과 같다.

패러데이는 자석 주위에 뿌려진 철가루의 배열 상태를 세심하게 관찰하였다. 패러데이는 자석 주위의 철가루 배열에 대해 수없이 많은 관찰을 통해 자기력선이 존재하고, 자기력선은 곡선으로 휘어지며, 자기력선 방향은 휘어진 곡선상의 점들에서의 접선방향이라는 것을 추론하였다.

패러데이는 관찰을 매우 중요하게 생각하였는데 그가 관찰을 중요하게 생각하였다고 하는 것은 [그림 7-8]과 같이 자석 주위의 철가루 배열을 그린 다양한 형태의 수없이 많은 그림을 보면 알 수 있다. 관찰 후 철가루 배열에 대한 적절한

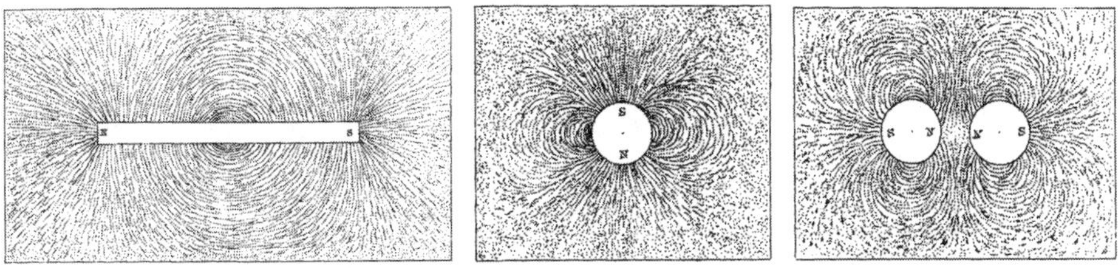

[그림 7-8] 패러데이가 그린 여러 자석 주위의 철가루 배열 모습
(자료원: Faraday, 2005, Appendix)

설명을 시도하였다. 뿐만 아니라 다양한 형태로 자석을 배열하면서 변화되는 상황에 대한 인과적 질문을 통하여 자기력선 개념을 정립하게 된다. 처음에는 막대자석 1개 주위의 철가루 배열을 관찰하였으며 1차적으로 철가루 배열에 대한 설명을 하는 과정에서 귀추적 사고를 한다. 다음에는 막대자석 2개, 또는 원형자석 1개, 2개 등을 사용하여 변화에 대한 원인을 탐구하였다. 이 과정은 상황/조건 변화를 통한 새로운 탐색과정으로 볼 수 있다. 이렇게 하여 자석에 의한 자기력선에 대한 개념을 발견하였고, 이어서 자석 가까이에 여러 가지 자성 물체를 두었을 때 철가루의 배열 상태가 달라지는 현상을 관찰하고 인과적 질문과 탐구를 통해 강자성체가 자화되는 현상에 대해 설명할 수 있었다.

패러데이는 '자석 내부에도 자석 외부와 동일한 자기력선이 존재할까?'라는 의문을 가진다. 그리고 이 의문을 확인하기 위한 실험을 고안하였다. 패러데이는 자석 두 개 사이에 도선을 넣고 두 자석을 단단히 접착한 다음, 자석과 도선의 운동 상태에 따라 유도전류가 흐르는지 여부에 따라 자석 내부의 자기장을 확인할 수 있는 실험장치 [그림 7-9]를 고안하였다. 자신이 그린 [그림 7-9]의 (a) ~ (b)을 통해 자석을 고정시키고 도선을 180° 회전시킬 때는 도선에 유도전류가 형성되었지만, 도선과 자석이 동시에 회전할 때는 어떤 전류도 유도되지 않았음을 관찰하였고, 이 실험을 통하여 자석 내부에도 자기력선이 존재함을 증명하였다 (Faraday, 1832). 이 과정은 [자석 내부에도 자기력선이 존재한다는 가설 설정-실험 설계-실험 수행-결론 도출]의 과정으로 볼 수 있다(정성오 외, 2015).

외르스테드(Oersted)가 전류에 의해 자침이 영향을 받는다는 사실을 발견한 후, 패러데이와 그의 스승 데이비(Davy)는 외르스테드가 발견한 현상을 선명하게 보여주는 방법을 연구하였다. 데이비는 전선을 수직으로 세우고 둘레에 자침을 놓고 자침이 가리키는 방향을 원판에 화살표로 그려 넣었고, 철가루를 뿌려서 도선 둘레에 생기는 동심원의 배열을 확인하였다. 패러데이는 코르크 원통을 이용하여 전류의 방향과 자기 작용의 방향을 표시하는 화살표를 그려 넣고, 실험을 할 때 자신이 예측할 수 있는 것이 무엇인지 파악하였다. 그리고 고정된 도선 주위의 여러 위치에서 자침의 운동을 관찰하고 그림으로 표시하였다. 이때 패러데이는 도선을 중심으로 둘레에 자침을 그리는 방식이 아니고, 자침을 중심으로

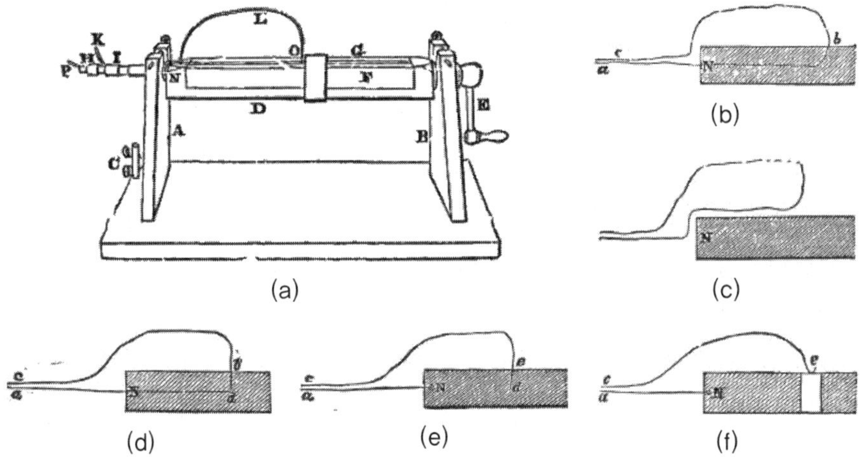

[그림 7-9] 패러데이가 자석 내부 자기장을 조사하기 위해 고안한 실험 기구와 방법
(자료원: Faraday, 2005, pp.333-347)

도선의 위치에 따른 인력과 척력을 표시하는 방법으로 도선과 자침사이에 작용하는 복잡한 인력과 척력 관계를 단순한 회전 운동의 일부로 깔끔하게 설명할 수 있었다. 이어서 자석과 도선을 평행하게 설치한 장치를 만들어 전류 주위의 자기회전 현상을 실제로 구현하는데 성공하였다. 이 과정은 '자침의 운동 관찰－자침 위치에 따른 변화 원인에 대한 인과적 질문－전선 둘레로 자석이 회전할 것이라는 가설 설정－실험 설계－실험 수행－결론 도출'의 과정으로 볼 수 있다(정성오 외, 2015).

1835년 패러데이는 정전기 유도현상에 대해 탐구하였다. 패러데이는 전기분해 실험과 분극 상태에 놓인 입자들의 관찰을 통하여, 정전기 유도가 인접한 입자들에 의한 작용이며 중간 매질의 영향을 통하지 않고서는 원거리 작용이 일어나지 않을 것이라고 추론하였다. 그리고 전기적 긴장을 유지시키는 능력으로 절연체와 도체를 구분하였는데 절연체는 전기적 긴장을 유지시키는 능력이 강하고, 도체는 내부 입자들 사이의 긴장이 쉽게 끊어짐으로써 방전된다고 해석하였다. 그러므로 같은 도체 면에서는 (+)전하와 (－)전하가 존재할 수 없다고 생각하고 '패러데이의 케이지'라는 실험을 통하여 이를 증명하였다. 1836년 1월 패러데이는 나무로 사람 크기의 새장(cage)을 만들고 그 위에 은박을 덮고, 정전기 발생장치로 새장을 대전시킨 후 검전기로 새장의 안쪽과 바깥쪽을 조사하였다. 결과는 새장 바깥쪽은 대전되어 있었지만 안쪽은 아무런 전하도 검출되지 않았고, 그의 추론과 일치함으로써 전기현상의 근본 원리가 유전체 매질을 통한 유도 작용이라고 주장할 수 있게 되었다(Faraday, 2005). 이 과정은 '분극상태 관찰－설명을 위해 전기분해 현상을 유전분극 현상에 적용하는 귀추적 사고－인과적 질문을 통한 가설 설정－실험 설계－실험 수행－결론 도출'의 과정으로 볼 수 있다(정성오 외, 2015).

이어서 패러데이는 정전기 유도가 분극 긴장을 유지하는 매질의 능력에 따라 차이가 있다고 생각하고 실험 장치를 만들어 각 물질들의 전기용량을 측정하였다. 결과는 정전기 유도현상이 유전체에 의존한다는 것을 증명하였다. 그런데 이 실험의 과정에서 장치의 완전 방전 여부를 확인하기 위해 검전기를 움직이는 동안 검전기의 금속박이 살짝 벌어졌다가 대전된 공에 접촉시키자 닫히는 현상을 발견하였다. 그 원인이 절연체에 남아 있던 미세 전하 때문임을 알았는데 이 전하가 어떻게 중간에 있는 커다란 금속 공을 지나 작용할 수 있었는지에 대한 의문이 생겼고 여기서 패러데이는 전기 유도력선이 조건에 따라 휘어지며, 선이 휘었다는 것은 인접한 입자들을 통한 유도작용의 결정적인 증거라고 결론지었다. 이 과정은 '관찰－인과적 질문－자기력선 개념 귀추에 의한 정전기 유도력선 개념 도입'으로 볼 수 있다(정성오 외, 2015).

교육적 시사점

본 장에서 고찰한 과학자의 귀추적 사고의 역할과 속성으로부터 과학 창의성 교육을 위한 몇 가지 중요한 시사점을 얻을 수 있다. 첫째, 위의 세 가지 귀추적 사고에서 공통적인 점은 창의적 과학자들이 문제를 인식하고 정교화하는 과정에서 문제를 이상화하고 단순화했다는 점이다. 케플러는 복잡한 시각 현상을 광선을 이용하여 그림으로 나타냈고, 갈릴레오는 공기나 물 속에서의 물체의 낙하 문제를 진공 속에서의 물체의 낙하로 단순화하고 이상화하였으며, 카르노는 열기관의 복잡한 기작을 폭포에서의 수차의 동력 생산 과정으로 비유하여 문제를 단순화하고 이상화하였다. 그리고 문제를 단순화하거나 설명을 단순화하기 위해 필요한 수학을 적절하게 사용하였다는 점이다. 케플러는 유클리드 기하학을 이용하여 시각 현상을 도식화하였고, 갈릴레오는 낙하 물체의 거리를 측정하고 계산하는 데 수학을 사용하였으며, 카르노는 열기관의 효율을 계산하는 데 수학을 이용하였다. 이것은 학생들로 하여금 주어진 문제를 이해하고 해결하는데 단순화하고 이상화하는 능력을 기르도록 할 필요가 있음을 시사해 준다.

둘째, 귀추적 사고 과정에서 배경 지식을 활용하는데 있어 케플러는 실제 실험과 분석을 통한 귀추적 사고를, 갈릴레오는 사고 실험과 관찰을 통한 귀추적 사고를, 카르노는 비유 추론을 통한 귀추적 사고를 한 것과 같이 다양한 사고 패턴이 있음을 경험하게 하고, 창의성 교수 학습 자료를 개발하는 데 있어서 창의적 과학자들이 보였던 비판적 분석 활동을 학생들도 경험하도록 주어질 필요가 있다. 이 과정에서 학생들은 대안적 가설들을 생성해보고 그 분석 결과들을 설명하는 시도를 할 수 있으며, 기대되는 결과들과 분석 결과들을 비교함으로써 대안적 가설들을 검증하는 활동을 해 볼 수 있다.

창의적 과학자들이 문제 해결을 한 뒤에 새로운 과학적 문제나 새로운 연구 가설을 생성한 것을 학생들로 하여금 경험할 수 있도록 창의성 교수 학습 자료가 개발되어야 한다. 케플러는 시각 이론의 문제를 성공적으로 해결한 후에 '이차원적인 망막 상으로 우리는 어떻게 삼차원적으로 세계를 인식하는가?'라는 새로운 문제를 제기하였으며(Wade, 1998), 앞에서 본 바와 같이 카르노는 비유 추론의 과정에서 열기관의 효율이라는 새로운 연구가설을 형성하였다. 즉, 학생들 스스로 수행한 과학적 문제 해결에 대한 경험이 그들로 하여금 새로운 과학적 문제들을 발견하는데 도움을 줄 수 있으므로, 교수 학습 과정에서 프로젝트 학습이 끝난 뒤에 새로운 연구 문제를 제시하도록 하는 활동을 포함할 필요가 있다.

영의 사고과정은 비유추론의 과학사적 역할에 대한 한 가지 사례로 포함될 수 있으며, 과학에서의 비유추론의 중요성을 설명하는 구체적인 근거가 될 수 있다. 특히, 어떤 두 가설의 비교 우위를 논증하는 데 비유추론이 어떻게 사용될 수 있는지, 그리고 새로운 과학 개념 또는 이론을 형성하는 데 비유추론이 어떻게 사용될 수 있는지를 보여주고 있다. 또한 비유추론의 학습에서 단순히 유사성을 발견하는 것에서 그치지 않고 그 유사성으로부터 새로운 개념이나 이론으로 나아가는 것이 창의성에서 중요하며, 약한 논리라고 알려져 있는 비유추론이 때로는 강한 논리로 작용할 수 있음도 지도할 수 있다.

본 장에서의 사례들은 과학에서 관찰의 이론의존성을 타파하는 것이 얼마나 중요한가 하는 것을 잘 보여준다. 가느다란 물체에 의해 나타나는 그림자 현상을 뉴턴과 영이 모두 관찰하였지만 뉴턴은 빛의 회절 현상으로 보지 않았고 영은 빛의 회절 현상으로 해석했다는 것이다. 이것은 학생들로 하여금 자신의 생각이나 이론에 의존하지 않고 '증거에 기초한 관찰'의 중요성을 설명하는 자료가 될 수 있으며 과학교육에서 증거에 기초한 관찰을 훈련할 필요성을 제시해 준다.

영은 그의 탐구 과정에서 뉴턴이 당시 대단히 권위 있는 과학자임에도 그 권위에 순응하지 않고 비판적으로 뉴턴의 글을 해석하였고, 빛의 파동 이론에 대한 논증의 과정에서도 자신의 가설이 유일하지 않을 수 있다는 개방적 마음을 보였다. 이러한 사례들은 과학교육에서 비판성, 개방성이 무엇인가를 보여주는 자료가 될 수 있으며, 과학에서 비판적 태도, 개방적 태도의 중요성을 보여주는 좋은 사례들이다.

|제8장|

과학에서 유비(비유)와 귀추의 관계

유비와 귀추는 구분하여 사용하지만 그 의미가 겹치는 부분이 있다. 우선 유비와 귀추 각각을 설명하면 다음과 같다.

'유비'는 과학사와 과학철학에서 주로 사용되는 용어로 영어로는 'analogy'이다. 이 'analogy'는 과학교육에서도 자주 사용되는 용어이며, 과학교육에서는 주로 비유 또는 유추로 번역되어 사용된다. 국어사전(교학사, 2004)에서는 '유비'를 '맞대어 비교함, 또는 서로 다른 사물 상호간에 대응적으로 존재하는 유사성이나 동일성'이라고 설명하고 있고, '비유'는 '어떤 사물의 모양이나 상태 등을 직접 밝히지 않고, 그것과 비슷하거나 연관성이 있는 다른 사물에 비기어 이해하기 쉽도록 표현하는 일'로 정의하고 있다.

국문학에서 '비유'는 직유와 은유를 통칭하긴 하지만, 일반적으로는 주로 직유의 의미로 많이 쓰이므로 국문학에서의 비유는 영어로는 parable 또는 allegory에 가깝고, 은유는 별도로 metaphor의 의미를 가진다. 그러므로 과학사와 과학철학에서 사용되는 'analogy'는 우리말의 유비 또는 유추의 의미가 강하다고 볼 수 있고, 설명적 비유보다는 발견적 비유[27]의 의미를 가진다고 볼 수 있다(김

27) 설명적 비유는 추상적이거나 어려운 내용을 이해하기 쉽도록 쉽게 설명하기 위해 사용되는

영민, 2012).

'귀추'는 유비와 마찬가지로 과학사와 과학철학에서 주로 사용되는 용어로 영어로는 'abduction'이다. 이 'abduction'은 가설 형성과 크게 관계가 되기 때문에 최근 들어 과학교육에서도 자주 사용되는 용어가 되었다. 이들 각각에 대해 비교하며 살펴보자.

과학에서 유비(비유)의 의미와 속성

듀잇(Duit, 1991)은 유비(비유)에 관한 모형을 제시했는데, 이 모형에 따르면 새롭게 설명하고자 하는 계 또는 개념(목표물, target)이 있을 때, 이 계 또는 개념이 이미 알고 있는 어떤 계 또는 개념(비유물, analog 또는 source)과 유사성이 있다면 이 계 또는 개념을 이용하여 설명하고자 하는 계 또는 개념을 쉽게 설명할 수 있다는 것이다(그림 8-1).

영(Young, 1807)이 "한 유비가 충분히 서로 유사하다면, 이 유비는 물리적 추론에 있어 가장 그럴듯한 기반이 된다."고 말할 정도로 과학사적으로 볼 때 유비의 사례는 매우 많이 찾아볼 수 있다.

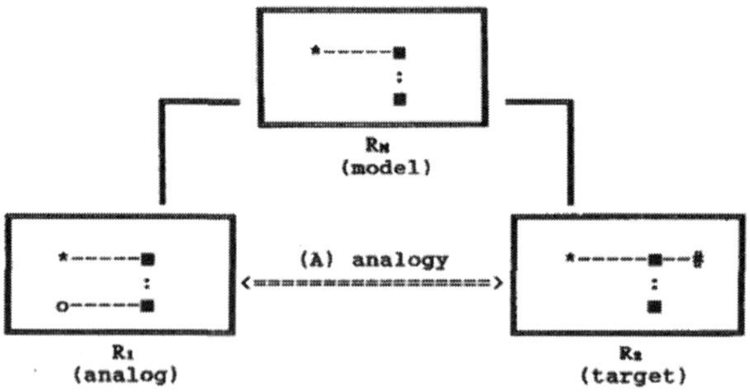

[그림 8-1] 유비(비유) 모형(자료원: Duit, 1991)

비유를 말하며, 발견적 비유는 근거 영역으로부터 유추하여 새로운 개념 또는 문제를 발견하는 데 사용된 비유를 말한다. 이에 대해서는 김영민(2012)에 구체적으로 설명되어 있다.

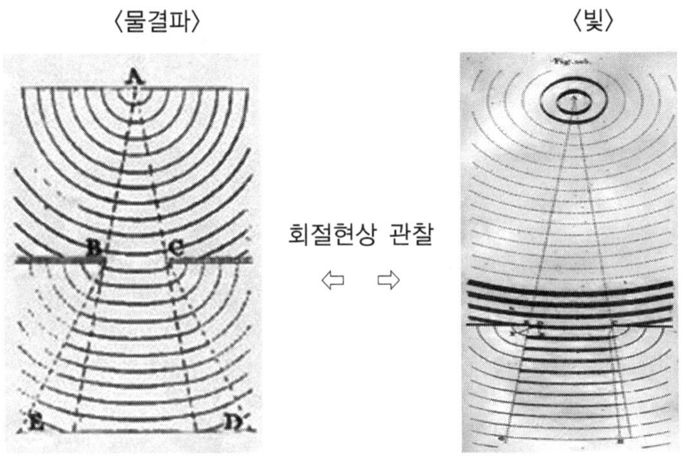

[그림 8-2] 영의 유비 추론에 의한 빛의 파동성 설명
(자료원: Young, 1807, p.777, plate XX.)

유비(analogy)는 추상적인 또는 새롭게 발견된 과학 개념을 효과적으로 설명하는데 사용될 수 있다. 영이 당시까지 빛이 입자적이라고 믿었던 과학자들에게 [그림 8-2]의 왼쪽과 같은 물결 파동을 이용하여 빛의 파동성을 설명한 것은 새로운 아이디어를 설명하기 위해 유비를 사용한 좋은 예에 속한다. 영은 이 설명에서 "빛의 파동은 거의 관찰되지 않을 정도로 매우 적지만 회절(bend) 현상을 보인다. 그러므로 빛은 파동이다."라고 주장하고, 회절이 일어나는 것을 [그림 8-2]의 오른쪽과 같이 나타내었다.

유비는 또한 새로운 과학 개념 또는 이론을 발견하는 데에도 사용된다. 그 예로는 카르노 기관 개념의 발견을 들 수 있다. 카르노는 그의 유일한 논문인 '불의 원동력에 관한 고찰'에서 열기관을 수력기계에 유비하여 추론하는 중요한 내용을 서술하고 있다. 이 수력기계에 관한 것은 그의 아버지 라자르 카르노(Lazare Carnot)의 핵심적 연구였으며, 그의 아버지가 쓴 '기계 일반에 대한 논문'과 '평형과 운동의 일반 원리'는 카르노가 '카르노 기관'을 구상하는데 결정적인 영향을 미친 것으로 평가되고 있다(김학수, 1998b). 카르노는 증기기관 속에서 열은 고온 부분(보일러)에서 저온 부분, 즉 응결기로 흘러가는데, 그 과정 중에 기계적인 작업이 실린더와 피스톤을 통해 이루어진다는 사실에 주목했다. 이러한 관점에서

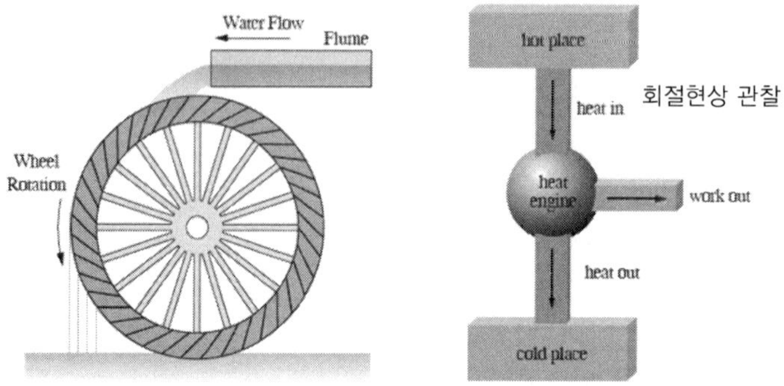

[그림 8-3] 카르노의 유비 추론에 의한 열기관 기작 설명(자료원: 김영민, 2012, p.76)

카르노는 증기기관을 수차와 유사한 것으로 생각하였다(그림 8-3). 즉, 카르노는 열기관에 대한 이론을 구상할 때 열기관의 동작 원리를 수력기계의 동작 원리로부터 유추한 것을 알 수 있다(Carnot, 1824). 이렇게 카르노는 수력기계를 열기관의 원리에 도입하는 유비 추론을 통하여 열기관 이론을 수립한 것이다.

갈릴레오는 당시에 발명된 망원경을 이용한 관찰을 통해 달의 표면이, 고대의 많은 철학자들이 달을 포함한 모든 천체들이 그럴 것이라고 믿었던 것과는 달리, 매끄럽지도 않고 일정하지도 않으며, 완전한 구의 모습도 아니라는 것과 오히려 그 표면이 지구와 마찬가지로 산맥들과 계곡들에 의해 울퉁불퉁하다는 사실을 발견하였다. 이러한 관찰 사실과 지구에서 일어나는 현상을 유비하여 갈릴레오는 달의 검은 부분 중 밝게 빛나는 부분이 나타나는 이유를 설명하였다(Cohen, 1985). 갈릴레오의 이 설명은 지구 표면과의 유비를 사용하여 달의 모습을 추론한 예에 속한다. 이것은 기술이 발달함에 따라 그리고 달에까지 보내진 우주선에 의해 옳다는 것이 판명되었다. 이 밖에도 맥스웰의 전류 개념 설명을 위한 유비, 플랑크의 공동복사 설명 시에 사용한 단조화 진동자 유비, 아인슈타인의 중력장과 전기장 유비 등 과학적 유비에 대한 예는 많이 찾아볼 수 있다.

유비 추론은 새로운 과학적 문제를 발견하는 데에도 사용된다. 앞에서 설명한 카로노의 열기관 이론에서 그 예를 찾아볼 수 있다. 앞에서 설명한 바와 같이 카르노는 유비 추론을 통해 열기관 이론을 창안하는 것에 그치지 않고 계속적으로 아이디어를 발전시켜 나갔다. 그것은 다음과 같은 질문을 통해서이다:

"폭포 동력의 경우는 그 크기가 폭포의 높이에 정확히 비례한다. 그렇다면 열의 동력의 경우에도 그 크기가 온도 차에 정확히 비례할까?"

이 질문에 답하기 위해 여러 가지 실험을 거쳐 카르노는 열의 동력의 경우에는 그 크기가 온도 차에 정확히 비례하지 않는다는 것을 발견하게 되고, 이 발견은 열효율 개념의 발견으로 이어지게 된다. 그리고 열효율은 다음과 같이 표현되었다.

$$\eta \propto (K1 - K2)/K1 = \triangle K / K1$$

즉, 열효율은 온도차(K1 - K2)에 비례하면서 동시에 높은 온도의 값(K1)에 따라 달라진다는 것을 발견한 것이다.

과학에서의 귀추

아리스토텔레스는 추론의 형태를 연역, 귀납, 그리고 〈$\alpha\pi\alpha\gamma\omega\gamma\eta$〉[28] 등 세 가지로 제시하였다(Anderson, 1987). 이들 중에서 세 번째 형태인 〈$\alpha\pi\alpha\gamma\omega\gamma\eta$〉는 환원(reduction)으로 번역되었으며, 퍼스는 이것을 다시 귀추(abduction 또는 retroduction)라고 명명하였다(Hanson, 1958).

퍼스(Peirce)는 이후 귀납과 연역에 대해 좀 더 연구한 후에, 귀납이나 연역과는 구별되는 추론 유형이 존재한다는 것을 알아내었으며, 그는 이것을 귀추(abduction)[29]라고 하였다. 그에 의하면 연역은 어떤 것이 반드시 그렇다는 것을 증명하는 반면에 귀납은 어떤 것이 실제로 작용하는 것을 보여준다. 그리고 귀추는 단순히 무언가가 그럴 수도 있다는 것을 제안한다(Fischer, 2001). 즉, 귀추의 기능은 현상의 원인이 되는 설명적인 가설을 생성하는 것이다. 한슨(Hanson, 1958, 1961)은 퍼스의 아이디어에 기초하여 귀추(abduction)란 관찰된 현상에

28) Anderson(1987)에 의하면 이것은 'apagogue'라고 읽혀진다.

29) abduction은 가추로도 번역되어 사용되기도 하지만 본 글에서는 귀추로 번역하였다. 그것은 이미 사회과학이나 교육학에서 abduction을 가추로 번역하여 사용하고 있지만 한국과학교육학회의 앞선 각종 논문에서 이미 귀추로 번역하여 사용되었기 때문이다.

대한 설명을 창조하는 과정이며 논리적 사고의 하나라고 주장했다. 로슨(Lawson, 1995)은 이것을 풀어서, 귀추(abduction)란 이미 알고 있는 경험 상황과 미지의 현 상황의 유사성을 바탕으로 경험 상황의 설명자를 차용하여 현 상황을 설명하는 추론의 한 유형이라고 주장하였다. 이렇게 볼 때, 귀추는 관찰된 현상 또는 제시된 문제에 대한 설명 또는 해결을 창조하는 과정이며 이때의 설명 또는 해결은 대부분 가설이 되고 이 가설을 생성하는데 기반이 되는 것은 가설 생성자의 배경지식이다.

이렇게 볼 때 귀추 또한 일상생활에서 또는 전문적인 영역에서 자연스럽게 사용하고 있는 추론의 하나이다. 의사들은 몇 군데의 진찰을 통해 우리 몸속에서 일어나는 병적인 현상들을 추론하여 진단하며, 경찰이나 검사들은 범죄 현장에서 얻어진 증거들을 토대로 어떤 범죄이며 누가 범인일 것인지를 추론한다. 이러한 사고 과정은 대부분 충분한 증거가 제시되지 않은 상태에서 병의 증세나 범인의 윤곽을 추론하는 형식으로 귀추적 사고(abductive reasoning) 과정에 속한다고 볼 수 있다.

한편 한슨(Hanson, 1961, p.33)은 귀추를 과학자들이 가설을 제안하는 방법이라고 주장하고, 그 형식을 다음과 같이 제시하였다:

> "몇 가지 놀라운(surprising), 깜짝 놀라게 하는(astonishing) 현상들 p1, p2, p3, … 을 대면하게 된다(encountered). 그러나 H 유형의(of H's type) 가설이 얻어진다면, p1, p2, p3, … 는 놀라운 것이 되지 않을 것이다. 즉 그것들은 가설 H로부터 당연한 것들이 되고 H에 의해 설명되게 된다. 따라서 H 유형의 가설을 더욱 정교화 할(elaborating) 좋은 이유가 있다. 즉, H 유형의 가설은 p1, p2, p3, … 가 설명될 수 있는 가능한 가설로 제안될 좋은 이유가 있다."

마그나니(Magnani)는 퍼스의 이론을 받아들여 귀추를 설명적 가설이 생성되고 평가되는 추론과정이라고 했다. 마그나니(Magnani, 2001, p.20)는 이러한 귀추가 몇 가지 서로 다른 의미를 가지고 있음을 설명하였다. 즉, 귀추는 가능한 가설들의 생성과정일 수도 있고, 가장 좋은 설명의 과정일 수 있으며, 이 둘은 또한 선택적일 수도 있고 창조적일 수도 있다는 것이다. 즉, 귀추는 두 가지 인식론적 의미가 있다는 것으로 첫째는 단지 그럴듯한 가설들(선택적 또는 창의적)을 생성하는 귀추가 있고, 둘째는 가장 좋은 설명을 추론하고 가설을 평가도 하는 것으로 간주되는 귀추가 있다는 것이다. 선택적인 귀추는 항상 최소한 부분적인 설명을 제시하여, 처음에는 어느 정도 그럴듯함을 가지는 가설을 생성할 것이다.

그런가 하면 섕크와 커닝햄(Shank & Cunningham, 2010)은 퍼스의 귀추를 6가지 유형으로 분류하였다. 첫 번째 유형은 '가능한 닮음의 가능성'(possibility of a possible resemblance), 두 번째 유형은 '가능한 닮음'(possible resemblances), 세 번째 유형은 은유 또는 비유에 관련되는 것으로서, 가능한 규칙을 발견하거나 창조하기 위해 '닮음을 연계하는 것'(manipulation of resemblance), 네 번째 유형은 '가능한 증거'(possible evidence), 다섯 번째 유형은 사용 가능한 증거를 기초로 하여, 가능한 규칙을 형성하는 것이며, 여섯 번째 유형은 '가능한 형식적인 규칙'(a possible formal rule)을 다루는 것이다.

이상에서 보는 바와 같이 유비와 귀추는 한편으로 일부 유사성을 가지는 측면도 있지만 그 속성과 역할은 서로 다르다.

이론적 가설의 원천으로서 유비

과학철학에서 하레(Harre, 1972), 네겔(Nagel, 1961), 그리고 헤세(Hesse, 1966)를 포함한 이 분야 학자들은 일찍이 비유가 가설의 기원이 될지도 모른다고 제안하였다. 블랙(Black, 1993)은 과학적 모형이 종종 유사한 상황에서 비유로부터 구조화된다고 주장했다. 예를 들면, 기체는 충돌하는 공의 집단으로 비유하여 모형화할 수 있고, 빛의 파동은 물결로 비유하여 모형화할 수 있다는 것이다. 즉, 귀추의 과정에서 유비적 사고(analogical reasoning)가 사용되기도 한다는 것이다. 로슨 등(Lawson et al., 1989)의 연구에 의하면, 케플러는 행성궤도를 설명하기 위해서 아폴로니우스(Appolonious)로부터 타원의 생각을 가져왔으며, 멘델(Mendel)은 유전을 설명하기 위해 대수학의 패턴을 모방하였으며, 케쿨레(Kekulé)는 벤젠의 분자 구조를 결정하는데, (꿈에서) 뱀들이 그들의 꼬리를 물고 있는 데서 생각을 빌렸고, 쿨롱은 원자 입자들 사이에 존재하는 전기력을 묘사하기 위해, 뉴턴의 중력의 개념을 빌려왔다는 것을 귀추의 예로 제시하고 있다. 이러한 예들은 유비를 통해 가설을 형성한 경우에 해당되기 때문에 유비적 귀추라고 볼 수 있다. 퍼스의 논리에 따른 귀추는 이러한 유비적 귀추를 포함하여 일반적인 과학적 가설을 형성하는 것까지 폭넓게 포함한다. 예를 들면, 태양의 흑점이 처음 발견되었을 때 이 흑점의 본성을 설명하기 위해 설정된 샤이너의 가설('흑점은 소행성의 하나이다.'라는 가설)과 갈릴레오의 가설('흑점은 태양을 이루는 물질의 일부이다.'라는 가설)도 귀추에 속하는 것들로서, 이 경우에 샤이너의 가설은 유비적 귀추에 속하지만 갈릴레오의 가설은 그의 배경 지식(경험)을 바탕으로 설정된 것으로, 유비적 귀추에 속한다고 보기는 어렵다.

마그나니(Magnani, 2001)는 귀추가 유비를 어떻게 포함하는지를 [그림 8-4]와 같이 제시하였다. 이 그림에서 보면 유비(비유)는 귀추적 사고를 형성하는 한 가지 요소로 작용한다. 마그나니와 너세시안(Magnani & Nersessian, 2002)은 "모형 기반 귀추"란 말을 썼다. 모형 기반 귀추에는 시각적 표현들, 사고실험, 비유추론 등이 포함된다. 너세시안(Nersessian, 1984; 2003)은 과학사에는 막연한 생각을 귀추를 통해 과학적 개념으로 전환하는데 비유를 사용한 사실들이 매우 많다고 주장하였다.

과학에서 귀추와 창의성의 관계

|제9장|

1890년 퍼스(Peirce)의 연구록에는 창의성에 해당하는 '최초의 아이디어'에 대해 다음과 같이 설명되어 있다:

> "최초(first)의 아이디어는 절대적으로 신선하고 새로워야 한다. 또한 최초의 아이디어는 주도적(initiative)이고 독창적(original)이며, 자발적(spontaneous)이고, 자유스러워야(free) 한다. 이렇게 발생된 것이 아니라면 이 최초의 아이디어는 원인을 결정하는 데 제 역할을 하기 어렵다.(CP 1.357) 30)"

귀납과 연역에서는 아이디어를 사용하여 궁리하지만 귀추에서는 그 아이디어 자체(최초의 아이디어)를 얻으려고 한다. 그러므로 귀추는 핵심적인 창의적 사고 과정의 하나이다.

30) Peirce의 주장들에 대해 각각에 번호를 붙여준 것으로, CP 1.357은 Collected Paper 1.357을 의미한다.

가설 제안 과정에서의 창의성

퍼스는 "귀추는 새로운 아이디어를 시작하는 논의의 원점이다"(CP 2.96)라고 하였다. 즉, 귀추는 새로운 아이디어들의 근원적 사고과정이라는 것이다. 새로운 아이디어들은 어떤 현상을 설명하는 가설이 될 수 있으나, 그들이 의문(question)에 대한 사실들을 설명할 수 있어야 비로소 그 가설이 독창적일 수 있다. 그리고 독창성(originality)은 퍼스가 말하는 '과학적 창의성'(scientific creativity)에서 핵심 요소이다.

퍼스는 "논리학에서 독창성의 다섯 등급(On Five Grades of Originality in Logic)"이라는 글에서 독창성에 대해 설명하였으며 그 내용은 다음과 같다. 독창성의 다섯 등급의 첫째 등급은 '어떠한 요소가 모호한 특성을 가지긴 하지만, 다른 것들로부터 구별되어 인식되어야 하는 요소임을 처음으로 나타내는 것'이며, 둘째 등급은 '이 요소, 또는 저 요소가 필요하지 않은 것임을 보이는 것'이며, 셋째 등급은 '이미 인식된 개념들에 구분(distinctness)을 지어주는 것'이며, 넷째 등급은 '진리를 밝혀주는 한 가지 시스템을 구성하는 것'이고, 다섯째 등급은 '다른 사람들의 작품에 대해 계몽적이고(illuminative) 독창적인(original) 비판을 가하는 것'이다(Anderson, 1987).

과학적 창의성에 대해 우리는 일반적으로 귀추에서 발생하는 첫 번째 등급에 주로 흥미를 가지는데, 그것은 다른 모든 것들이 의존하는 것이 이 수준의 독창성이기 때문이다. 두 번째와 세 번째 등급은 연역(deduction)에 의한 독창성에 해당한다. 그리고 네 번째 등급은 새로운 아이디어를 어떤 시스템적(systematic)인 관점으로 구성하는 방법이다. 즉, 이들 각각은 그 문제에 대한 귀추에 의존하면서 본질적으로 해설적(explicative)이라고 볼 수 있다. 마지막 등급인 다섯 번째 것은 탐구의 귀납적(inductive)이거나 시험적 단계에서 활용하기 시작하게 된다. 따라서 독창성은 탐구의 전 단계에 걸쳐 실행된다.

퍼스에 따르면 모든 사고(reasoning)는 "오래된 무엇인가와 지금까지 알려지지 않은 것을 모두 포함하는 새로운 경험이다."(CP 7.536)라고 주장했다. 오래된 것과 새로운 것을 조합하는 데 있어서, 과학적 참신함(scientific novelty)은 무로부터 급격하게 창조(created)되었다는 의미에서의 새로움이 아니며, 또는 관계없는 것에서 가져왔다는 의미에서의 새로움도 아니다. 퍼스는 과학적이고 귀추적인 참신함(novelty)의 두 가지 형태를 제안하였는데, 재배열(rearrangement)과 개념 생성(concept creation)이 그것이다(Anderson, 1987).

우선 그는 새로운 아이디어는 오래된 생각들의 조합일 수 있다고 하였다. 말하자면, 우리는 새로운 방법으로 오래된 아이디어들을 종합하고, 이러한 재조직(reorganization) 자체가 새로운 아이디어를 구성한다. 우리가 변칙 사례(anomaly)에 직면할 때, "우리는 관찰되어진 사실에 대한 우리의 기억들을 곰곰이 더듬어본다. 우리는 뜻밖의 경험들이 더 이상 놀랍게 보이지 않을, 이러한 새로운 관점에서 보기 위해 그들을 재배열하기 위하여 노력한다."(CP 7.36). 참신함의 첫 번째 성질은 과거의 관점들과는 다른 것이지만 우리가 이미 가지고 있는 아이디어나 인식(perception)에 기초한다는 것이다.

항상 첫 번째와 구별하기 쉽지 않은, 참신함의 두 번째는 새로운 개념의 창조(creation of a new concept)이다. 즉, 우리가 이전에 가졌던 아이디어가 아니라는 것이다. 예를 들어 처음 스마트폰 아이디어가 스티브 잡스에 의해 제기되었을 때, 스마트 폰과 같은 새로운 기기의 발명은 낡은 아이디어를 받아들이고 새로운 방법으로 그것들을 조합하는 것이다. 정보를 기계적으로 조작하는 문제를 해결하기 위한 스마트 폰의 아이디어는 가설로서 새로운 것이지만, 이것의 새로움은 합성(synthetic)이라기보다는 조합적(combinatory)이라는 것이다. 이것은 시몬톤(Simonton, 2004)의 설명과도 잘 부합된다. 그는 아이디어의 성공적인 조합의 과정(combinatorial process)을 거쳐 종종 과학적 창의성이 발현된다고 설명하였다.

한편, 퍼스가 새로운 아이디어들에 관하여 말했을 때, 그는 급진적으로 새로운 개념(new concept)들이 성립할 수 있음을 제안하였다. 예를 들어, 뉴턴은 수학적으로 정의한, 힘과 중력(force & gravity)의 새로운 개념을 가정하였다. "중력(gravitation)"은 단지 우주에 대한 낡은 아이디어의 재배열(rearrangement)이 아니라, 완전히 새로운 아이디어였다. 뉴턴은 중력을 창조하지는 않았지만, 중력의 개념을 만들어냈다. 그리고 이러한 개념은 과학적 지식의 요소로서 급진적으로 새로운 것이었다. 창의적 참신함(creative novelty)의 관점에서 보면, 단순한 재배열 단계를 넘어선 것이다(Anderson, 1987).

이 두 종류들은 과학적 창의성에 대한 퍼스의 이해에 있어 중요한 것이었다. 재배열(rearrangement)은 이미 알려져 있는 것들에 대한 설명처럼, 새로운 방법과 새로운 개념들의 결과로, 낡은 아이디어를 이해한다. 어느 쪽이든 설명의 새로움이 존재한다. 퍼스에게 있어 새로운 아이디어는 귀추를 통하여 낡은 생각으로부터 나온다는 것이다. 퍼스에 의하면 뉴턴이 등장하기 전에도 중력은 이미 존재하였다. 그러므로 법칙 그 자체는 오래되었으나, 그 아이디어나 개념은 새로운 것이다.

요약하면, 첫째, 귀추는 과학적 창의성의 필수 조건이며, 귀추는 새로운 아이디어들의 원천이 된다. 과학은 문제로부터 그리고 그 문제 해결을 위한 관찰로부터 시작된다. 우리가 우리의 기대에 적합하지 않거나 여러 가지 점에서 놀라운 사실(fact)들과 만났을 때, 우리는 그것을 설명하려고 노력한다. 귀추는 논리 형식(logical form)을 가지고 있고, 통찰력(insightful)이 발휘될 수 있으며, 자기통제(self-control) 아래에 있는 생생한 과정이다. 따라서 우리는 준비된 상태(prepared state)에 있는 문제를 다루고, 아이디어들은 그 문제에 대한 설명을 제안하게 한다(Anderson, 1987).

가설 평가 과정에서의 창의성

가설 제안의 과정도 중요하지만 제안된 가설의 평가 또한 중요하다. 그리고 이 과정에서 창의성이 발현되기도 한다. 제안된 가설은 가설의 평가에 의해 폐기되기도 하고, 불완전함이 수정되기도 하고, 과학 이론으로 발달하기도 한다. 가설의 평가는 주로 가설의 검증 과정을 거쳐 일어난다. 어떤 가설이 세워지면 그 가설에 의해 예측되는 현상을 검증함으로써 가설을 평가하게 되는 것이다. 그런데 가설을 검증하는 과정이 그렇게 단순한 것이 아니어서 어떤 가설은 상당히 긴 시간을 두고 평가되기도 한다.

어떤 과학적 이론의 경우에는 통계적 추론을 통해 가설을 검증하고 평가해야 하는 경우가 있다. 통계적 추론의 목적은 어떤 개체들의 집단 샘플로부터 얻어진

데이터에 기초하여 그 개체들의 특성에 대해 결론을 도출하는 것이다. 이 경우에는 데이터 자체의 신뢰도뿐만 아니라 증거로 채택될만한 데이터의 수도 문제가 될 수 있기 때문에 가설 평가를 하기가 어려울 때도 있다. 이 경우 가설 검증은 샘플로부터 얻어진 증거의 강도를 평가하기 위한 과정이며, 이것은 어떤 집단에 관계된 결정을 내리기 위한 틀을 제공한다. 연구자는 특수한 가설을 형성하고 샘플로부터 얻어진 데이터를 평가하고, 이 데이터 평가 결과를 그가 세운 특별한 가설을 지지하는지 여부를 결정하는 데 사용한다.

이렇게 통계적 추론에 의해 가설을 검증한 경우의 좋은 예로 밀리컨 유적실험을 들 수 있다. 1910년을 전후해서 물리학계에서는 자연에 존재하는 최소 전하량의 존재를 둘러싸고 두 물리학자 사이에 치열한 논쟁이 벌어졌다. 결과적으로 이 논쟁에서 승리한 과학자는 밀리컨(R. A. Millikan)이었으며, 패배한 과학자는 에렌하프트(F. Ehrenhaft)였다. 1909년 가을에 물방울과 알코올 방울로 실험을 한 밀리컨은 기본 하전량의 2배에서 6배에 해당하는 전하량을 측정했는데, 이때 그가 얻은 전자의 기본 하전량 값은 4.65×10^{-10}이었다. 밀리컨은 이렇게 전자의 기본 전하량 값을 얻으면서 기본적인 전하량이 존재한다는 신념을 더욱 강화할 수 있었다. 밀리컨이 전자의 기본 하전량을 측정하는 실험을 계속 개선하고 있는 동안 유럽 대륙에서도 이와 유사한 실험을 하는 사람이 있었는데, 그는 전자의 기본 전하량이 존재하지 않는다고 주장한 에렌하프트였다(임경순, 2016). 그런데 프랭클린(Franklin, 1997)은 밀리컨이 그가 얻은 전하량 값에 영향을 미치지는 않았지만 예측과 맞지 않는 일부 데이터를 배제했다고 주장했다. 그리고 이것이 결과에 대한 통계적 오차를 줄여주었다고 주장했다. 이것은 기본 전하량에 대한 많은 측정값이 얻어졌으며 그 평균값을 구하여 자신의 가설(기본 전하량이 존재한다는 가설)을 뒷받침하기 위해 통계적 추론을 사용했음을 의미한다.

가설 평가에 의해 폐기된 가설은 많이 있지만 그중에서도 특기할 만한 것은 역시 에테르 가설이다. 사실상 에테르 가설을 수용하고 이를 검증하기 위해 수행된 마이컬슨-몰리 실험은 에테르 가설을 반증하는 실험이 되고 말았지만 이 실험은 에테르 가설을 평가하기 위한 창의적인 아이디어를 보였다.

가설 평가에 의해 가설의 불완전함이 발견되고 그 가설의 불완전성이 계속적인 수징을 기쳐 오늘날의 과학 이론에 이른 것으로 좋은 예로는 원자 모형 이론을 들 수 있다. 처음에 제시된 돌턴의 원자 모형에서부터 톰슨의 푸딩 모형을 거치고, 이것이 수정되어 러더퍼드 모형으로, 그리고는 보어 모형을 거쳐 하이젠베르크의 불확정성 원리 이론이 반영된 현대적 원자 모형으로까지 이어져 왔다. 이렇게 원자 모형의 가설을 평가하는 과정에서 창의적인 아이디어들이 많이 생성되고 많은 실험들이 수행되었다는 것은 이미 앞의 다른 장에서 설명하였다.

제기된 가설이 가설 평가에 의해 개념화되고 이론화된 경우는 많이 있다. 이 과정에서 중요한 것은 독창적이고 의미 있는 가설 평가의 방법을 고안하거나 가설 검증 실험 방법을 고안하는 등의 과정에서 창의성이 발현되었다는 점이다. 예를 들면, 빛의 파동성을 증명하기 위해 토마스 영이 고안한 '빛의 이중 슬릿 실험'이라든지, 빛이 여러 가지 색광의 합성임을 증명하기 위해 뉴턴이 고안한 방 안에서의 프리즘 실험 등이 그것이다.

실패한 귀추와 그 교훈

가설이 폐기된 경우로 잘 알려진 에테르 가설은 실패한 귀추에 속한다고 볼 수 있다. 그러나 실패한 귀추로 그냥 사장되는 경우도 있지만 많은 경우 쓸모없이 버려지는 것이 아니라, 과학의 발달 과정에서 필요하고 새로운 단서나 직관적 창의성 발현의 기회가 될 수도 있다.

에테르(aether, ether)는 빛의 파동설의 부산물로 등장했다. 당시 과학자들은 파동이 진행하기 위해서 매질이 필수적으로 있어야 한다고 믿었다. 물결파의 진행을 위해서 물이 필요하고, 음파가 진행하기 위해서는 공기 또는 다른 물질이 필요했기 때문이다. 그러므로 빛이 파동이라는 사실이 밝혀진 이상 매질이 필요하며 그 매질의 이름을 에테르라고 붙인 것이다. 토마스 영이 빛의 간섭 현상을 발견(Young, 1807)한 후에는 과학자들은 한동안 '빛이 파동이다.'라고 믿었으며 여기에 힘입어 많은 사람들이 에테르의 존재를 받아들이게 되었다. 맥스웰(Maxwell, 1873)은 에테르를 장(field)의 매개체로 보는 물리적 모형을 발전시켰다. 그는 전자기장을 역학적 관점에서 설명하려고 하였으며, 이를 위해 에테르에 대해 나름대로의 정교한 모형을 만들어냈다. 맥스웰은 또한 에테르 이론을 발전시켜서 빛과 전자기 현상을 설명하는 데에도 사용되었으나(Maxwell, 1873, p.383) 마이컬슨-몰리 실험 결과는 에테르에 대한 의심을 갖게 했고 결국 에테르가 존재하지 않음이 밝혀졌다.

에테르 가설이 실패로 끝나기는 했지만 이 가설이 과학 발전에 크게 기여한 바도 있다. 에테르 이론을 크게 발전시켰던 맥스웰은 빛이 전기 현상과 자기 현상의 매개체인 바로 그 매질(에테르)의 횡적인 파동으로 이루어져 있다고 생각했으며, 전자기파 매질과 빛 매질이 같다고 생각한 이러한 결과(Maxwell, 1873)는 에테르 가설(당시에는 이론으로 받아들이고 있었음)의 큰 성과로 볼 수 있다. 비록 전자기 매질과 빛의 매질이 되는 에테르가 실제로 존재하지는 않았지만 에테르 이론 덕분에 광학과 전자기학이 연결될 수 있었던 것이다.

실패한 귀추 뒤의 새로운 가설

그런데 귀추 중에는 실패한 귀추로 끝나는 것도 있지만 어떤 귀추는 새로운 가설을 형성하는 단서가 되는 경우도 있다. 케플러의 과학적 발견을 가지고 이러한 경우에 대해 살펴보자.

케플러는 1609년에 발표한 저서 'Astronomia Nova(새로운 천문학)'에서 완전한 형태이면서, 알 수 없는 원인들에 의해 운행된다고 하는 아리스토텔레스 우주론을 파괴하고 우주에서의 인간의 위치에 대한 감각과 사고를 변화시키는 과학 혁명을 가동시켰다.

케플러의 다음과 같은 표현에 대해 생각해 보자(Polya, 1954, p.196).

> "천체 궤도의 경이로운 조화와 다섯 개의 정다면체에 의하여 설명되는 하늘의 수와 크기, 주기적 운동의 실제 원인에 대한, 우주의 신비를 포함하고 있는 우주구조론 논문의 서문"

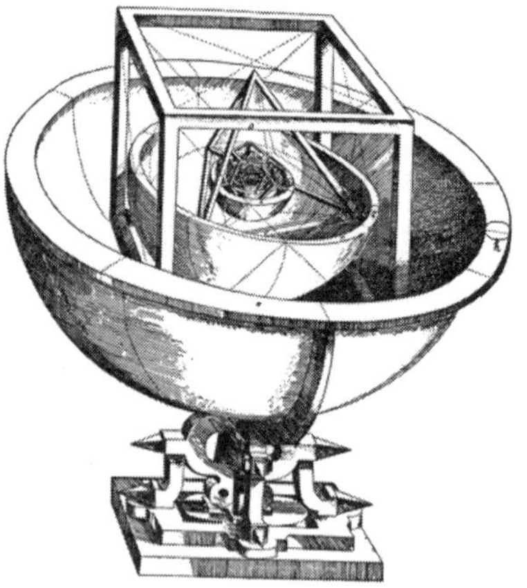

[그림 9-1] 케플러의 기하학적 우주 모형(자료원: Ferguson, 2002, p.192)

위의 표현에서 보는 바와 같이, 케플러는 천문학을 신학과 점성학이 뒤섞여 있으면서 기하학과 혼합된 것으로 보았다. 아주 구체적으로 언급된 그의 연구에 대한 제목에서 케플러는 자신이 발견한 과학적 문제(과학적 의문)들을 다음과 같이 제시하고 있음을 알 수 있다. 왜 여섯 개의 행성들인가? 왜 행성들의 궤도는 그렇게 배열되어 있는가?

케플러는 신이 반드시 인간에게 발견할 수 없는 세상의 법칙을 만들지 않았을 것으로 믿었다. 사람은 하늘에 떠 있는 경이로운 별들의 운동에 대한 원인들을 포함하여 세상의 미스테리들을 알 수 있을 것이라고 믿었다. 케플러는 그의 '광학(Optics)'에서 "이 세계의 무대는 질서 정연해서 인간이 신의 작품들을 연구하도록 초대되었을 뿐만 아니라 좀 더 깊이 탐구하는 데 도움이 된다."(Kepler, 2000, p.15)고 말할 정도로 신의 창조 세계에 대한 탐구심이 높았다.

그의 책 서문에서 보듯이 케플러는 중심이 같은, 번갈아 나타나는 5개의 정입방체를 가진 6개의 구를 우주의 모형으로 상상했다(그림 9-1).

가장 바깥쪽에 위치한 표면은 구이다. 그리고 각각의 표면은 그 바깥쪽에 있는 표면에 둘러싸여 있다. 각각의 구는 하나씩의 행성과 각각 짝을 이루고 있다. 구의 반지름은 각각의 행성들이 태양으로부터 떨어진 거리(평균거리)이다. 각각의 정입방체는 그 바깥쪽에 있는 것들에 내접한다. 둘러싸고 있는 구, 구에 외접하고 있는 입방체, 둘러싸인 구 …. 이렇게 수성에서 토성까지 번갈아 계속된다. 케플러는 태양과 행성들은 신에 의해 창조된 것들 중 가장 우수한 것들로 이들은 유클리드의 가장 우수한 모양체와 어떻게든지 연관되어 있는 것이 당연하다(natural)라고 생각했으며, 이것이 신의 창조의 비밀 곧, "신의 배열"(divine arrangement)(Kepler, 2000, p.185)이 될 수 있을 것으로 보았다.

케플러의 우주에 대한 추측은 매우 교훈적이다. 그의 이론을 보면, 마음속에 간직한 추측에 대한 믿음은 우리가 가지는 모든 지식 배경과 우리 시대의 과학적 주변 상황에 의존하지 않을 수 없다는 것을 말해 준다. 폴야의 말처럼 케플러의 추측은 귀추에 연결될 수 있다. 그의 추측의 과정은 귀추의 한 예로 소개될 수 있다. 이것은 유비적 귀추의 하나이며, 이 귀추[31]는 현대 과학에서 볼 때 터무니없어 보이지만 이 추론은 케플러가 행성 운동의 법칙을 발견하는 단서가 된다. 그러므로 실패한 귀추라고 해서 그것이 그냥 묻히는 것이 아니라 종국에는 다른 가설을 이끌어내는 단서가 될 수도 있다는 것을 보여준다.

과학적 발견에서 중요한 역할을 하는 것 가운데 하나는 아름다움과 우아함의 추구이다. 케플러가 우주의 아름다움과 우아함을 케플러 법칙으로 가는 이론의 길잡이로 삼았던 것은 앞에서 설명하였다. 파인먼(Feynmann) 또한 아름다움과 우아함을 이론의 길잡이로 삼았던 과학자로, 그 한 예로 디랙(Dirak)의 경우를 제시하였다. 디랙은 특수상대성이론을 만족하는 아름다운 방정식을 찾았다. 디랙 방정식에서 나온 예기치 못한 결과가 1931년의 반물질에 대한 놀라운 예측이었다. 본질적으로 이것은 한 물리학자가 추구한 미학의 결과였다. 디랙의 양전자, 즉 전자의 반입자는 1932년에 발견되었다. 반입자의 확인은 우주가 수학적 구조를 가진다는 믿음을 지지한다(Miller, 1996).

그러나 아름다움을 이론에 사용하는 디랙 방식의 처방이 항상 성공하는 것은 아니었다. 예를 들어 헤르츠(Hertz)는 1890년에 맥스웰(Maxwell)의 전자기 이론에서 전기와 자기를 완전히 대칭으로 만드는 방법을 제안했다. 맥스웰 방정식에서

---

31) 케플러가 우주 모형의 가설적 추론(귀추)을 유클리드의 기하학적 모형과 유비하여 추론했기 때문에 유비적 추론의 한 예라고 볼 수 있다.

전하가 전기장의 근원 역할을 하는데, 왜 자기장에는 근원 역할을 하는 자기적 전하가 없는가? 헤르츠는 이러한 생각에서 자기적 전하 또는 자기 홀극(magnetic monopole)을 예측했다. 그러나 로렌츠(Lorentz)와 푸앵카레(Poincare)가 차례로 이것을 검토해서, 헤르츠 가설의 결함을 밝혔다. 그리고는 헤르츠 가설에서 자기 홀극을 없애고 로렌츠 이론을 만들었다. 자기 홀극을 없애고 다시 만든 로렌츠 이론은 겉보기에는 비대칭적이지만 상대성 원리를 만족하는 것이며, 상대성 원리는 시공간에 대칭성을 가져오는 것이므로, 헤르츠가 추측한 전기와 자기의 대칭성보다 훨씬 더 의미 있는 것이었다(Miller, 1996). 전기와 자기의 대칭성에 대한 헤르츠의 처음 가설은 실패한 귀추의 하나이지만 이 귀추는 시간과 공간의 대칭성 발견으로 연결되는 중요한 단서가 되었다.

창의적 과학자들의 귀추적 사고가 창의성 교육에 주는 시사점

유비적 귀추와 창의성

케플러는 행성 운동에 관한 그의 이론을 수정하는 데 있어 충동적이거나 변덕스럽게 바꾸려 하지 않고, 항상 있는 그대로 합리적인 동기를 가지고 수정해 나갔다. 그렇게 하면서 그는 마침내 관찰 사실들을 정확하게 만족하는 가장 간단하고 합리적인 수정에 도달하게 된다. 정확한 궤도에 도달하는 전 과정을 통해 그는 날카로운 논리적 감각을 보여주었다(Peirce, 1955). 케플러는 또 그가 가진 광학에 대한 정확하고 적절한 지식을 바탕으로 당대의 시각 이론에 대해 비판적으로 분석함으로써 과학적 문제를 발견하였으며, 시각의 메카니즘에 대한 새로운 이론을 형성하기 위한 가설을 설정하는 과정에서 눈이 어떻게 작용하는가를 설명하기 위해 구면 렌즈에서의 광학적 현상에 대한 실험을 도입하는 치밀함을 보였다.

갈릴레오는 자유낙하 운동[32], 태양 흑점에 대한 설명, 달 표면의 모양에 대한

32) 이 저술에서 다루지는 않았지만 갈릴레오는 공기나 물속에서의 물체의 낙하 문제를 진공 속에서의 물체의 낙하로 단순화하고 이상화하여 자유낙하 운동 문제를 해결하였다(김영민, 2007).

가설을 형성하는 과정에서, 의견을 달리하는 과학자들과 상당히 많은 논쟁과 토론을 거치게 된다. 그때마다 그는 정확한 관찰과 실험 결과를 이용하여 반박하곤 했으며, 그들의 비 논리성을 지적하곤 했다. 이것은 관찰이나 측정에 있어서 정확성과 진실성이 얼마나 중요한가, 또 이를 바탕으로 한 합리적인 논리를 세우는 것이 얼마나 중요한지를 보여준다.

케플러가 행성 궤도 운동에 대해 달걀형 모형과 타원 모형을 비유적으로 귀추하고, 갈릴레오가 지구 표면 모양으로부터 달 표면 모양을 비유적으로 귀추해 내고, 카르노가 폭포가 수차에 일을 하는 모형으로부터 열기관 모형을 귀추해 내고, 패러데이가 자석 주위에 뿌려진 철가루가 만든 모양으로부터 자기력선 모형을 비유적으로 귀추해 낸 과학사적 사건들은 비유적 추론이 창의적 사고에 크게 관련이 있음을 시사해 준다. 특히, 카르노는 같은 이론의 설명에서 두 종류의 비유적 추론에 의한 귀추를 보였는바, 이것은 비유적 추론이 어떻게 새로운 연구가설(research hypotheses)을 유도할 수 있는지를 보여준다.

문제의 이상화와 단순화

창의적 과학자들의 과학적 발견 과정에서 보인 공통적인 특징은 이들이 문제를 인식하고 정교화하는 과정에서, 그리고 사고를 발전시켜 나가는 과정에서 문제나 상황을 이상화하고 단순화했다는 점이다. 이 또한 과학 창의성 교육에서 간과해서는 안 되는 중요한 점이다. 갈릴레오는 공기 중에서 또는 물속에서 떨어지는 물체를 진공에서 떨어지는 물체의 운동으로 이상화하였고, 카르노는 열기관의 복잡한 기작을 폭포에서의 수차의 동력 생산 과정으로 비유하여 문제를 단순화하고 이상화하였다.

문제를 단순화하거나 설명을 단순화하기 위해, 수학을 적절하게 사용하였다는 점도 이들이 보인 공통점이라고 볼 수 있다.

갈릴레오는 그의 과학 탐구 과정에서 문제 인식 및 정교화 단계에서는 아르키메데스적 접근 방식인 이상 조건과 수학을 사용하였고, 전개 단계에서는 물리적 사실 세계의 개념이나 과학 원리들을 적절하게 사용하였으며, 과학적 시범을 적절하게 보였다. 또한 그는 자연에 대한 낙관적 견해(optimistic view of nature)와 개방적 마음, 측정한 수치들을 써서 계산하는 습관, 현상을 시범으로 보일 수 있다는 믿음을 가진 과학자였다(Crombie, 1990, p.404). 필요한 수학의 사용과 관련하여서는, 케플러는 유클리드 기하학을 이용하여 시각 현상을 도식화하였고, 갈릴레오는 낙하 물체의 거리를 측정하고 계산하는 데 수학을 사용하였으며, 카르노는 열기관의 효율을 계산하는 데 수학을 이용하였다.

창의적 과학자들의 또 하나의 공통점은 과학적인 설명이나 추론에 있어 물리적 사실 세계의 개념이나 원리를 도입하고 실험이나 관찰 사실을 중요시하였다는 점이다. 케플러는 그 이전의 시각이론에서 광학적으로 일어날 수 없는 현상이 들어 있음을 간파하였고, 그 설명을 위해 구면 렌즈에서의 광학적 현상 실험을 도입하였으며, 갈릴레오는 사고 실험과 과학적 관찰 결과를 도입하였다.

창의성 교육을 위한 시사점

잘 알려진 창의적 과학자들의 사고 과정으로부터 과학 창의성 교육을 위한 몇 가지 중요한 시사점을 얻을 수 있다. 첫째는, 비판적 사고력 신장을 위한 교육 프로그램이 필요하다. 이를 위해서는 시각 이론에서의 케플러의 문제 발견과 같은 상황들이 학습 프로그램에 포함될 필요가 있으며, 케플러가 당시 시각 이론에서의 문제 발견 과정에서 보였던 비판적 분석 활동이 학생들에게 주어질 필요가 있다. 그러면 학생들은 대안적 가설들의 생성을 통해 그 분석 결과들을 설명하는 시도를 할 수 있게 될 것이다. 그 다음에는 기대되는 결과들과 분석 결과들을 비교함으로써 대안적 가설들을 검증하는 과정을 거치도록 할 수 있다.

둘째로는, 적절하고 정확한 과학적 지식이 과학적 문제를 발견하고 가설을 형성하는데 매우 중요하다는 것을 가르쳐야 한다. 케플러 외에도 눈의 기작을 설명하려는 시도가 여러 가지 있었다. 해부학적으로 접근하려는 시도도 있었고, 논리적으로 접근하려는 시도, 공학적으로 접근하려는 시도 등 여러 가지가 있었다. 예를 들면, 레오나르도 다빈치는 공학적 접근 방식을 사용하여 바늘구멍 사진기의 초점의 문제를 풀었고 여러 가지 렌즈에 대해서도 연구하였다. 그러나 그는 도립상이 생기는 시각의 문제를 이해하지 못했다. 그는 공학적 접근 방식을 통해 포르타(Porta)보다 훨씬 전에 눈의 메카니즘을 바늘구멍 사진기의 메카니즘과 비교했으며, 유리 모형들을 만듦에 의해 눈의 부분 부분의 기능을 조사할 것을 제안하기도 했다. 다른 예로는, 모롤리코(Maurolico)를 들 수 있는데, 그는 바늘구멍 사진기의 초점을 맞추는 문제를 해결하였으며, 렌즈들에 대해 상세히 연구했다. 그러나 그 또한 도립상이 생기는 시각의 문제를 이해하지 못했다(Crombie, 1990). 이 예들은 기본적이고 적절한 과학적 지식이 문제 발견과 해결에 필수적이라는 것을 보여준다.

셋째로는, 학생들로 하여금 관찰 사실이나 실험적 결과에 대한 믿음이 과학적 문제 발견과 해결에 필수적이라는 것을 깨닫게 해 줄 필요가 있다. 눈의 작동에 대한 케플러의 가설적 설명은 당시에 크게 영향력이 있었던 비텔로의 설명과는 다르게 분석된 광학적 사실들에 대한 믿음에 기초하고 있다. 그 당시에도 바늘구멍 사진기에서 보이는 현상 관찰을 통해 도립된 상이 발견되었지만 그것들은 알하젠과 비텔로의 설명에서 무시되거나 왜곡되었다. 그러나 케플러는 그러한 광학적 사실들을 그대로 받아들여 눈의 기작을 설명하는 데 적용하였다. 케플러는 튀코 브라헤의 관찰 결과들을 철저히 믿었기 때문에 그 관찰 결과들로부터 행성의 타원 궤도 가설을 도출해낼 수 있었다는 점도 예시로 제시되어야 할 것이다. 이렇게 관찰과 실험 결과에 대한 믿음을 갖기 위해서는 학교 수업에서 실험이나 관찰 데이터가 왜곡됨이 없이, 있는 그대로 수집되고 분석되어야 한다는 것을 과학 수업에서 강조되어야 한다. 끝으로, 학생들 스스로 수행한 과학적 문제 해결에 대한 경험이 그들로 하여금 새로운 과학적 문제들을 발견하는데 도움을 줄 수 있다는 것을 가르쳐야 한다. 이것은 케플러의 경험으로부터도 그 증거를 찾을 수 있는데, 그는 시각 이론의 문제를 성공적으로 해결한 후에 '이차원적인 망막상으로 우리는 어떻게 삼차원적으로 세계를 인식하는가?'라는 새로운 문제를 제기하였다(Wade, 1998).

데이비스(Davis, 1989)는 '어떻게 창의성을 가르칠 수 있을까?'라는 질문에 대해 가장 적절한 대답은 창의적 사고와 문제 해결력을 필요로 하는 활동에 학생을 참여시키는 것이라고 주장하고, 창의성 훈련의 주된 목표를 창의성에 대한 인식을 고양하고 창의적 태도를 가르치는 것, 창의성에 대한 메타 인지적 이해를 향상시키는 것, 그리고 창의적인 사고 기술들을 가르치는 것이라고 했다. 그리고 그는 학생들이 '창의성은 아이디어를 수정하고 조합하며 비유 추론(analogical reasoning)을 해 나가는 것임을 이해해야 한다.' '창의적인 사람은 직관적으로 떠오른 상상력을 확장하기 위해 의도적인 기법을 사용하는데, 학생은 이들이 이런 기법을 어떻게 사용하는지 알아야 한다.'고 주장하였다. 이렇게 보면, 벳츠(Betts, 1985)의 자율적 학습자 모형인, '학생 스스로가 창의적인 사람의 인생을 조사하고, 그 다음에 창의적 성격, 사고양식, 업적을 설명해 주는 학습 센터를 설계하고 만들어 놓고, 학예회를 열어 학부모를 초대하고 마치 창의적인 유명 인사처럼 학부모 앞에서 설명하는 것'은 그 방법의 하나가 될 수 있다.

이러한 아이디어에 기초하여 개발된 몇 가지 학생 중심 활동 프로그램들(Gordon, 1974)은 학생들의 비유 추론 능력, 시각화와 상상력 등을 증진시킬 수 있다고 보고하고 있다. 이러한 참여 활동을 통해, 학생들은 가장 보편적인 네 가지의 창의적 인지 능력인 유창성, 융통성, 독창성, 정교성 또는 그들의 일부를 익힐 수 있다는 것이다. 그뿐 아니라 창의성과 관련된, 분석과 종합, 논리적 추론, 계획, 우선순위 매기기, 적합성 인식, 추론하기, 비판적 사고 등을 익힐 수 있다는 것이다. 창의성의 본질인 문제의 발견 및 가설의 형성과 관련한 접근의 하나로, 로슨(Lawson, 1989)은 경험-귀추적 순환학습 모형과 가설-연역적 순환학습 모형을 개발하여 제시하였다. 이것들은 귀추적 사고를 학생들이 경험해 볼 수 있게 해 주는 모형이라고 볼 수 있다. 경험-귀추적 모형은 교사가 가르칠 개념을 확인하고 그 개념의 기본이 되는 패턴을 포함하는 현상을 확인한 다음, 학생들에게 서술적이고 인과적 문제를 제시한다. 그러면 학생들은 서술적인 문제에 답할 자료를 모으고, 정리하여 답한다. 그 후에는 인과적 질문이 제기되고, 대안적 가설들이 인과적 질문에 답하기 위해 제기되며 이미 모아진 자료들을 이용하여 그들의 가설들을 검증하게 된다. 그런 다음, 관련 용어들이 도입되고 유사한 상황에 적용하는 활동을 한다. 가설-연역적 모형에서는 교사가 가르칠 개념을 확인하고 그 개념의 기본이 되는 패턴을 포함하는 현상을 확인한 다음, 인과적 질문을 제시하거나 학생들이 탐색하여 인과적 질문들을 만들게 한다. 학생들은 질문에 답하기 위한 가설들을 설정하고 평가하여 개선해 나간다. 이 과정에서 실험을 구상하기 위해 그룹으로 활동하거나 교실토의가 이루어진다. 그 다음에는 관련 용어들이 도입되고 결론이 유도되며, 다른 상황에 적용해 보는 활동이 이루어지도록 되어 있다. 이 모형의 개발자들은 학생들이 그들 자신의 아이디어를 만들어내고 테스트해 보는 구성적인 과정을 통해서 과정적 지식과 선언적 지식, 창의성의 획득이 잘 이루어질 수 있을 것이라고 주장했으며, 이를 위해서는 학생의 아이디어를 적극 수용해야 하고, 그들이 발명한 것의 옳고 그름보다는 지식 발명에 더 관심을 보여야 한다고 주장한다. 이러한 아이디어들과 함께 과학사를 활용하는 접근(Mason, 1961)은 실제적으로 과학자들이 수행했던 사고 과정을 접하게 함으로써 학생들에게 흥미로움과 함께 창의적 사고를 증진시킬 수 있는 좋은 방법이 될 것이다.

PART 03

과학교육에서 문제 발견, 귀추, 그리고 창의성 교육

지금까지는 과학에서의 문제 발견과 귀추적 사고, 그리고 이들과 과학적 창의성과의 관계 등을 설명하였다. 여기서는 그러한 내용을 기반으로 하여 과학교육에서 문제 발견과 귀추적 사고를 어떻게 함양할 수 있는지를 살펴보고자 한다. 이를 위해서 잘 알려진 창의적 과학자들의 문제 발견 및 귀추적 사고 사례를 기초로 하여, 학교 현장에서 활용할 수 있도록 개발한 교육 프로그램을 소개하였다. 아울러 과학적 창의성 교육을 위한 시사점들을 제안하였다.

과학교육에서 문제 발견 및 귀추적 사고 교육

|제10장|

과학교육에서 문제 발견과 가설 형성은 중요하게 다루어지는 주제들이다. 이러한 문제 발견과 가설 형성을 과학탐구의 단계를 통해 살펴보자.

과학탐구는 학생들이 과학적 개념을 이해하고 과학지식을 확장시켜 나가는 활동을 의미할 뿐만 아니라, 과학자들이 자연현상을 어떻게 연구하는가를 이해하는 활동도 포함한다(NRC, 1996). 그러므로 과학교육에서는 과학탐구를 강조하여 학생들에게 자연현상을 연구하는 과학자의 탐구활동과 사고과정을 경험할 수 있는 기회를 충분히 제공해야 한다. 이 과정에서 학생들은 과학적 문제 발견의 중요성과 발견된 과학적 문제를 해결하기 위해 여러 개의 가설을 세우고 가설들을 평가하고 검증하는 과정을 거친다는 것을 인식할 수 있게 되며, 과학적 증거에 기반하여 설명하는 과학적 태도를 기를 수 있다. 가설 설정은 과학자가 관찰한 현상으로부터 추론하는 인과적 설명으로 볼 수 있으며, 문제 해결에 도달하는 관문이다. 따라서 가설 설정은 과학탐구 과정에서 문제 해결을 위해 매우 중요하게 여겨지는 부분이다.

그러나 학교 과학 수업에서 경험하는 교육 프로그램에서는 문제 발견과 가설 설정 과정을 간단한 단계로 간주하고 심도 있게 다루고 있지 않다. 따라서 과학자의 사고과정 가운데 특히 문제 발견 및 가설 설정 단계를 상세하게 적용하는 과학교육 프로그램을 개발하여 학생들의 문제 발견과 가설 설정 능력을 신장시키는 것이 필요하다. 이에 이 장에서는 잘 알려진 창의적 과학자들의 실제 사례를 분석하고 문제 발견 및 가설 설정 단계를 학생 수준에 맞게 수정하여 개발한 과학교육 프로그램을 소개하고자 한다.

물리학에서 문제 발견 및 귀추적 사고 사례 이용: 러더퍼드 사고 과정 따라 해보기

러더퍼드는 그의 제자들과의 알파입자 산란 실험에서 알파입자의 되튐 현상을 관찰하게 되고, 이 현상을 톰슨의 원자 모형으로는 설명할 수 없게 되자 톰슨의 원자 모형은 설명력을 잃게 된다. 따라서 원자가 어떤 모형으로 설명되어야 하는가는 새로운 과학적 문제로 대두되었다. 이 문제를 해결하기 위해 러더퍼드는 원자 모형에 대한 새로운 가설을 형성하게 되는데 이 과정에서 귀추적 사고를 보인다. 이를 요약하면 〈표 10-1〉과 같으며, 이 과정은 학생들에게 문제 발견 및 귀추적 사고 교육을 위한 자료로 활용될 수 있다.

알파입자의 되튐 산란 현상을 관찰하고 성공적인 가설을 세운 것은 러더퍼드가 원자 모형과 알파입자의 모든 가능성을 열어두고 사고를 했기 때문이다. 톰슨은 자신이 세운 원자 모형의 입장에서 사고를 하였기 때문에 복합 산란(compound scattering)이라는 가설을 세웠던 것으로 보인다. 반면 러더퍼드는 가이거와 마스덴의 실험 결과와 톰슨의 원자 모형을 생겨나게 했던 크라우서의 베타입자 분석 결과에 대한 재검토, 그리고 자신이 앞서 연구했던 알파입자의 특성, 원자핵의 입자론적인 가능성 모두를 열어 놓고 가설을 세웠기 때문에 성공적인 가설을 세울 수 있었을 것이다. 러더퍼드는 원자핵의 존재를 규명했지만, 원자 모형에서 해결해야 할 또 다른 과학적 문제를 형성하였다. 그것은 바로 전자의 배치 문제였다. 이러한 것은 러더퍼드가 성공적인 귀추를 한 후에 또 다른 과학적 문제를 발견한 예에 속한다.

〈표 10-1〉 러더퍼드의 문제 발견과 가설 형성 과정

문제 발견	가이거, 마스덴, 러더퍼드가 알파입자 되튐 산란 현상을 관찰하고 이 현상을 톰슨 원자 모형으로는 설명할 수 없게 되자, 원자 모형은 새로운 연구 문제가 되었다.
가설 형성 (귀추적 사고)	 러더퍼드의 1911년 논문을 보면 나가오카 한타로가 1904년 주장한 원자 모형 이야기가 있다. 한타로는 원자를 토성에 비유하여 양전하 구가 토성의 중심에 있고, 전자들은 양전하 구를 중심으로 고리 모양으로 둘러싼 형태의 구나 디스크 형태라고 주장하였는데, 러더퍼드는 이것이 흥미로웠다고 전하고 있다. 이에 대해 한슨(Hanson)은 러더퍼드가 이러한 한타로의 입장을 수용하여 원자를 입자적인 관점(양전하 구, 전자)과 기하학적인 관점(고리로 둘러싸인 형태의 구, 또는 디스크 형태)을 통해서 알파입자 산란 실험을 분석했다고 설명하였다. 이것으로 볼 때 러더퍼드의 원자 모형(태양계 모형으로 비유됨)은 나가오카 한타로의 토성 고리 모형으로부터 귀추적으로 만들어낸 모형이라고 볼 수 있다.

러더퍼드의 과학적 사고는 앞에서 설명한 바와 같이 귀추적 사고를 보여주는 사례에 해당된다. 알파입자 산란 실험을 설명하기 위해 러더퍼드는 한타로의 토성 고리 모형을 도입하고, 원자에서 보이지 않는 대상(원자핵과 전자들)을 입자론적 관점과 기하학적인 방법을 도입하여 유핵 모형이라는 새로운 원자 모형을 만들었다. 이러한 사례를 이용하여 학생들로 하여금 문제를 발견하는 과정과 가설을 형성하는 과정에 대한 교육 프로그램을 만들 수 있다. 기존에 학습되고 있는 알파입자 산란 실험 분석에 의한 원자 모형 구성에 대한 학습이 아니라, 러더퍼드가 과학적 문제를 발견하고 해결해 나가는 과정에서 보인 과학적 사고 과정을 따라 해 보는 학습을 통해 문제를 발견하고 문제를 해결하는 과정을 체험적으로 학습하게 하는 것이 가능하다고 생각된다. 이러한 러더퍼드의 연구 과정에 기초하여 개발한 교육 프로그램은 다음과 같다.

탐구 주제: 창의적 과학자 러더퍼드의 문제 발견 및 가설 형성 과정 따라 하기

〈학습 목표〉

- 톰슨과 러더퍼드의 원자 모형이 무엇인지 학습한다.
- 러더퍼드의 문제 발견이 무엇인지 알아보고, 톰슨과 러더퍼드의 해석이 어떻게 다른지 확인하고 가설을 세워본다.
- 러더퍼드가 원자 모형을 세운 과학적 사고과정을 학습한다.

활동 1: 톰슨의 원자 모형 이해하기

다음은 톰슨이 주장한 원자 모형이다. 잘 읽고 톰슨의 원자 모형을 정리해 보자.

1897년에 전자를 발견한 톰슨에 의해 제시된 원자 모형인 건포도 푸딩 모형은 원자 모형에 전자를 추가하기 위해 1904년에 제안되었으며, 이때는 아직 원자핵이 발견되기 전이었다. 이 모형에서 원자는 양전하를 띤 구형 물질 속에 음전하를 띤 전자들이 양전하와 같은 전하량만큼 듬성듬성 박혀 있는 형태로 구성되어 있다. 이것은 마치 음전하를 띤 "건포도들"이 양전하를 띤 "푸딩" 속에 점점이 박혀 있는 모습이기 때문에 "건포도 푸딩 모형"이라고 말한다. (아래 그림은 톰슨의 원자 모형)

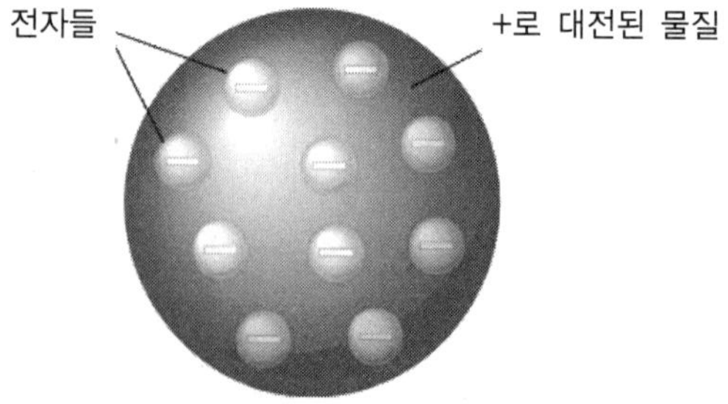

정리:

● **활동 2**: 러더퍼드의 문제 발견과 가설 형성 이해하기

다음을 읽고 러더퍼드가 발견한 문제가 무엇인지 생각해 보자.

> 알파입자의 다양한 특성을 연구하던 러더퍼드는 알파입자 실험의 큰 장애물이었던 산란 현상을 본격적으로 탐구해 보기로 결심하고 그의 제자인 가이거(Geiger), 마스덴(Marsden)과 함께 진공 속에서 얇은 금속박으로 진행하는 알파입자의 산란 현상을 측정하는 실험을 수행하였다. 1년여에 걸친 정교한 실험 끝에 알파입자가 약 8천 개 중의 하나 꼴로 매우 드물게 90° 이상의 둔각으로 산란된다는 사실을 관찰하였다. 이는 당시의 원자 구조에 대한 지식으로는 도저히 설명할 수 없는 관찰 결과였다.

(1) 당시 과학 지식에 비추어 이 실험 결과 해석에 어려움이 무엇이었는지 생각해 보자.

(2) 러더퍼드는 이 실험 결과를 심각하게 여겼다. 러더퍼드는 왜 이러한 현상을 심각하게 여겼을까?

(3) 러더퍼드와 그의 제자들이 수행한 실험 결과가 나타나기 위해서는 원자의 구조가 어떠해야 할지 가설을 세워보자.

다음은 러더퍼드가 세운 가설들이다.

러더퍼드는 앞의 실험에서 관찰된 것처럼 둔각으로 산란되는 현상을 설명하기 위해 여러 가지 대안들을 모색하였으며, 한 가지 가설로, '알파입자들이 수많은 원자들과 여러 차례 충돌하다가 우연히 다시 정면으로 돌아온다.'는 가설을 세웠다. 하지만 이 가설은 실험적으로 확인된 둔각 산란 현상과 정확히 들어맞지 않았고 결국 폐기되었다. 다른 대안을 찾는 계속적인 시도 끝에 그는 '원자 대부분은 텅 빈 공간이며 양전하가 원자 중심의 매우 작은 부피 안에 밀집되어 있어서 알파입자를 둔각으로 산란시킨다.'는 가설을 세울 수 있게 되었다. 그러나 이 가설도 그 당시 전자기 이론으로 설명하지 못하는 문제를 가지고 있었다.

(1) 첫 번째 가설은 왜 타당하지 않은지 다시 한 번 설명해 보자.
(2) 두 번째 가설은 타당한지 생각해 보자. 어떤 면이 설명되지 않는지 생각해 보자.

활동 3: 러더퍼드의 실험을 모형 실험으로 재현해 보고 결과 분석하기

다음과 같이 실험을 해보고 그 결과를 분석하여 보자.

- **실험 목적**: 이 실험은 러더퍼드의 알파입자 산란 실험을 모형화하여 재현해 보고, 러더퍼드의 산란 실험 결과 해석의 타당성과 신뢰성을 검증해 보기 위한 것이다. 큰 상자를 원자라고 보았을 때 상자 가운데에 매단 금속 구슬은 원자핵이라고 볼 수 있다. 그리고 상자 속에 쏘게 되는 비비탄 총알들은 알파입자라고 볼 수 있다.

- **준비물(조별 준비물)**: 큰 박스 2개, 비비탄 총 및 총알, 서로 다른 크기의 금속 구슬, 고글, 보호 장갑

• 실험 방법과 절차

〈※ 이 실험에서 반드시 주의해야 할 점〉

실험에 참여하는 모든 학생들은 반드시 보호 장갑과 고글을 착용하도록 하고, 안전에 유의하도록 한다. 그리고 비비탄을 쏘면서 구멍을 들여다보거나 상자 속이 아닌 다른 곳에 쏘면 위험하므로 실험자 외에는 상자에서 멀리 떨어져 있도록 하고 안전에 유의하도록 한다.

❶ 그림 A과 같이 뚜껑이 있는 튼튼한 박스(비비탄이 뚫고 나오지 못하도록) 한 면에 지름 5cm 정도의 구멍을 내고, 지름에 맞는 종이 관을 만들어 끼운 다음, 종이관을 통해 상자 속을 밖에서 볼 수 없도록 먹지로 입구를 막아둔다. (교사가 미리 준비해 준다)

❷ 뚜껑을 열고 [그림 B]와 같이 상자 속 세 개의 벽면에 부드러운 종이 상자 또는 먹지를 붙이도록 한다.
(종이상자 또는 먹지를 벽면에 붙이는 이유는 비비탄 총알이 벽에 부딪쳤을 때 자국을 분석하여 총알의 경로를 추정해 보기 위한 것이다.)
상자 속 한 가운데에 비비탄보다 크고 무거운 쇠 구슬을 매단다.
(*이때 중요한 것은 실험에 참여하는 학생들은 어떤 크기의 어떤 물체가 들어 있는지 모르도록 설치하여 실험이 끝난 후에 추리해 볼 수 있도록 하는 것이 좋다. 그러므로 여기까지의 장치는 교사가 미리 준비해 둔다.)

그림 A. 겉에서 본 실험 장치

그림 B. 상자 속 구조

❸ 설치가 끝나면, 실험자는 비비탄 총알을 되도록 많이 그리고 여러 방향으로 나가도록 비비탄 총을 쏘도록 한다. 이 과정은 러더퍼드 실험에서 알파입자 산란 실험을 모형적으로 체험해 보게 하는 것이다.

❹ 비비탄을 모두 쏜 다음에는, 다시 튕겨서 나온 비비탄이 있는지 조사하여 총알 수를 세도록 한다. 그리고 각 조의 학생들은 상자 뚜껑을 열고 상자 속에 설치했던 골판지 또는 먹지를 떼어 낸다. 상자의 어느 쪽 면인지(뒷면, 왼쪽 면, 오른쪽 면)를 표시해 두도록 한다.

❺ 각 면에 총알이 맞은 결과를 분석하여 비비탄 알의 경로와 특징을 생각해 보도록 한다. 특히, 되튀어 나온 비비탄 알 수, 상자 내부에 매단 구슬의 크기 등을 비교하고 분석하여 비비탄 알이 왜 되튀어 나올 수 있었는지, 그리고 그 수가 왜 그렇게 되는지에 대해 토의한다.

❻ 분석한 결과를 정리하면서 다음 내용에 대해 생각해 보도록 한다.

(생각해보기) 가이거와 마스덴의 실험에서는 알파입자 8,000개를 입사시켰다. 대부분 통과하여 지나갔으나, 극히 적은 수인 1~2개 정도의 입자가 되튀어 오는 산란 현상을 발견했다. 이 실험 결과를 통해 러더퍼드는 원자의 한 가운데에 (+)전하를 띤 무거운 원자핵이 있다고 추론하였다. 여러분의 실험 결과를 통해서 원자핵의 크기가 어떠한 지를 추측해 보자. 또한 실제 알파입자 산란 실험과 현재의 실험활동과의 차이점이 무엇인지 비교해 보자. 이에 대해 생각해 본 것을 발표해 보자.

❼ 다음과 같이 본 활동들에 대해 과학사적인 내용을 포함하여 정리해 주도록 한다. (교사용)

러더퍼드의 1911년 논문에는 나가오카 한타로가 1904년 주장한 원자 모형 이야기가 있습니다. 그의 원자이론에 따르면, 그는 원자가 토성 및 토성고리처럼 생겼으며 양전하 구가 토성의 중심에 있고, 전자가 고리로 둘러싸고 있는 형태의 구라고 주장하였으며 그렇게 주장한 것이 흥미로웠다고 전하고 있습니다. 이에 대해 한슨이라는 학자는 러더퍼드가 이러한 한타로의 입장을 수용하여 원자를 입자적인 관점(양전하 구, 전자)과 기하학인 관점(고리로 둘러싸인 형태의 구)을 통해서 알파입자 산란 실험을 분석했다고 설명하였습니다. 이번 활동에서 활동1과 활동2는 러더퍼드가 어떻게 문제를 발견하고, 그 문제 해결을 위해 어떤 가설을 세웠는지에 대해 알아본 것이며, 활동3은 상자 속의 구슬처럼 상자를 닫았을 때 보이지 않는 물체를 비비탄을 쏘아 알아본 것과 같이, 러더퍼드도 알파입자들을 금속박에 쏘아 보이지 않는 원자 속 구조를 추론한 과정을 모형적으로 체험해 본 것입니다.

화학에서 문제 발견 및 귀추적 사고 사례 이용: 폴링의 사고과정 따라해 보기

화학자 폴링은 당대 이론의 모순 인식을 통해 문제를 발견하였다. 폴링의 모순 인식은 혼성궤도함수 연구와 전기음성도의 연구에서 찾아볼 수 있다.

탄소는 여섯 개의 전자를 가지고 있는데 양자 물리학의 규칙으로 보면 그중의 두 개는 핵 가까이의 궤도함수에서 짝을 짓고 반응에 이용되지 않아야 했다. 그리고 나머지 네 개는 서로 다른 궤도함수들에 나뉘어 분포되어야 했다. 그런데 이 네 개의 전자들은 모두 다른 원자들과 결합하는 데 이용되었다. 그러나 화학자들은 탄소가 흔히 다른 원자들과 네 개의 똑같은 결합을 만들어서 완전한 정사면체를 형성한다는 것을 알고 있었기 때문에 폴링은 이 탄소원자의 모순을 해결하기 위해 탄소원자가 다른 것과 결합할 때, 전자를 교환하면서 에너지를 얻고 이 에너지가 탄소의 바깥쪽에 있는 전자들을 새로운 형태로 결합할 수 있게 해준다는 혼성궤도함수를 생각해내어 탄소의 정사면체 결합을 설명할 수 있었다.

전기음성도의 연구에서도 폴링의 모순인식을 찾아볼 수 있다. 폴링은 $A_2(g)$

$+ B_2(g) \rightarrow 2AB(g)$의 반응이 진행될 때 A-A와 B-B의 평균 결합 에너지와 A-B 결합 에너지가 같을 것이라고 예상했는데 실제로는 A-B 결합 에너지가 크게 나타났다. 폴링은 그 여분의 에너지가 공유결합의 이온적 특성에 기인한다고 가정하였다. 다시 말하자면 A-A의 결합 에너지와 B-B의 결합 에너지의 합보다 A-B 결합 에너지가 크다면 그 에너지는 A원자와 B원자 간의 정전기적 상호작용 때문일 것이라고 가정한 것이다. 이 또한 예상한 결합 에너지와 실제의 결합 에너지의 모순을 인식하여 새로운 문제를 인식하는 모순 인식의 경우라 할 수 있겠다.

이와 같이 폴링은 양자 물리학과 화학에서의 탄소결합의 모순, A_2와 B_2가 결합하여 2AB 반응이 일어날 때 예상 결합 에너지와 실제 결합 에너지의 차이에서 오는 모순상황에서 문제를 새롭게 발견하고 그것을 해결하는 과정에서 창의적인 아이디어를 생각해내었다. 이러한 모순인식을 통한 문제 발견은 모형화를 통해서 창의적 문제 해결로 이어진다. 폴링은 규산염의 구조를 밝힐 때 자신의 생각을 [그림 10-1]과 같이 나타낸 다음 종이로 입체 모양을 접어서 서로 연결했다. 이런 종이 모형들은 많은 도움을 주었고 여러 가지 방법으로 조합시키는 과정에서 어떤 것이 들어맞고, 어떤 것이 들어맞지 않는가를 알 수 있게 하였다. 복잡한 분자 구조는 X선의 회절 무늬 때문에 해석이 어려웠는데 폴링이 모형을 먼저 만들고 X선 무늬를 관찰하는 방법으로 규산염의 구조를 찾아내었다.

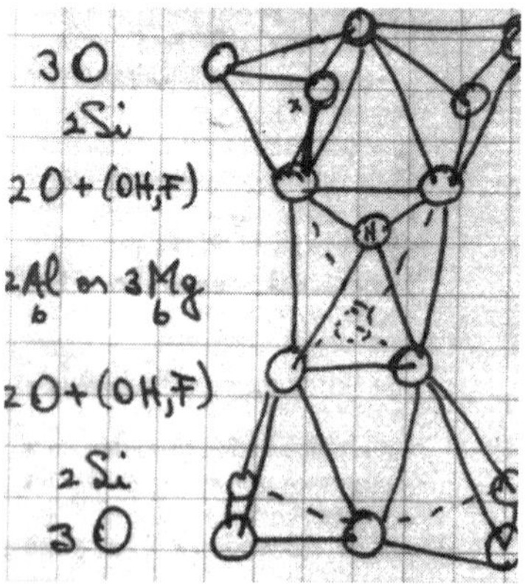

[그림 10-1] 폴링의 연구노트 속 규산염
(자료원: Hager, 1998, p. 49)

[그림 10-2] 분자 모형과 폴링
(자료원: Hager, 1998, 표지)

또한 폴링은 분자모형을 처음으로 사용하고 수업시간마다 즐겨 사용하였는데, 이는 보이지 않는 분자와 분자구조에 대한 이해를 쉽게 할 수 있었기 때문이다. 이렇게 눈에 보이지 않는 것을 그림을 그리고 모형을 사용하여 문제를 해결하고, 이해를 높인 것은 '가시적 모형화'라는 창의적 방법을 사용한 것이라고 할 수 있다.

모순인식을 통한 문제 발견과 모형화를 통한 문제 해결 등과 같은 폴링의 창의적 사고 과정을 가르치기 위한 프로그램을 개발해 보았다(구민아 외, 2011). '모순인식과 모형화 따라하기' 프로그램은 폴링이 모순 상황을 해결하는 과정에서 혼성궤도함수나 전기음성도처럼 새롭고 의미 있는 아이디어를 생각할 수 있었던 것처럼 학생들로 하여금 이 과정을 겪어보도록 한 것이다. 학생들로 하여금 모순상황에서 그 모순을 논리적이고 합리적이며 일관성 있게 조정하기 위해 새로운 아이디어를 생각할 수 있도록 모순상황을 만들어 주었다(그림 10-3). 학생들에게 일반적인

모순인식	▶	● 폴링의 창의적 사고 활동 따라하기 1: 모순 찾기 다음은 일반적인 물질들의 고체, 액체, 기체의 모형이다. 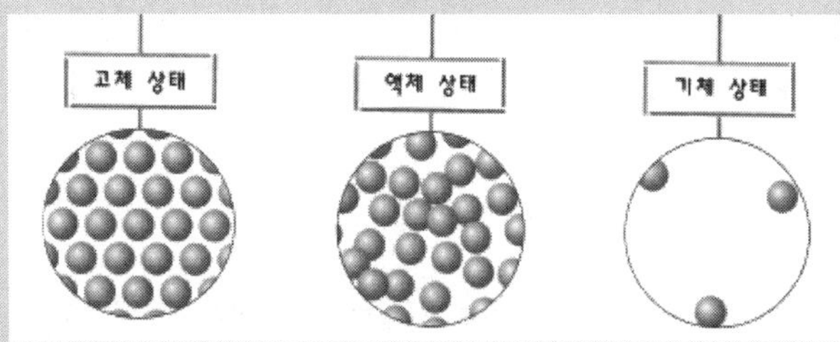 하지만 물을 PET병에 넣고 냉동실에 넣어 얼리면 물의 부피가 커진다. · 왜 이런 현상이 일어날까요?
모형화	▶	● 폴링의 창의적 사고 활동 따라하기 2: 모형화 · 위에서 생각한 이유를 모형을 이용하여 설명해 보자.

[그림 10-3] 모형화 따라하기

물질들이 상태변화를 할 때의 분자모형을 설명한다. 그 이후에 물이 얼음이 되었을 때 부피가 증가하는 일상생활의 현상들을 제시하여 모순을 인식할 수 있는 상황을 만든 것이다.

그리고 폴링이 규산염의 구조 연구에서 종이 모형을 접어서 접근한 것이 문제 해결의 큰 실마리가 된 것처럼 모순을 해결하는 과정에서 자신의 생각을 모형으로 나타내게 함으로써 생각을 구체화시켜 문제 해결에 대해 논리적으로 접근할 수 있도록 하였다.

아직 외부압력과 끓는점의 관계에 대해 정확한 과학 지식이 없는 학생들은 흔히 물이 100℃에서 끓는다고 생각한다. '모순인식 따라하기'에서는 학생들에게 물이 100℃에서 끓지 않는 상황의 예시를 제시해 주는데 이는 학생들에게는 모순 상황으로 인식이 된다. 그래서 압력솥 안과 산 위에서의 물의 끓는점을 제시하면 물의 끓는 온도가 100℃라고 생각한 자신의 생각과의 모순을 인식하게 되어 문제를 발견하게 된다. 학생들은 그 모순을 논리적이고 합리적이며 일관성 있게 해결하기 위해 창의적인 여러 가지 생각들을 할 수 있게 된다(그림 10-4).

폴링은 규산염의 구조를 밝히는 과정에서 규소와 탄소가 비슷한 점이 많다고 생각하였다. 탄소가 다른 네 개의 원자들과 결합하면서 정사면체를 형성하고 그 중심에 탄소가 놓이고 각 꼭짓점에 다른 원자들이 놓인다는 것을 알았는데

모순 인식	▶	● 폴링의 창의적 사고 활동 따라하기 3: 모순 찾기 액체가 끓기 시작하여 기체로 상태 변화하는 동안의 온도를 끓는점이라고 한다. 실험실에서 물의 끓는점을 측정해보면 100℃ 근처에서 물이 끓기 시작한다. 압력솥 안의 물은 122℃ 근처의 온도에서 물이 끓기 시작하고 산위에서 물을 끓이면 100℃보다 훨씬 낮은 온도에서 물이 끓기 시작한다. · 왜 이런 현상이 일어날까요?

[그림 10-4] 모순 인식 따라하기

규소도 이와 같은 모양으로 다른 원소들과 결합한다는 증거를 찾아 규소의 결합구조를 알아내었다. 이는 이미 알려진 현상에서의 잘 알려진 법칙을 새로운 현상의 설명을 위해 도입하는 귀추적 사고라 할 수 있다.

폴링이 여러 가지 규칙들을 조합하여 규산염의 구조를 밝히고 식을 간략화하는 단순화 과정으로 탄소의 정사면체 결합을 수학적으로 증명한 것처럼 단순화 및 발산적 사고 따라하기에서는 학생들이 주어진 여러 데이터를 그래프로 나타내게 하여 규칙성을 찾게 한다. 이 과정에서 학생들은 전체적인 자료들을 조합하고 단순화하여 의미 있는 결과를 찾아내는 방법을 공부하게 된다. 그리고 표와 그래프를 해석하는 과정에서 생각나는 것을 다양하게 적어 보게 함으로써 폴링이 인터뷰

단순화 / 발산적 사고 ▶

폴링의 창의적 사고 방법 따라하기 4: 단순화 & 발산적 사고

일정한 온도에서 밀폐된 용기에 들어 있는 액체와 그 증기가 동적 평형 상태에 있을 때 증기가 나타내는 압력을 증기 압력이라고 한다.
(증발하는 분자 수와 응결하는 분자 수가 같아져서 겉으로 보기에는 아무 변화도 일어나지 않는 것처럼 보이는 이러한 상태를 동적 평형 상태라고 한다.)

표는 온도 변화에 따른 증기 압력의 변화에 대한 것이다.

(단위: mmHg)

온도(℃)	디 에틸 에테르	에탄올	물
0	150	10	10
20	320	50	20
40	760	160	90
60		380	170
80		760	320
100			760

· 모눈종이에 위 세 가지 물질의 온도 변화에 따른 증기 압력의 변화를 나타내어 보자.
· 표와 그래프로부터 얻을 수 있는 특징을 다양하게 정리하여라.

[그림 10-5] 단순화 및 발산적 사고 따라하기

에서 이야기한 것처럼 될 수 있는 한 많이 생각하는 기회, 즉 발산적 사고를 할 수 있게 된다.

[그림 10-5]에서 제시한 것과 같이 단순화 및 발산적 사고 따라하기 활동을 통해 학생들은 온도가 높아질수록 증기압이 높아진다는 과학지식을 알게 되고, [그림 10-6]과 같은 귀추적 사고 및 수렴적 사고 따라하기를 통해서는 학생들은 증기압과 외부압력이 같아질 때 액체가 끓기 시작하고 그때의 온도가 끓는점이라는 것을 알게 된다. 귀추적 사고 및 수렴적 사고 따라하기에서는 학생들이 이러한 과학적 지식을 도입하여 실험실, 에베레스트산, 압력솥의 경우의 끓는점과 외부압력을 해석하는 귀추적 사고를 하게 된다. 이는 폴링이 탄소의 경우를 규소에, 분자구조의 원리를 항체의 특이성에, 낫세포 헤모글로빈 분자의 엉겨 붙는 현상을 항체와 항원의 결합으로 생각하여 문제를 해결한 것처럼 학생들은 이미 알려진 법칙을 새로운 현상을 설명하기 위해 도입해 오는 귀추적 사고를 훈련할 수 있게 되는 것이다. 그리고 외부압력에 따른 끓는점 변화 그래프를 그려봄으로써 생각을 통합하는 수렴적 사고를 훈련할 수 있는 기회를 가지게 된다.

학생들은 앞의 활동들을 통해 온도, 증기압력, 끓는점, 동적 평형상태, 외부압력과 같은 생소한 개념들에 대해 정보를 얻게 되는데 [그림 10-7]에서의 수렴적 사고 따라하기에서는 이를 종합하여 정리해보게 함으로써 수렴적 사고를 훈련하게 된다.

[그림 10-8]과 같이 관점의 전환, 발산적 사고, 수렴적 사고 따라하기에서는 브래그가 분자구조를 공깃돌로 생각한 것과 달리, 폴링은 원자들이 일정한 비율로 결합한다고 생각했다. 다른 시각으로 문제를 인식하여 문제를 해결한 것처럼 일반적으로 가열하여 물의 온도를 높여 물을 끓이는 것에서 벗어나 새로운 관점에서 생각할 수 있도록 100℃보다 낮은 온도에서 물을 끓이는 방법에 대해 생각하게 하였다. 이 과정에서는 새로운 관점에서 문제를 인식하고 해결해 보도록 하여, 관점을 전환하는 사고를 훈련할 수 있도록 하였다. 그리고 그 방법을 최대한 많이 생각해 볼 수 있도록 유도하고 생각할 시간을 충분히 주어 발산적 사고를 하게 하였다. 그리고 우선 순위별로 생각을 정리하게 하여 필요가 없는 생각들을 골라내게 하여 수렴적 사고도 훈련할 수 있도록 하였다.

귀추적사고	▶	● 폴링의 창의적 사고 방법 따라하기 5: 귀추적 사고 & 수렴적 사고 외부 압력과 증기 압력이 같아지면 액체 내부에서 기포가 형성되면서 기포가 깨지지 않고 점점 자라서 액체 사이를 통과하여 올라오게 되는데, 이러한 현상을 끓음이라고 하며, 이때의 온도를 끓는점(bolling point)이라고 한다. · 실험실에서의 외부 압력은 약 몇 mmHg일까?
수렴적사고		· 압력 밥솥에서의 압력은 약 몇 mmHg일까? · 에베레스트 산 위에서의 압력은 약 몇 mmHg일까? · 자신이 생각하는 물의 외부 압력에 따른 끓는점의 변화를 그래프로 나타내어 보자.

[그림 10-6] 귀추적 사고 및 수렴적 사고 따라하기

수렴적사고	▶	● 폴링의 창의적 사고 방법 따라하기 6: 수렴적 사고 · 온도, 증기 압력, 끓는점, 동적 평형 상태, 외부 압력과의 관계를 종합하여 나타내어 보자.

[그림 10-7] 수렴적 사고 따라하기

이제는 학생들이 끓는점이 증기압력과 외부압력이 같을 때라는 것을 알았기 때문에 [그림 10-9]와 같이 귀추적 사고 따라 하기에서는 끓는점은 외부압력에 따라 달라질 수 있다는 과학지식을 새로운 상황들에 도입하여 주어진 문제들의 해결로 진행할 수 있도록 하여 귀추적 사고를 경험할 수 있도록 하였다.

관점의 전환 발산적 사고 수렴적 사고	▶	◉ 폴링의 창의적 사고 방법 따라하기 7 : 관점의 전환 & 발산적 사고 & 수렴적 사고 · 물을 100℃보다 낮은 온도에서 물을 끓일 수 있는 방법을 생각해 보자. (포스트 잇에 생각 나는대로 적어서 붙인 후 자신이 생각했을 때 다른 방법에 비해 좋지 않은 실험방법이 적힌 포스트 잇을 아래쪽으로 보내어 우선순위를 정하여 보자.)

[그림 10-8] 관점의 전환, 발산적 사고, 수렴적 사고 따라하기

귀추적 사고	▶	◉ 폴링의 창의적 사고 방법 따라하기 8 : 귀추적 사고 1. 라면에 들어 있는 야채 스프나 인스턴트 커피는 수분을 증발시켜 만든 제품이다. 제품의 향을 보존하면서 수분을 증발시킬 수 있는 방법을 생각해 보자. 2. 통조림을 만드는 과정에서 살균처리는 140℃ 이상에서 가능하다. 어떻게 하면 물의 온도를 140℃까지 올려서 살균할 수 있을지 생각해 보자. 3. 주사기에 70℃의 물을 넣고 피스톤을 당기면 물이 끓는 이유를 생각해 보자. 4. 부탄가스는 용기 안에서 액체 상태로 존재하는 이유를 생각해 보자. 5. 깊은 바닷속에서는 화산이 분출해도 바닷물이 끓지 않는 이유를 생각해 보자.

[그림 10-9] 귀추적 사고 따라하기

생명과학에서 문제 발견 및 귀추적 사고 사례 적용 : 다윈의 사고 과정 따라해 보기

다윈(C. Darwin)의 진화론 확립과정에서 나타난 사고 과정에서 과학교육 프로그램에 적용할 수 있는 탐구요소를 [그림 10-10]과 같이 추출하였다. 다윈이 비글호 항해를 통해 여러 생물체들을 관찰하고, 관찰 대상들 사이의 유사성과 비유사성을 인식하면서 의문을 생성하는 과정에는 귀납적 추론이 포함되어 있다.

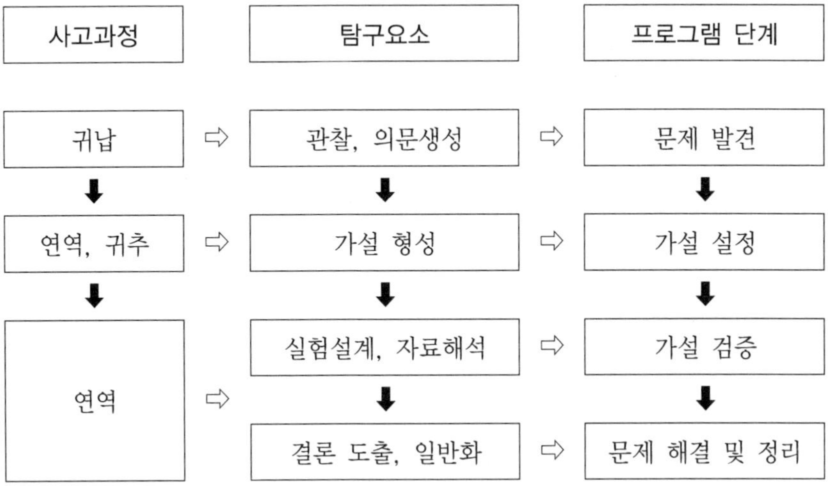

[그림 10-10] 다윈의 진화론 확립과정에서의 탐구요소와 탐구요소를 적용한 프로그램

여기에서 관찰, 의문생성의 탐구요소를 추출하였다. 또한, 다윈이 자연선택설이라는 가설을 설정하는 과정에는 연역적 추론이 포함되어 있다. 여기에서 가설 형성의 탐구요소를 추출하였다. 맬서스(Malthus)의 인구론을 유비하여 진화의 메커니즘을 밝히는 귀추적 추론에서는 가설 형성의 탐구요소를 추출하였다. 가설을 검증하는 과정과 최종적으로 진화론을 도출하는 과정에는 연역적 추론이 나타나며, 이 과정에서 실험설계, 자료해석, 결론도출, 일반화의 탐구요소를 추출할 수 있다.

다윈의 과학적 사고 과정에서 추출한 탐구요소를 토대로 문제 발견 단계, 가설 설정 단계, 가설검증 단계, 문제 해결 단계의 4단계로 이루어진 과학교육 프로그램을 개발하였다. 개발한 교육프로그램의 각 단계별 특징은 다음과 같다(김순옥 외, 2011).

문제 발견 단계

갈라파고스 제도는 다윈이 진화론을 확립하는 데 가장 큰 영향을 준 곳이다. 따라서 문제 발견 단계는 학생들이 갈라파고스 제도를 간접적으로 경험해 볼 수 있는 활동으로 구성하였다. BBC 다큐멘터리 동영상을 시청하면서 갈라파고스

귀납적 사고	▶	1835년, 다윈은 비글호를 타고 갈라파고스 제도에 도착했습니다. 갈라파고스 제도에서 진행된 5주간의 탐사는 진화론에 결정적인 역할을 했으며, 종의 기원과 진화에 관한 새로운 장을 열었습니다. 다윈은 갈라파고스 제도에서 무엇을 관찰했을까요? 또한, 관찰한 결과가 어떻게 진화론의 기초가 되었을까요? 갈라파고스 제도에 대한 영상자료와 배부된 [다윈핀치 자료]를 통해 다윈의 탐사를 따라 가 봅시다. • 준비물 갈라파고스 제도 영상자료, [다윈핀치 자료], [다윈핀치 관찰 활동지] • 탐구과정 1. 갈라파고스 제도 영상을 시청하면서 다음 질문에 답하세요. ① 갈라파고스 제도는 어떤 지리적·환경적 특징을 갖고 있나요? 다섯 가지 특징을 써 보세요. ② 갈라파고스 제도에는 어떤 생물들이 살고 있나요? 3종류 이상 써 보세요. 2. 갈라파고스 제도에는 13종의 '다윈핀치'라는 새들이 살고 있습니다. 이 이름은 다윈이 갈라파고스 제도에서 진화론에 대한 영감을 받았기 때문에 붙여졌습니다. 모둠별로 [다윈핀치 자료]의 다윈핀치를 관찰하여 [다윈핀치 관찰 활동지]의 '관찰 결과'에 기록하세요. (※ 가능한 한 상세히 관찰하여 기록하세요.) 3. '관찰 결과'를 비교하여 4종류의 다윈핀치가 어떤 부분에 차이가 있는지 찾아봅시다. 발견한 차이점을 기록해 봅시다. 4. 발견한 차이점을 모둠별로 발표해 봅시다. 5. 다른 모둠의 발표를 듣고, 자신의 모둠에서 발견하지 못한 차이점을 추가로 기록해 봅시다. 6. 탐구과정 2~5와 관련하여 자신이 알아낼 수 있거나 알아내고 싶은, 탐구할 가치가 있다고 생각하는 과학적 문제를 다양한 영역에서 가능한 한 많이 찾아내어 2가지 이상 써 봅시다.

[그림 10-11] 문제 발견 과정 따라 해보기

제도의 지리적·환경적 특징을 찾아보게 하고, 갈라파고스 제도에만 살고 있는 독특한 생물체를 발견하게 함으로써 학생들의 흥미와 관심을 유발하였다. 갈라파

고스 제도의 특징을 모둠별로 발표하게 하여 발견한 특징을 비교할 수 있게 함으로써 다양한 측면에서 관찰할 필요가 있다는 점을 인식할 수 있게 하였다. 다윈의 연구과정과 비교하면서, 다윈처럼 갈라파고스 제도의 생물체를 자세하게 관찰할 수 있는 기회를 제공하였다. 다윈핀치 4종을 사진으로 관찰하면서 각 핀치들의 특징을 기록하고, 4종의 핀치가 모두 서로 다른 부분이 어떤 점인지 찾도록 하였다. 모둠원 간에 의견교환이 자연스럽게 이루어질 수 있도록 자유로운 분위기를 조성하였으며, 이러한 활동 후에 과학적으로 탐구할 가치가 있는 문제를 발견하여 기록할 수 있도록 하였다. 또한, 다윈핀치의 서식지 분포를 나타내는 글을 읽고, 지도에 서식 분포를 표시한 후, 이 활동과 관련하여 과학적으로 탐구할 가치가 있는 문제를 발견할 수 있는 기회를 제공하였다. 발견한 문제는 발표를 통해 전체 학생들이 공유함으로써, 과학적 문제에 접근하는 방법이나 서술하는 방법에 대해 인식할 수 있도록 하였다(그림 10-11).

가설 설정 단계

가설 설정 단계에서는 다윈이 발견한 문제에 대한 잠정적인 답인 가설을 생성하고, 모둠별 토의를 통해 설정한 가설을 정교화하는 기회를 제공하였다. 가설 생성 시의 유의점에 대해 설명하고 자신의 의견을 분명하게 전달할 수 있는 서술 방법에 대해서도 안내하였다. 스스로 자신만의 가설을 설정해 본 후, 다윈이 설정한 가설을 소개하였다. 특히 다윈이 인구론을 읽고 귀추 과정을 통해 진화의 메커니즘을 발견한 과정을 활동지를 통해 경험할 수 있게 하였다. 이 과정에서는 학생들이 인구론을 요약한 글을 읽어 보고, 그 속에서 진화의 메커니즘을 스스로 유추하게 하였다. 이러한 활동을 통해 학생들이 가설 생성 과정에서 귀추가 중요하게 작용함을 인식시키고자 하였다. 인구론으로부터의 귀추 과정을 통해 생성한 가설을 토대로 다윈핀치와 관련하여 학생들이 생성한 문제를 해결할 수 있는 기회를 제공하였다(그림 10-12).

<table>
<tr><td>연역적 사고</td><td>▶</td><td>다윈은 갈라파고스 제도에 살고 있는 핀치를 관찰하면서 다음과 같은 문제를 발견했습니다.

"몸통, 꼬리, 깃털은 서로 유사한 모양을 가진 핀치들이 왜 서로 다른 모양의 부리를 가질까?"<br>"왜 섬마다 살고 있는 다윈핀치의 종류가 다를까?"

과학자들은 탐구문제를 해결하기 위해 먼저 그 문제의 잠정적인 답에 해당하는 가설을 세웁니다. 여러분도 다윈이 제안한 탐구문제를 해결하기 위하여, 그 문제의 잠정적인 답인 가설들을 세워봅시다. 한 개의 탐구문제에 대한 가설은 한 가지일 수도 있지만, 대부분 여러 개를 세우고 검증해 나갑니다. 가능한 한 여러 개의 가설을 세워 봅시다. 모둠별로 토의하여 다윈의 의문을 해결하기 위한 모둠의 가설을 세워봅니다.</td></tr>
<tr><td>귀추적 사고</td><td>▶</td><td>다윈은 "생물이 살고 있는 지역의 환경에 따라 새로운 종이 나타날 것이다." 라고 가설을 세웠지만, 그 과정은 분명하게 설명할 수 없었습니다. 그러나 1838년 멜서스의 『인구론』을 읽고 진화의 기작(방법)에 관한 힌트를 얻게 되었으며, 이것은 곧 진화론으로 이어졌습니다. 다윈은 어떤 힌트를 얻었을까요? 멜서스가 쓴 『인구론』을 요약한 다음 글을 읽고 질문에 답하세요.

"인구는 기하급수적으로 증가하고, 식량은 산술급수적으로 증가한다." 『인구론』 초판에만 나오는 이 유명한 구절은 『인구론』의 핵심을 한 마디로 요약한다. 즉, 인구는 지속적으로 증가하기 때문에 사용가능한 자원을 초과하게 되며, 결국에는 음식과 다른 필수품을 위해 격렬하게 경쟁하게 되어 파국이 불가피하리라는 것이다. 일정한 농지가 생산할 수 있는 식량은 고정되어 있으며, 맬서스는 인구가 대략 25년마다 두 배씩 증가하므로, "2세기 뒤에는 인구와 생활 물자 간의 비율이 256 대 9가 되며, 3세기 뒤에는 4096 대 13이 되고, 2천 년 뒤의 차이는 거의 계산이 불가능할 정도로 커질 것"이라고 주장하였다.

① 다윈은 진화의 과정을 설명하기 위해 인구론의 어떤 부분을 어떻게 연결하였을까요?
② 다윈은 진화론에서 어떤 과정을 통해 진화가 일어난다고 설명하였을까요?
③ 서로 밀접한 연관이 있는 다윈핀치의 종에 따라 부리 모양에 차이가 나며, 서식 분포에 차이가 나는 이유는 무엇일까요?</td></tr>
</table>

[그림 10-12] 연역적, 귀추적 사고 따라 해보기를 통한 가설 설정

가설검증 단계

진화의 과정을 실제로 실험을 통해 검증하는 것은 어려우므로, 다윈은 설정한 가설을 검증하기 위해 수십 년에 걸쳐 가설을 지지하는 많은 자료를 수집하였다. 그러나 본 프로그램에서는 학생들의 흥미를 유발하고, 일반적인 이론의 확립 과정을 경험할 수 있도록 모의실험을 통해 가설을 검증하였다. 서로 다른 부리를 가지는 새가 되어 경쟁을 해보는 이 모의실험은 BSCS(Resch & Sevin, 2008)의 '새의 부리'를 참고로 하였다. 문제 발견 단계에서 제시되었던 다윈핀치의 부리와 연관된 '새의 부리' 모의실험을 가설검증 단계에서 실시함으로써 프로그램이 유기적으로 구성될 수 있게 하였다. 부리에 따라 먹을 수 있는 먹이가 다르므로, 자신의 부리로 먹을 수 있는 먹이가 존재하지 않는 경우, 생존경쟁에서 지게 되며 환경에 유리한 생물만이 살아남는다는 것을 실험을 통해서 확인할 수 있다. 즉, 학생들은 한 번에 한 가지 먹이 밖에 존재하지 않는 제한된 상황에서 자신이 먹이를 먹을 수 없는 상황을 경험할 수 있다. 예를 들어, 이쑤시개 부리를 가진 학생은 구슬 먹이만 존재하는 상황에서는 먹이를 먹지 못할 수밖에 없는데, 이러한 직접적인 경험이 진화론에 대한 심도 있는 이해를 가능하게 하였다. 모의실험과 실제 자연환경과의 차이점을 모둠별로 토의하여 기록할 수 있게 함으로써, 모의실험으로 인한 오개념이 형성되는 것을 방지하였다(그림 10-13).

연역적 사고	▶	이전 탐구활동에서는 다윈이 갈라파고스 제도 탐사를 통해 진화론의 기초를 다지고, 인구론을 확장시켜 진화론을 확립하는 과정에 대해 살펴보았습니다. 이번 탐구활동에서는 다윈의 진화론에서 설명하는 진화 과정을 직접 모의실험을 통해 확인해 봅니다. • 준비물 플라스틱 통 1개, 컵 4개, 집게 1개, 숟가락 1개, 이쑤시개 1개, 옷핀 1개, 작은 구슬 40개, 건포도 40개, 마카로니 40개, 스티로폼 조각 40개 • 탐구과정 1. 도구(집게, 숟가락, 이쑤시개, 옷핀)와 컵을 선택하세요. 각 모둠원은 반드시 서로 다른 도구를 가져야 합니다. 도구는 서로 다른 종에 속하는 새의 부리 종류를 나타내며, 컵은 새의 위를 나타냅니다.

연역적 사고

2. 도구를 먹이를 잡는 새의 부리로 사용하세요. 어떻게 먹이를 잡는지에 대한 다음 설명을 읽으세요.
   - 옷핀: 한 손으로 옷핀의 끝부분을 잡고 옷핀을 가능한 한 크게 벌리세요. 그 사이에 먹이를 넣고 옷핀을 끼우세요. 반대쪽의 한 손가락만 사용하여 옷핀을 풀어서 먹이를 컵 속에 넣으세요.
   - 이쑤시개: 한 손으로 이쑤시개를 들고 조심스럽게 먹이를 찌르세요. 이쑤시개에서 먹이를 빼내어 컵 속에 넣을 때 반대쪽의 한 손가락만 사용합니다.
   - 집게: 한 손에 집게를 들고 집게로 먹이를 꽉 쥐세요.
   - 숟가락: 한 손만 사용하여 숟가락의 끝부분을 잡고 먹이를 뜨세요.
3. 새의 먹이인 씨앗(작은 구슬), 달팽이(건포도), 벌레(마카로니), 수서곤충(스티로폼)을 확인하세요.
4. 다음 질문에 대한 답을 찾기 위해 [실험 설계 활동지]에 실험을 설계하세요.

> "어떤 환경 속에 한 번에 하나의 먹이 공급원만 존재한다고 가정합시다. 이 환경에서 살고 있는 4종의 새 중 가장 먹이를 얻기 쉽고, 살아남기 쉬운 것은 어느 것일까요?"

- 실험을 설계하기 위해 다음을 생각해보세요.
   - 몇 번의 시도가 필요한가요?
   - 여러분이 실험해야할 먹이 공급원은 몇 가지인가요?
   - 실제 자연 환경에서 4종의 새는 먹이를 두고 경쟁하게 됩니다. 이것은 이 실험에서 4명의 모둠원이 무엇을 해야 하는지를 의미하나요?

5. 실험을 수행하고, 결과를 결과표에 기록하세요.
6. 실험 결과를 발표하여 자신이 속한 모둠의 결과를 나머지 모둠과 공유하세요.
7. 학급 전체로 다음 질문에 대해 토의하고, 토의 결과를 기록하세요.
   - 가장 많은 양의 먹이를 잡은 부리는 어떤 것인가요?
   - 각각의 먹이를 가장 잘 잡은 부리는 어떤 것인가요?
8. 다음과 같은 일이 일어날 경우 몇 세대가 지난 후에 포식자 개체군에 어떤 변화가 나타날 것인지 예상해 보세요. 먼저 각자 기록한 다음, 시계 방향으로 돌려가며 다른 모둠원이 쓴 것을 읽어보고, 자신의 예상 가운데 추가하거나, 수정할 것이 있으면 다른 색깔 펜으로 수정하세요.
   ① 홍수가 나서 먹이 개체군 중 수서곤충만 살아남으면 어떤 일이 일어날까요? 그 이유는 무엇인가요?

연역적 사고	▶	② 가뭄이 심하여 먹이 개체군 중 씨앗만 살아남으면 어떤 일이 일어날까요? 그 이유는 무엇인가요? ③ 변화가 일어나 각 종류의 먹이에 제한적인 공급만 가능하다면 어떤 일이 일어날까요? 그 이유는 무엇인가요?

[그림 10-13] 연역적 사고 따라 해보기를 통한 가설 검증

문제 해결 및 정리 단계

문제 해결 및 정리 단계는 문제 발견, 가설 설정, 가설검증 단계의 활동을 거치면서 학생들이 갖게 된 여러 가지 사고를 명확히 하는 단계이다. 이 단계에서는 진화론에 관계된 여러 가지 질문에 개별 또는 모둠별로 답을 기록해 보면서 활동을 마무리하고, 스스로 진화론을 확립해 봄으로써 진화론에 대한 이해를 명확히 할

문제해결 및 정리	▶	1. 다음 글을 읽고 질문에 답을 쓰면서 변이와 생존의 개념에 대해 생각해보세요. 부리 모양은 어떤 것을 먹을 수 있는지에 영향을 주는 종의 특성으로, 개체가 살아남는 데 영향을 주게 됩니다. 환경이나 먹이가 변할 때 이 특성은 유리하거나 불리하게 작용할 수 있으며, 환경에 더 잘 대처하는 개체는 더 잘 살아남아 번식에 성공할 수 있습니다. 번식을 할 때 개체는 자신의 유리한 특성을 자손에게 물려줄 수 있기 때문에 결과적으로 시간이 흐르면서 특정 환경에 살아남는 데 유리한 특성을 가진 개체가 더 많아지게 됩니다. ① 개체군 내에서 일어나는 개체의 변이는 개체 생존에 어떻게 영향을 미치나요? ② 개체군의 다음 세대를 구성하는 데 특정한 개체의 생존은 어떻게 영향을 미치나요? 2. 시간이 흐르면서 개체군에 변화를 일으키는 개체의 특성에는 어떤 것이 있나요? 3가지 이상 쓰세요.

[그림 10-14] 문제 해결 및 정리 단계

수 있도록 하였다. 문제 발견 단계에서 제시되었던 다윈핀치의 모든 종을 소개하면서, 부리에 나타나는 차이는 왜 나타나는지 설명해 보도록 하였다. 영상을 통하여 실제 다윈핀치가 먹이를 먹는 과정을 확인함으로써, 문제 발견 단계와 문제 해결 단계가 이어질 수 있도록 구성하였다. 다윈의 진화론 확립과정에서 나타난, 문제 발견으로부터 이론 확립까지의 과정과 본 프로그램을 통해 경험한 문제 발견에서 이론 확립의 과정을 비교하면서 다윈의 진화론은 실제로는 다윈이 수십 년에 걸친 연구에 매진한 노력의 성과라는 것을 이해할 수 있도록 하였다(그림 10-14).

과학적 창의성과 창의성 교육

|제11장|

창의성과 창의성 요소

와이스버그(Weisberg, 1993)는 그의 저서 'Creativity - Beyond the Myth of Genius'에서 '창의적(creative)'의 의미를 다음과 같이 설명하였다. "Creative refers to novel products of value, as in the airplane was a creative invention. … Creative also refers to the person who produces the work, as in, 'Picasso was creative." 즉, 창의적이라고 말할 때에는 가치 있는 산출물을 지칭하거나, 창의적인 산출물을 생성하는 사람을 지칭한다는 것이다. 이렇게 와이스버그는 창의성을 새롭고 가치 있는 작품을 산출하는 능력과 창의적 산출물을 생성하는 활동 두 가지를 모두 의미하는 것으로 설명하였다. 그런가 하면 치센트미하이(Csikszentmihalyi, 1996)는 'Creativity - Flow and the Psychology of Discovery and Invention'이라는 그의 저서에서 "창의성은 현존하는 영역(existing domain)을 변화시키거나(change) 새로운 영역으로 변이시키는(transform) 어떤 행동, 아이디어 또는 산출물이다. … 이때 중요하게 고려되어야 하는 것은 그가 산출하는 것이 그 영역에 포함될 수 있을 정도로 참신성이 있는 것인지의 여부이다."라고 했다.

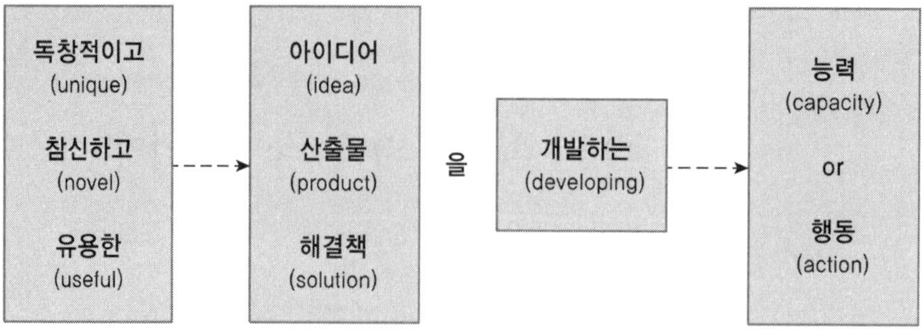

[그림 11-1] 창의성의 의미

이들을 종합해 보면, 창의성은 [그림 11-1]과 같이 정리할 수 있다. 즉, 창의성이란 독창적이고 참신하고 유용한 아이디어 또는 산출물 또는 해결책을 개발하는 능력이나 행동을 의미한다. 그러면 이러한 창의성이 발현될 수 있는 요건은 무엇인가? 아마빌(Amabile, 1996)은 창의성의 구성요소[33]를 [그림 11-2]와 같이 제시하였다.

아마빌(Amabile)에 따르면 창의성의 중요한 구성요소는 영역 전문성과 창의적 사고 기능, 과제 동기 등이다. 여기서 과제 동기는 창의성의 보편적인 성향이라고 볼 수 있지만 영역 전문성은 과학이나 예술과 같은 어떤 분야를 말하고 창의적

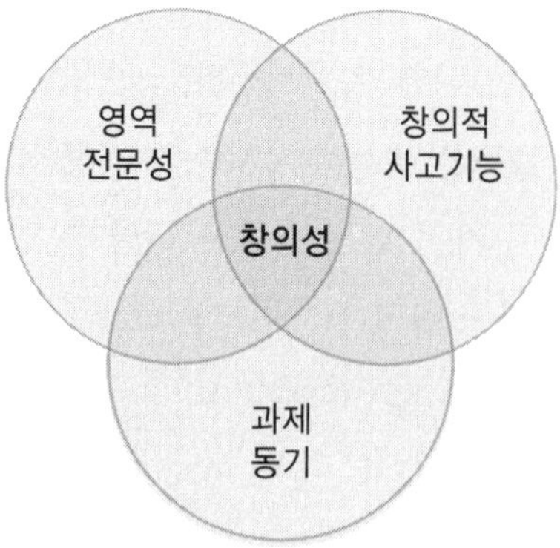

[그림 11-2] 창의성의 구성요소(Amabile, 1996)

33) 아마빌은 창의성을 개인 창의성과 집단 창의성으로 구분하고 개인 창의성(personal creativity)에 대해 [그림 11-2]와 같이 나타내었다.

사고 기능도 과학 영역인가 예술 영역인가에 따라 차이가 있는 것으로 보고 있다(Weisberg, 2006). 왜냐하면, 창의적 사고는 영역 전문성에 크게 의존하기 때문이다. 또한, 창의적으로 사고하는 사람은 아는 것을 근거로 그 과정의 각 단계를 이전 단계로부터 추론하며, 창의적 사고에 있어서는 자신의 영역과 관련된 주위 사건에 대한 민감성 또한 중요하게 작용하기 때문이다. 왓슨이 플랭크린의 X선 사진들에서 염기들 길이 변화에 관한 데이터에 민감했던 것은 새로운 사고를 형성하는 데 중요한 역할을 했음을 보여준다. 와이스버그(Weisberg, 2006)는 창의적 사고에 전문적 지식을 사용하는 방법을 크게 두 가지로 보았는데, 그것은 좀 더 수준 높은 사고를 하는 데 전문적 지식을 있는 그대로 사용하는 것이고, 다른 하나는 비유추론적으로 사용하는 것이다.

과학적 창의성

그러면 과학적 창의성이란 무엇인가? 가드너(Gardner, 1993)는 특정 부분의 뇌 손상에도 불구하고 다른 지능들은 제 기능을 발휘한다는 경험적인 증거 등을 통해 상대적으로 비교적 독립적이고 자율적인 여덟 가지의 두뇌 체계가 존재한다고 주장하였는데, 이 중 논리-수학적 지능(logical-mathematical intelligence)은 논리적, 수리적 유형에 대한 민감성과 구분 능력, 연쇄적 추리를 다루는 능력으로 과학자와 수학자에게 발달한 능력으로 보고 있다. 아돌프(Adolf, 1982)는 사고할 수 있는 질문과 과학적 방법을 사용하여 창의적 사고를 증진시킬 수 있음을 지적하고, 가설 설정, 실험 설계, 관찰 및 자료 수집 기술, 결과 해석, 그리고 결론 도출과 같은 과학적 사고 과정이 창의성 신장과 관련이 있다고 주장하였다. 다시 말해, 과학적 창의성은 관찰을 통해 문제를 발견하는 과정, 관찰 결과를 설명할 수 있는 다양한 가설을 발전시키는 과정(Lipps, 1999), 현상을 새로운 방식으로 해석하는 과정(Standler, 1998), 그리고 새로운 기술을 발명하는 과정(Standler, 1998) 등에서 효과적으로 나타날 수 있다는 것이다. 박종원과 박종석(2003)은 창의적 사고, 과학 내용, 과학 탐구 기능의 3차원 틀을 제시하였는데,

과학 탐구 활동이 창의적이기 위해서는 창의적 사고가 과학 내용 및 과학 탐구 능력과 밀접하게 연계되어야 하고, 특정 과학 내용에 대해서 특정 탐구기능을 사용하면서 창의적 사고와 연계될 때, 과학적 창의성이 발현된다고 제안하였다.

과학적 창의성의 정의적 특성과 관련하여, 스타코(Starko, 1995)는 과학 활동은 창의성과 관련된 태도와 가치를 계발하는 것이 중요하며 과학은 지속성, 인내심, 융통성 있는 사고, 새로운 방법의 탐색 등을 요구한다고 하였다. 이러한 스타코의 의견은 과학적 태도와 관련되는 것이며 실제로 과학적 태도는 일반적인 창의적 특성 중 정의적 요소와 관련이 있다. 창의성의 특성 중 정의적 요소로 들고 있는 것은 '용기', '호기심', '사고와 판단에 있어서의 독자성', '자신이 하고 있는 일에 대한 몰두', '직관의 이용', '사물을 당연한 것으로 받아들이지 않음', '모험심', '애매모호함에 대한 참을성과 개방성', '동기 및 동기화', '과제에 초점 맞추기' 등이다. 한편 과학적 태도는 과학교육의 중요한 목표 중 하나이며 '호기심', '정직성', '객관성', '개방성', '지속성', '건전한 회의', '판단의 보류' 등이 이에 속한다. 이를 보면 과학적 태도와 창의성의 정의적 요소는 서로 일치하는 부분이 상당히 있음을 알 수 있다.

탁월한 창의성을 발휘하는 과학자들과 그렇지 못한 과학자들과의 차이점을 살펴보면, 첫째 규칙에서 벗어나 자유롭고 융통성 있게 사고하는 것이 특징이다. 이 특징은 규칙에 근거하여 제안되어진 생산적이지 못한 접근방법을 쉽게 버리고 새로운 접근방법을 자유로이 선택하여 문제를 해결할 수 있다. 둘째, 새로운 경험을 즐기며, 다른 사람들보다 섬세하고 정교하게 문제를 접근하는 특징이 있다. 창의적인 과학자들은 언제 노력을 집중적으로 기울여야 하는지 그 시기를 알고 어떤 점이 과학적 혁명을 불러일으킬 수 있는 것인가를 인지하는 능력이 있다. 생산성이 없고 결과가 의미가 없는 경우를 잘 인지하고 여기에 매여 시간을 낭비하는 경우가 드물다. 탁월한 과학자들은 다른 사람들이 간과한 문제를 잘 인지하고 창의적 연구를 생산할 수 있는 잠재력을 가지고 있다(Meador, et al., 2003).

좀 더 구체적으로 탁월한 과학자들이 보여주는 특징을 생산-재생 측면에서 논의한 내용을 살펴보면(Simonton, 1988), 일반인들은 문제를 당면하게 될 때 과거에 경험한 유사한 문제에 근거하여 문제를 해결하려는 경향을 보인다. 먼저 문제를 당면한 사람은 스스로에게 다음과 같은 질문을 던진다. '이 문제에 대한 해결방법을 모색해 나가는 데, 이와 관련하여 나는 일생을 통해, 교육을 통해 또는 직장생활을 통해 무엇을 배웠으며 그 배운 것을 문제 해결에 어떻게 적용할 것인가?' 그리고는 분석적으로 가장 타당하고 적절한 해결책을 선택하게 된다. 과거의 경험에 근거하여 선택한 문제 해결 과정은 매우 바람직하며 정확하고 안전한 한 가지 방법으로 확신하게 된다. 이는 재생의 의미를 가진다. 한편 과학자들은 당면 문제의 해결책을 모색하는 데 가장 먼저 던지는 질문은 '이 문제를 해결하는 데 얼마나 많은 서로 다른 접근방법을 적용할 수 있을까? 내가 생각하는 방법을 다른 접근방법으로 전환하여 생각할 수 있을까? 실제 얼마나 많은 여러 가지 해결방법이 있는가?' 등이다.

탁월한 과학자들은 독창적이고 획기적인 대안적 방법들을 할 수 있는 한 다양하게 생각한다. 최선의 방법을 결정한 후에도 다른 방법들이 무엇이 있을 수 있는가를 생각하는 것을 즐기는 경향이 있다. 이것은 생산의 의미를 지닌다. 예를 들면, 파인먼(Feynmann)은 문제를 당면하게 되면 새로운 해결방법을 찾는 데 몰두한다고 말하였다. 과거에 어떤 방법으로 해결했는가를 반영하여 해결책을 찾는 것이 아니라 새로운 방법을 모색하는 것이 더 중요하다는 것을 강조하였다. 연구 과정에서 문제가 생기면, 다양한 새로운 해결방법을 생각하고 그 가운데 자신의 상상력과 가장 일치하는 방법을 선택하였다고 한다. 다윈(Darwin)은 갈라파고스 섬에서 영국으로 돌아온 후 채집한 새를 가장 유명하고 전문성이 높은 조류학자 굴드에게 동정해 줄 것을 부탁했다. 주목해야 할 점은 다윈이 채집한 조류들이 같은 종이나 지역에 따라 다른 특징과 형태를 지님을 밝힌 점이 아니라 굴드가 이를 발견하지 못한 점이라고 지적할 수 있다. 즉, 굴드는 조류가 어떤 종이라는 것을 동정하는 데는 최고의 전문성을 가지고 있으나, 같은 종이 서식 지역에 따라 다른 형태를 가질 수 있다는 점을 생각할 수 없었다는 점이다.

창의적인 과학자들의 사고 유형의 특성을 살펴보면(Michalko, 1998), 첫째, 과학자들은 문제를 당면할 때 가능한 모든 다양한 대안을 해결책으로 모색한다. 창의적으로 문제를 해결하고자 과거의 경험에서 나온 기존의 접근방법을 버리고 문제를 재개념화하여 새로운 방법으로 접근한다. 한 가지 견해에 만족하지 않고 다양한 새로운 해결 방법을 찾는다.

둘째, 자신의 생각과 아이디어를 시각화한다. 르네상스 시대에 창의성이 크게 꽃핀 것은 수많은 아이디어와 새로운 생각들이 그림, 그래프, 모식도로 기록되고 표현되었기 때문이라고 알려져 있다. 물리학자이자 천문학자이면서 수학자였던 갈릴레오는 자신이 발견한 내용을 그림으로 표현함으로써 과학의 혁명적 이론을 발견했다. 아인슈타인도 자신의 생각을 시각적 · 공간적 형태로 표현했다.

셋째, 탁월한 과학자는 생산성이 높다. 획기적 발견을 한 과학자들이 탁월한 연구를 수행한 이면에는 질적 수준이 낮은 연구들을 더 많이 수행했다고 한다. 많이 생산할수록 탁월한 결과를 얻을 확률이 높다는 것을 의미한다.

넷째, 탁월한 과학자는 독창적 연결능력을 발휘한다. 탁월한 과학자들은 아이디어와 생각, 그림 등을 끊임없이 재연결하고 다양한 방법으로 연결하는 것을 시도한다. 아인슈타인의 상대성 이론은 에너지, 질량, 광속도를 새롭게 발견하여 나온 것이 아니라 이들을 새로운 방법으로 재연결함으로써 발견했다. 멘델의 법칙 또한 생물 현상에 수학적 수식을 연결하여 새로운 견해의 과학발견을 한 것이다.

다섯째, 상이한 것들을 서로 연결시킨다. 서로 다른 상이한 특성을 지니는 사물이나 사건을 서로 연결하는 경향이 두드러진다. 화학자 케쿨레는 뱀이 꼬리를 물고 있는 모습에서 벤젠의 분자 모형을 만들어낸 것으로 알려지고 있다.

여섯째, 서로 반대되는 점을 동시에 생각한다. 천재성을 보인 과학자들은 서로 상이한 것들을 동시에 고려하는 특성을 가지며 이는 애매모호한 것에 대한 인내심에서 비롯된다고 본다. 물리학자 보어는 어떤 연구나 아이디어에 대하여 상반되는 의견을 동시에 가지게 되면, 자신의 생각을 보류하게 되며 이와 동시에 사고 수준이 새로운 독창적인 수준에 진입하게 된다고 하였다. 상반되는 양면을 동시에 고려하면서 양쪽을 요동치는 사이에 새로운 생각들이 비누거품처럼 만들어 진다고 하였다. 보어는 빛을 입자와 파동으로 상상함으로서 상보성의 원리의 개념을 발견할 수 있었다고 한다.

일곱째, 비유적으로 사고한다. 전화기를 발명한 벨은 사람 귀의 내부구조를 금속판에 비유하여 전화기를 발명하게 되었다. 아인슈타인은 기차역에서 기차가 지나가는 것, 보트를 젓는 일 등의 일상생활에 자신의 아이디어를 비유하여 추상적

이론들을 발견해 냈다고 한다.

여덟째, 새로운 기회를 적극적으로 준비한다. 한 가지 일에 실패하면, 거기서 멈추지 않고 다른 새로운 일을 바로 시작하는 특성이다. 하던 일이 실패하면, 지금까지 무엇을 해 왔는가, 무엇을 의도했는가라는 질문으로 이어지면 이에 대한 해답은 새로운 일의 시작점이 된다. 플레밍은 배양 페트리 접시에 곰팡이가 핀 것을 보고 이를 폐기하지 않고 왜 그런가를 살펴보다가 페니실린을 발견하게 된 것이다. 기회가 오기를 기다리지 않고 예상치 못하는 발견을 적극적으로 찾아가는 것이다.

아인슈타인과 인펠트(Einstein & Infeld, 1938)는 문제 해결보다 문제 발견이 창의성에 더 본질적이라고 말했다. 창의성과 문제 해결의 관계에 대해서 문제 해결을 연구하는 사람들은 창의성을 단순히 문제 해결의 특별한 유형으로 보는 반면, 이와 대조적으로 창의성을 연구하는 사람들은 문제 해결을 창의적 수행의 특별한 유형으로 여긴다. 또한 어떤 사람들은 창의성과 문제 해결을 서로 의존적인 관계로 보기도 하고, 반대로 상관없는 독립적인 관계로 보기도 한다(MacKinnon, 1962; Mumford et al., 1994).

창의성을 문제 해결이나 문제 발견 등의 어떤 행위를 통해서 발휘되는 특성으로 본다면, 문제 해결 과정에도 창의성이 발현될 수 있을 것이고, 이를 창의적 문제 해결이라 할 수 있다. 그러나 학교에서 접하는 대부분의 문제들은 높게 구조화되어 있고, 일반적으로 그 해결 방법까지 알려주는 방식으로 진행되어 창의성이 요구되지 않는다. 즉 단순히 알고리즘을 적용하거나 이미 기억한 절차를 적용하여 문제를 해결하는 경우가 많다. 따라서 문제 발견이나 창의적 문제 해결에 필수적인 요소는 문제 상황의 구조화 정도이며, '낮게 구조화되거나 중간으로 구조화된 문제 상황'에서 창의성이 요구되는 것이다.

과학적 창의성은 과학적 상황에서 새로운 문제를 발견하고 그 문제를 해결해나갈 때, 과학의 특성상 수렴적이고 평가적이며 분석적인 사고의 중요성을 외면할 수 없다. 그러나 다양한 문제 제기와 해결 방안을 모색할 수 있는 발산적 사고 능력이 없다면 과학은 단지 문제 해결의 도구로 전락할 수도 있다. 따라서 과학적 창의성을 신장하기 위해서는 일반적 상황에서 과학적 문제 상황을 발견하는 능력,

그 해결 방안을 모색하는 데 있어서 유창성과 융통성의 발휘와 함께 내용지식과 연결시키는 능력, 해결방안의 정교화와 효과를 높이기 위해서 내용 지식과 과정 지식을 사용하는 능력, 그리고 문제 해결을 수행할 수 있는 능력을 개발시켜야 한다.

현대 사회에서 과학과 기술이 지대한 영향을 미치고 있음을 고려할 때, 과학적 문제를 발견하고 해결하는 능력으로서의 과학적 창의성은 중요하다. 실제로, 현재 청소년들은 대부분 첨단 과학기술의 혜택 속에서 생활하고 있으며, 환경오염 문제와 같이 과학기술과 관련된 구체적인 문제 상황에서 의사결정을 요구받으면서 자라나고 있다. 또, 롱보톰과 버틀러(Longbottom & Butler, 1999)는 학생들이 과학자들의 비판적이고 창조적인 특성을 본받게 하는 것을 과학교육의 한 목적으로 제안한 바 있다. 따라서 과학적 창의성 교육은 장차 과학자가 될 학생들이나 그렇지 않을 학생 모두를 교육하는 데 있어서 가치 있는 일로 생각된다.

맨스필드와 부스(Mansfield & Busse, 1981)는 과학에서의 창의적 과정에 대한 이론을 개발하였다. 이들은 과학에서의 창의적 과정으로 다섯 가지 과정들을 확인하였으며, 그것은 (1) 문제 선택하기, (2) 문제 해결을 위해 끊임없이 노력하기, (3) 문제 해결에 대한 구속 조건(constraints) 형성하기, (4) 구속 조건 변화시키기, (5) 입증하기와 정교화하기 등이 이에 속한다. 그리고 이 과정들은 상호작용적이며 서로 부분적으로 겹치는 것으로 생각하였다. 이들 과정 중에서 귀추와 관련이 있는 과정은 문제의 선택, 구속조건 변화시키기, 그리고 입증과 정교화로 생각된다.

만일 한 과학자가 창의적인 돌파구를 만들려고 한다면, 그는 해결되기를 기다리고 있는 한 가지 문제를 선택해야 한다. 즉, 연구는 "해결될 수 있는 문제를 발견하는 기술"이다(Austin, 1978, p.168). 많은 연구자들이 문제 발견 또는 문제 선택의 중요성을 강조해 왔다. 뛰어난 새로운 작품의 개발에서는, 문제에 대한 민감성의 중요성이 아무리 강조되어도 지나치지 않다.

맨스필드와 부스(Mansfield & Busse, 1981)는 세 가지 유형의 구속조건들을 확인하였는바, 경험적, 이론적, 방법론적인 구속조건이 그것이다. 주된 경험적 발견사실들, 중심이 되는 이론적 가정들, 그리고 유용한 기구들 등과 같은 일부 구속조건들은 연구자에 의해 무시될 수가 없다. 그러나 관련 분야에서의 경험적 발견사실들, 작동 가설들, 그리고 연구 전략들 등의 다른 구속조건들은 발견되어야 하거나 채택되어야 한다. 초기 구속조건의 선택은 매우 중요하다. 초기에 채택된 일부 구속조건들이 오류인 것으로 증명되는 것은 거의 피할 수 없다. 그러나 채택에 있어서의 오차는 최소화되어야 한다. 작동 가설들은 모든 적절한 경험적 발견사실들에 적합해야 하고, 사용된 방법론은 해답을 제공할 수 있어야 한다.

과학적 성취를 발달시키는 과정에서는, 초기에 채택된 일부 구속조건들은 오류로 증명되고 바꿔야 할 필요가 생긴다. 구속조건들을 바꾸는 과정은 벤틀러 외 (Bentler et al., 1971)가 변형이라고 부르는 것에 유사하고, 게슈탈트 심리학자들 (예를 들면, Wertheimer, 1945)이 재구성(restructuring)이라고 부르는 것과 비슷하다.

작동 가설(working hypothesis)의 형태에서의 구속조건들은 비교적 쉽게 깨어지는데, 왜냐하면 그것들은 심증적으로(deliberately) 채택되고, 믿음의 더 큰 시스템의 일부분은 아니기 때문이다. 작동 가설들은 새롭게 발견된 데이터가 그것들을 지킬 수 없을 때 버려지게 된다. 예를 들면, 왓슨은 나선형의 외부가 아니라 중심부에서 설탕-인산염 중축(sugar-phosphate backbone)을 대치했던, 그의 처음 DNA 모델이 구조 화학의 법칙과 DNA 사진에서 나타난 X선 회절무늬에 의해 부과된 이중적 구속조건과 부합하지 않는다는 것을 발견하였다. 왓슨이 이러한 문제점들을 인식했을 때, 그는 새로운 작동 가설로 변경하였고, 외부 중축(exterior backbone)을 가진 모델들을 세우기 시작했다. 이러한 과정은 귀추의 과정과 잘 부합된다.

무엇이 한 과학자로 하여금 한 패러다임의 구속 조건들을 버리도록 판단하게 하는가? 한 가지 생각할 수 있는 것은, 이론적 예측들을 흔들고, 기존 이론의 맥락 속에서는 쉽게 설명되지 않는 일반적으로 중요시되는 경험적 증거가 있을 때이다. 아인슈타인의 경우에, 이 증거는 마이컬슨-몰리 실험이었고, 케플러의 경우에는 화성의 관찰된 운동이었다.

그러나 그러한 증거의 존재는 한 패러다임을 변화시키는 힘으로는 충분하지 않다. 새로운 가정들이 그 이론에 추가되는 것을 제공한다면, 거의 어떤 데이터도

한 이론과 부합하는 것으로 나타나도록 만들어질 수 있다. 마이컬슨-몰리 결과는 지구의 운동에 대하여 빛의 속도는 지구 운동 방향의 함수로서 변할 것이라는 현존 이론에 의한 예측과 불일치하지만, 마이컬슨-몰리 실험결과에 대한 많은 물리학자들의 반응을 생각해 보라. 아인슈타인과 같은 시대에 있던 두 사람, 즉 로렌츠(Lorentz)와 피츠제랄드(Fitzerald)는 측정 기구가 지구의 운동 방향과 어긋났다고 하는 가정을 세웠다. 비록 아인슈타인이 후에 이 수식을 수정하긴 했지만 그는 그것이 질적으로 애드 혹(ad hoc) [34]이라고 느꼈다. 가설화된 모순에 대해 어떤 만족할만한 설명도 제공되지 않았다. 그럼에도 불구하고, 그 예는 새로운 것을 창조하려고 시도하기보다는 기존 패러다임에 집착하는 과학자들의 경향성을 보여준다.

긴 시간 동안의 참을성 있는 노력과 문제에 대한 민감성은 때때로 그 스스로 재구조화를 유발하기에 충분할 수도 있다. 그러나 다른 기법들이 또한 재구조화 또는 통찰을 도와주는 역할을 한다. 그 문제로부터 멀리 떨어지는 것이 그 하나이다. 많은 창의적인 과학자들이 당분간 그 문제에서 떠나 있어 본 뒤에야 그 문제의 답을 찾았다는 것을 보고하고 있다. 때때로 그 답은 갑작스럽게 어떤 의식적인 연관 없이 등장하기도 한다. 수학자 푸앵카레는 그 한 경험을 다음과 같이 기술하고 있다(Ghiselin, 1952):

> “그때 나는 내가 많이 성공을 거두지 못하고 있는 어떤 산술적인 질문에 대한 연구로 내 주의를 돌렸다. 그 연구는 내 이전 연구들과는 어떤 연관이 없는 것이었다. 나의 실패로 인해 싫증이 나서, 나는 바닷가에서 다른 것들에 대해 생각하면서 며칠을 보냈다. 어느 날 아침, 절벽 위를 걷고 있는데, 한 가지 아이디어가 떠올랐다. 짧은 순간, 갑작스러움, 즉각적인 확실성과 함께, 중간적인(indeterminate) 삼원 이차 형식의 산술적 변형이 비유클리드 기하학의 것들과 동일하다는 생각이 떠올랐다.” (p.26)

---

34) 어떤 가설에 대해 모순이 발생했을 때 그 모순만을 제외하고 새로운 가설을 세우는 것을 애드 혹 가설이라고 한다.

다른 경우로는, 해답이나 재구성은 일부는 확실히 관련되지 않은 사고와 함께 연합하여 생겨난다. 어떤 경우든, 해답이나 재구성은 과학자가 의식적으로 그 문제를 풀려고 노력하지 않을 때, 어떤 기간 동안 찾아오기도 한다. 그러나 왜 문제에서 잠시 떠나 있는 것이 재구성을 도와주는가? 시몬톤(Simonton, 2004)이 말하는 우연(chance)이 이때 찾아올지 모른다. 무의식적인 과정이 재구성을 도와준다는 것은 의심의 여지가 없다. 예를 들면, 한 가지 꿈에서 본 이미지가 어떤 문제를 보는 새로운 방식을 제공할 수도 있다. 그러나 이것은 꿈이라든가 다른 무의식적인 과정들이 창의적 사고의 만능열쇠라는 의미는 아니다. 한 문제로부터 떠나 있는 것은 과학자로 하여금 첫 번째에 재구성을 방해했던 비생산적인 구속조건들에 의해 덜 지배받는 생각을 가지고 문제에 재접근하도록 해 준다. 그것은 또한 그로 하여금 그가 무작위적 사고로부터 연관을 돕는데 열려 있을 수 있도록, 방향지어지지 않은 방식으로 생각하도록 하게 해 준다.

'우연'은 종종 구속 조건들을 변화시키는 데 핵심적 역할을 한다. 과학자가 문제에 대한 재구성으로 이끄는 아이디어 또는 증거에 노출되는 것은 종종 우연을 통해서이다. 그러나 오스틴(Austin, 1978)이 지적했듯이, '우연'은 과학자의 행동과 항상 독립적으로 작동하는 것은 아니다. 끊임없이 그 문제를 다양한 방향에서 공격하는 과학자는 문제의 해결로 이끄는 우연적 기회를 가질 가능성이 크다. 그리고 그 문제를 가지고 오랜 기간 동안의 훈련과 경험을 가진 과학자는 문제에 분명하게 관련되지는 않았지만, 문제 해결에 실질적인 단서가 되는 기회 연관과 사실에 고도로 민감하게 된다. 어려운 문제에서는 비판적인 연상(critical associations)이 취미와 같은 비과학 영역으로부터 올 수도 있다.

새로운 구속 조건들을 형성하고 그들을 검증하는 과정은 계속적인 어림(approximations)에 의해 그 과학자가 수용 가능한 해답으로 인도하는 일련의 구속 조건들을 구성할 때까지 반복된다. 만일 그 해답이 그 분야의 중요한 재구조화 또는 새로운 패러다임의 소개를 포함한다면, 그는 그것이 이전 패러다임을 괴롭히는 문제에 대해 한 가지 해결을 제공한다는 것을 보여야 한다. 그리고 그것이 다른 문제들에 대해서도 이해로 이끈다는 것을 보여야 한다. 그리고 그것이 바람직한 새로운 탐구 과정을 제시한다는 것을 보여야 한다.

한편 시몬톤(Simonton, 2004)은 창의성과 관련된 관점을 우연성(chance), 논리성(logic), 천재성(genius), 시대사조(zeitgeist) 등의 네 가지로 보고, 이들을 중심으로 과학적 창의성을 논의하였다. 물론 이 네 가지 관점은 과학적 창의성의 일관성 있는 해석의 형태는 아니라고 보았다. 그는 네 가지 모든 관점들을 통합하는 과학적 분석을 제공하였다. 특히, 논리성, 천재성, 시대주의 입장들은 기회(우연)적 입장 아래에 포함된다. 그 다음의 통합으로는 조합적 과정(combinatorial processes)으로 보았고, 여기에서는 이러한 특징들이 개연론에 근거한 과학적 창의성의 본질을 강조하는 이론적 설명을 제공한다.

귀추법의 적용과 과학 학습

창의성과 관련된 귀추적 사고 능력은 훈련에 의해 증진될 수 있는가? 우리나라에서도 과학적 창의성 신장과 관련된 연구들이 있어 왔지만, 창의성의 본질인 문제의 발견 및 가설의 형성과 관련한 접근은 거의 없다.

다음의 설명들은 귀추적 사고 능력이 훈련에 의해 증진될 수 있음을 보여준다. 과학 학습에서 귀추법의 적용을 설명하기 전에 먼저 학생들의 가설 생성 과정에 대해 알아보자.

학생의 가설 생성 과정

박종원(2001)은 과학적 지식 생성 능력과 자신의 사고 과정을 진술할 수 있는 언어적 능력이 비교적 잘 발달되었을 것으로 생각되는 대학생들을 피험자로 선정하여, 이들에게 과학적 가설을 생성하는 과제를 제시한 후 과제 해결 과정의 사고 내용을 발성 사고법을 통해 프로토콜로 생성하게 했다. 또 과제 해결 후 심층 면담을 실시하여 프로토콜의 내용을 보완했다. 이렇게 완성된 프로토콜을 피험자가 표상한 지식과 사고 유형에 따라 분류했고, 가설 생성 과정을 귀납적으로 기술하고 분석하여 과학적 가설 지식의 생성 과정을 설명해 줄 수 있는 하나의 바탕이론을 제시하였다.

이 연구는 가설 지식 생성 과정에서 표상된 중간적 지식을 의문 상황(question situation), 가설적 설명자(hypothetical explicans), 경험상황(experienced situation), 원인적 설명자(causal explicans), 최종가설(final hypothesis) 등 5가지 유형으로 분류하였다. 그리고 사고 유형은 지식 탐색(searching knowledges), 의문 상황과 경험상황 비교(comparing a question situation and a experiences situation), 설명자 차용(borrowing explicans), 설명자 조합(combining expicans), 설명자 선택(selecting an explican), 설명자 확인(confirming an explican) 등 6가지 유형으로 구분하였다.

가설 생성 과정에서 피험자들은 '의문 상황－경험상황－원인적 설명자－가설적 설명자－최종가설'의 순서로 지식을 표상하였다. 이 과정에서, 의문 상황은 초기 의문 발상 이후에 현재 상황에 대한 피험자의 지각이나, 지각을 통해 얻은 지식을 탐색한 결과로 표상되는 것으로 생각된다.

그리고 경험상황은 의문 상황과 유사한 경험이나 지식을 탐색한 결과로 표상되는 것이기 때문에 이 과정에서 탐색 사고는 물론 의문 상황과 경험상황을 비교하는 사고가 관여하는 것으로 보여진다. 또 원인적 설명자는 경험상황을 설명할 수 있는 지식을 탐색한 결과로 표상된다고 할 수 있다. 또한 가설적 설명자는 의문 상황과 경험상황의 유사성을 비교한 결과 유사성이 높을 때 원인적 설명자에서 차용되는 것으로 생각된다. 마지막으로, 가설은 이미 표상된 가설적 설명자들을 조합하고, 인과적 의문을 가장 잘 설명할 수 있는 설명을 선택하는 과정에서 생성되며, 이것의 설명성은 필요에 따라 경험상황의 탐색을 통해 확인되는 것으로 생각된다. 이상의 가설지식 생성과정을 정리하면 〈표 11-1〉과 같다.

〈표 11-1〉의 가설 지식 생성 과정에서 단계 1에서 단계 4까지의 과정은 귀추적 추론 과정이라고 할 수 있다. 왜냐하면, 이 단계들은 귀추적 추론의 정의, 즉 '귀추적 추론이란 나타난 현상(설명 대상)을 설명하기 위해 적절한 설명자를 도입하는 것'(Hanson, 1958; Peirce Edition Project, 2017)이라는 정의와 잘 부합되며, 이들 단계는 귀추적 추론 과정을 설명하는 견해, 즉 귀추적 추론은 미지의 현 상황을 이미 알고 있는 다른 상황과의 유사성에 바탕을 두고 이를 차용하는 과정(Lawson, 1995; 권용주 외, 2003)이라는 견해와도 일치하기 때문이다.

〈표 11-1〉 가설-지식 생성 과정

단계	지식의 유형	사고 유형
단계 1	질문 상황	인식, 탐색
단계 2	경험 상황	탐색, 비교
단계 3	인과적 설명	탐색
단계 4	가설적 설명	비교, 빌려 옴
단계 5	가설	비교, 선택, 확인

그러나 단계 5는 귀추적 추론으로는 설명할 수 없는 사고 유형들을 담고 있다. 왜냐하면 이 단계는 설명자 선택 사고 이외에도 귀납적 추론을 포함할 수 있는 설명자 조합이나, 연역적 추론을 포함할 수 있는 설명자 확인 등의 사고 과정이 포함되어 있기 때문이다. 좀 더 설명하면, 네 번째까지 생성된 설명자들의 공통점과 차이점을 분석하여 이들을 의문 상황 전체를 설명할 수 있는 하나의 통합된 설명자로 조합하는 사고이기 때문에 귀납적 추론(Klauer at al., 2002)을 포함한다고 할 수 있다. 최종가설을 생성하는 과정에서 피험자들은 가설적 설명자들 사이의 공통점이나 차이점을 찾는 귀납적 추론 방식을 이용했다고 할 수 있다. 또한, 가설 생성 과정에서 나타난 설명자 확인 사고는 이미 생성된 설명자를 전제로 하여 현상을 예상하고 의문 상황이나 경험 상황에서 이것을 확인하는 연역적 사고 과정이다. 따라서 단계 5가 귀납적 추론과 연역적 추론을 포함할 수 있기 때문에 가설 생성 과정에 관한 이 연구의 결과는 가설 지식의 생성 과정을 귀추적 추론 과정으로만 설명했던 기존의 견해들(Hanson, 1958; Lawson, 1995)과 차이를 보인다.

이 연구의 결과는 가설 지식이 절차적 과정을 통해 생성됨을 보여준다. 이것은 과학 교육의 실제에서 과학적 가설 생성 능력 향상을 위한 교수-학습 전략 수립과 가설 생성 능력 평가의 측면에서 많은 시사점을 준다.

먼저, 교수-학습 측면에서 가설 지식 생성 능력 향상을 위해 학습자에게 적절한 비계(scaffolding)를 놓아주는 전략을 수립할 필요가 있다. 비고츠키(Vygotsky)의 근접발달영역(ZPD, Zone of Proximal Development) 이론에 의하면 학습자의 수준에 적절한 비계를 놓아줄 때 학습자의 인지 발달이 촉진된다.

이 연구의 결과로 제시된 가설 지식 생성 과정은 학습자가 교수-학습 상황에서 가설 지식을 생성할 때 거쳐야 하는 사고 과정과도 동일하다. 따라서 이 연구 결과를 적용하면 교사가 학습자에게 가설 지식 생성 과제를 제시한 후 단순히 "가설을 창안하라"고 요구하는 것에서 그치는 것이 아니라 학습자의 수준에 따라 "지금의 의문 상황을 자세히 관찰하라", "유사한 과거 경험 상황을 생각해 보자" 등의 비계를 제공해 줄 수 있다.

두 번째 이 연구 결과는 가설 지식 생성 능력 평가에도 적용될 수 있다. 이 연구 결과를 활용하여 평가 방법을 고안한다면 학습자들이 가설 지식을 생성하지 못했을 때 어떤 단계에서 가설 지식 생성 과정이 멈추었는지를 평가할 수 있다. 이러한 평가 결과는 학습자가 가설 지식을 생성하지 못한 이유를 원인적으로 분석할 수 있게 함으로써 평가의 본질적인 목적인 피드백 자료로서의 가치를 높여 줄 수 있을 것이다.

귀추법을 과학 학습에 적용하기

귀추법을 적용한 교수·학습 모형은 그리 많지 않다. 여기서는 로슨 등(Lawson et al., 1989)의 경험·귀추 순환학습 모형과 가설·연역적 순환학습 모형, 정진수(2004)의 삼원귀추 모형, 오필석과 김찬종(2005)의 귀추적 탐구 모형을 소개하고자 한다.

순환학습 모형의 세 단계는 처음에는 '탐구(Exploration)-발명(Invention)-발견(Discovery)'으로 불렸었다(Karplus & Thier, 1967). 그리고 한 때는 이 단계들이 Karplus et al (1975)와 Good & Lavoie (1986)에 의해 '탐구(Exploration)-개념 소개(Concept Introduction)-개념 적용(Concept Application)'으로 불리기도 했다. 그런가 하면 Renner, Abraham, & Burnie (1985)는 이 단계들을 '탐구(Exploration)-개념적 발명(Conceptual Invention)-아이디어 확장(Expansion of the Idea)'으로 소개하기도 했으며, Abraham & Renner (1986)에 의해서는 '탐구(Exploration)-개념적 발명(Conceptual Invention)-개념적 확

장(Conceptual Expansion)'으로 소개되기도 했다. 용어의 선택은 개인적인 선호에 의한 것이므로 Lawson et al.(1989)의 최근 저술에서는 '탐구-용어 소개-개념 적용'으로 사용하기로 한다고 밝히고 있다. Lawson et al. (1989)이 개발한 세 유형의 순환학습 모형 중에서 경험-귀추적 순환학습 모형과 가설-연역적 순환학습 모형은 귀추적 사고를 학생들에게 경험해 볼 수 있게 해 주는 모형이라고 볼 수 있다. 이해를 돕기 위해 Lawson et al.(1989)의 순환 학습 모형 세 가지를 모두 소개하면 다음과 같다.

서술적 순환학습 모형

이 학습에서는 학생들은 특정 상황에서 경험적인 패턴을 발견하고 서술한다(탐색). 교사는 그것에 이름을 붙여주고(용어 도입), 이 패턴은 다른 상황에서도 확인된다(개념 적용). 이런 유형의 순환학습 모형은 학생과 교사가 그들의 관찰에 대해 설명하려는 시도 없이 관찰 사실을 있는 그대로 기술하기 때문에 서술적이라고 불린다. 서술적 순환학습에서는 "무엇?"이라는 질문에는 답을 하지만 "왜?"라는 원인을 묻는 질문은 제기되지 않는다. 그 단계는 다음과 같다.

(a) 개념 준비 단계: 교사는 가르칠 개념을 확인한다.
(b) 교사의 패턴 확인 단계: 교사는 그 개념의 기본이 되는 패턴을 포함하는 현상을 확인한다.
(c) 탐색 단계: 학생들은 현상을 탐색하고 패턴을 발견하여 기술한다.
(d) 용어 도입 단계: 교사는 패턴을 가리키는 용어를 도입한다.
(e) 개념 적용 단계: 동일한 개념을 포함하는 부가적인 현상을 토의하고 탐색한다.

서술적인 순환학습은 본질적으로 학생들이 세상의 작은 부분을 관찰하고, 패턴을 발견하고 그 패턴에 이름을 붙여주며 어디서든지 그 패턴을 찾을 수 있도록 하기 위해 고안되었다. 학생들은 무엇이 발견되리라는 강한 예상을 확실히 하지 않으므로 비평형 상태는 거의 혹은 전혀 나타나지 않는다. 예를 들면, 두개골 구조/기능에 대한 서술적인 순환학습은 초식동물, 잡식동물, 육식동물의 용어들을 도입할 수 있다. 몇몇 학생들은 또한 두개골 구조와 먹이를 비교하고 말하면서 논쟁을 할 수 있다. 하지만 인과관계를 논쟁하는 일은 거의 드물다 (Lawson et al., 1989).

경험-귀추적 순환학습 모형

이 학습에서는 학생들이 특정 상황에서 경험적 패턴을 발견하고 기술하지만(탐색), 그런 패턴의 가능한 원인을 만들어내는 것으로 더 나아가지는 않는다. 여기에서는 다른 상황에서 이미 학습한 용어 또는 개념을 현재 상황에서의 용어 또는 개념으로 바꾸기 위해 유추적 사고(귀추)를 하게 된다(용어 도입). 용어는 학생, 교사 혹은 둘 다에 의해 도입될 수 있다. 교사의 안내와 함께, 학생은 도입한 용어 또는 개념이 다른 현상에도 계속 적용되는지를 보기 위해서 자료를 조사한다 (개념 적용). 그 단계는 다음과 같다.

(a) 교사는 가르칠 개념을 확인한다.
(b) 교사는 그 개념의 기본이 되는 패턴을 포함하는 현상을 확인한다.
(c) 탐색 단계:
  - 교사는 서술적이고 인과적 문제를 제시한다.
  - 학생들은 서술적인 문제에 답할 자료를 모은다.
  - 칠판에 그 자료를 배열한다.
  - 서술적인 문제가 해결되고 인과적 질문이 제기된다.
  - 대안적 가설은 인과적 질문에 답하기 위해 개선되며, 수집한 자료들을 가지고 인과적 질문에 대한 답을 설명하게 된다.
(d) 용어 도입 단계: 탐색된 현상과 그럴듯하게 가정되었던 설명에 관련된 용어가 도입된다.
(e) 개념 적용 단계: 동일 개념이 포함된 부가적인 현상이 논의되고 탐색된다.

이 순환학습 유형에 붙여진 경험-귀추적이라는 용어의 선택을 확실히 하기 위해, 생물학적 분해과정에 대해 가르치도록 고안된 경험-귀추 순환학습을 생각해보자. 탐색 단계 동안 두 가지 질문이 제기된다: (1) 죽은 유기체의 분해율에 영향을 주는 요인은 무엇인가? (2) 분해의 원인은 무엇인가? 그러면 학생들은 온도, 수분의 양, 빛의 양, 그리고 소금, 설탕, 알코올과 같은 화학물질의 종류와 양 등의 변인의 효과를 테스트함으로써 첫 번째 질문에 답할 수 있는 실험을 고안한다. 학생들은 실험을 마치고, 칠판에 그 결과를 나열한다. 결과는 대개 소금, 설탕, 알코올 같은 화학물질은 분해율을 늦추는 반면, 온도와 습도의 증가는 분해율을 증가시킴을 보여준다.

학생들은 두 번째 질문을 떠올린다: 분해의 원인은 무엇일까? 곰팡이와 박테리아의 종류와 양에 의한 분해율 상승을 관찰하였음에도 불구하고, 그들은 한결같이 열과 물이 분해를 가져온다는 말로 이 질문에 답한다. 끔찍한 냄새의 원인은 무엇인가? 빵을 뒤덮고 있는 검고 보슬보슬한 것은 무엇인가? 그리고 검은 물질은 무엇을 하는가? 와 같은 질문들로 두 번째 질문을 상당히 보충하고 나서야 한 명 혹은 두어 명의 학생들이 아마도 곰팡이와 박테리아가 분해에 관여하는 것 같다는 생각을 한다.

이 아이디어가 만들어진 뒤에는 이 아이디어가 '맞는가'를 검토하게 된다. 곰팡이와 박테리아는 살아있는 것이고 모든 살아있는 것은 생존을 위해 추측컨대 물과 적당한 온도가 필요하므로, 물이 없거나, 혹은 어느 온도에서는 곰팡이나 박테리아의 성장이 늦어지거나 멈추기 때문에 분해가 일어나지 않을 것이다. 마찬가지로 소금과 알코올 같은 화학물질이 많이 있는 용기는 곰팡이와 박테리아를 죽일 것이다. 그러므로 이 아이디어는 실험 데이터와 일치하게 되고, 교사는 토의 단계에서 생물학적 분해라는 용어를 도입할 수 있다(용어 도입). 생물학적 분해의 다른 예들을 제시함으로써 생물학적 분해가 다른 상황에 적용될 수 있다는 생각을 할 수 있게 된다(개념 적용).

이 순환학습을 경험-귀추적이라 부르는 이유를 알아보자.

우선, 경험적 세상의 환경으로부터 시작한다. 그러나 학생들의 실험은 논리적으로 잘 조직된 가설로부터 설계되지는 않는다. 예를 들면, 그들은 온도 증가가 분해의 속도를 높인다는 생각을 할 수도 있지만, 이런 생각은, 거의 생물학적 분해에 대한 이론에서라기보다는 과거의 경험(예를 들면, 냉장고 같은)에서 온 것이다.

둘째로, 분해의 실제 원인이 무엇인가에 대한 두 번째 질문을 할 때, 그들은 처음에는 귀납 과정의 사용이 제한되어 있어 대부분 학생들이 단지 물과 열이 분해를 초래한다는 단순한 생각을 보인다. 이런 상황에서 이들의 부정확한 생각을 뛰어넘기 위해서는 학생들에게 힌트가 필요하며 곰팡이 혹은 박테리아 혹은 두 가지 모두가 실제 원인이라는 생각에 이를 때까지 문제에 대해 더 깊이 생각하도록 격려되어야 한다. 이러한 아이디어 생성은 귀납이 아니라, 귀추이며, 그 과정이 생물학적 분해 이론에 이르는 데 필수적이기 때문에, 이 유형의 순환학습을 경험-귀추적이라고 지칭하였다.

가설-연역적 순환학습 모형

이 유형은, 학생들이 잠정적 해답 또는 대안적 설명(가설 형성)을 하도록 하는 인과적 문제의 진술과 함께 시작된다. 학생들은 이런 설명들을 추론하고, 그것들을 테스트하기 위한 실험을 설계하고 수행하는 데 시간을 투자한다(탐색). 실험적 결과의 분석을 통해 가설들 중에서 일부는 기각되고, 일부는 유지되며, 관련 용어들이 도입된다(용어도입). 가설의 설정과 실험적 결과 및 논리적 연역의 비교를 통한 명확한 검증이 이러한 유형의 순환학습에 요구되므로 "가설-연역적"이란 명칭이 붙여졌다. 그 단계는 다음과 같다.

(a) 교사는 가르칠 개념을 확인한다.
(b) 교사는 그 개념의 기본이 되는 패턴을 포함하는 현상을 확인한다.
(c) 탐색 단계:
- 학생은 인과적 질문을 유발하는 현상을 탐색하거나 교사가 인과적 질문을 제시한다.
- 토의를 통해, 가설이 정교화 되고 학생들은 실험을 구상한다. 이때 그룹

으로 활동하도록 구성될 수 있다.

– 학생들은 실험을 수행한다.

(d) 용어 도입 단계: 실험 데이터가 해석되고, 용어가 도입되며 결론이 유도된다.

(e) 개념 적용 단계: 동일 개념이 포함된 부가적인 현상이 논의되고 탐색된다.

경험-귀추적 순환학습과 마찬가지로, 가설-연역적 순환학습 또한 어떤 현상의 설명을 요구한다. 그러나 경험-귀추적 순환학습과는 달리, 가설-연역적 순환학습은 현상을 설명할 가설의 즉각적이고 명확한 진술을 요구한다. 즉, 인과적 질문이 제기되고 학생들은 가설을 명확하게 설정해야 한다. 이 단계에서 가설들은 가설로부터 예측한 결과와 실험의 결과 비교를 통해 테스트된다.

예를 들어, 식물에서의 물의 상승 문제를 생각해 보자. 물체는 중력에 의해 지구 중심 쪽으로 끌리지만, 나무 속의 물은 광합성이 발생하는 나뭇잎 쪽으로 상승한다. 아래 방향의 중력에도 불구하고 물이 상승하는 원인은 무엇인가? 다음의 대안적 가설들이 생물 실험실에서 형성되었다.

1. 물을 끌어올리는 진공이 만들어지도록 나뭇잎에서 물이 증발하고,
2. 줄기의 통로를 통해 물을 밀어 올리도록 하는 뿌리의 압착작용에 의해,
3. 종이 수건에서 물이 스며들어 올라가는 것과 같은 모세관 현상에 의해,
4. 삼투압에 의해 물이 나뭇잎 쪽으로 올라간다.

"잎에서 물의 증발" 가설은 나뭇잎이 있을 때와 없을 때의 물의 상승을 비교하는 것으로 테스트될 수 있다. 이것은 변인의 분리와 조절의 사고 패턴을 요구한다. "뿌리 압착" 가설은 뿌리가 있고 없는 식물에서의 물의 상승을 비교함으로써 테스트될 수 있다: "모세관(한 방향의 관)" 가설은 바른 방향 줄기에서의 물의 상승과 뒤집힌 방향의 줄기에서의 물의 상승을 비교함으로서 테스트될 수 있다. 그 결과 어떤 가설은 기각되고 어떤 것들은 살아남는다. 살아남은 가설들은 적어도 당장은 "맞다"고 생각되며, 마치 "실제" 과학을 하는 경우와 마찬가지로 학생들은 이 과정

을 수행하게 된다. 증기와 같은 용어가 도입될 수 있으며 다른 경우에도 적용될 수 있다.

삼원귀추 모형

권용주 외(2003)와 정진수(2004)는 가설이 귀추를 포함한 일련의 복잡한 사고 과정을 통해서 생성된다고 제안하였다. 권용주 외(2003)는 가설은 '의문 상황' 동정, '경험 상황' 표상, '원인적 설명자' 표상, '가설적 설명자' 차용 등의 과정을 통해서 생성된다고 제안했다. 그리고 정진수(2004)는 가설 생성 과정을 삼원귀추 모형(TAM: triple abduction model)으로 설명하였다.

권용주 외(2003)와 정진수(2004)에 의하면, 가설은 현재의 '의문 상황'을 구성하는 정성적 하위 특성들을 동정하는 첫 번째 단계, 현재의 '의문 상황'과 유사성 정도가 높다고 판단되는 과정의 '경험 상황'을 동정하는 두 번째 단계, 이 '경험 상황'을 설명해주는 기지의 '원인적 설명자'를 동정해 내는 세 번째 단계, 마지막으로 이러한 '원인적 설명자'들 중에서 현재의 의문 상황을 가장 효과적으로 설명한다고 판단되는 '가설적 설명자'를 차용하는 네 번째 단계 등을 통해서 생성된다(그림 11-3). 더 나아가, 권용주 외(2003)는 과거 경험이 구체적으로 어떻게 설명자를 생성하게 하는지를 보여주고 있다.

정진수(2004)는 권용주 외(2003)의 가설 생성에 관한 설명들을 바탕으로 경험적 연구를 통해서 가설의 생성 과정을 구체적으로 설명하는 삼원귀추 모형(TAM: triple abduction modes)을 개발하였다. 삼원귀추 모형(TAM)은 의문분석 과정(SAQ: stage of analyzing question), 설명자 탐색 과정(SSE: stage of searching

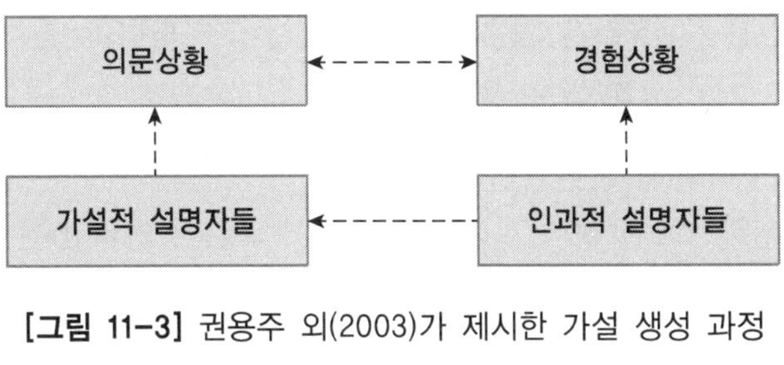

[그림 11-3] 권용주 외(2003)가 제시한 가설 생성 과정

explicans), 가설구성 과정(SCH: stage of constructing hypothesis)을 통해서 가설이 생성됨을 보여주고 있다. TAM 모형에 따라 가설이 생성되는 과정을 단계별로 기술하면 다음과 같다.

첫 번째 단계인 의문 분석 과정은 인과적 의문이 생성된 이후, 그 의문 상황에 포함된 현상들을 분석하고 그 현상들의 설명자들을 찾는 과정이다. 이 단계에서 의문 상황을 구성하는 현상들은 의문 상황과 경험 상황의 유사성을 비교하고 경험 상황에 포함된 경험 상황의 유사성을 비교하고 경험 상황에 포함된 경험 현상을 차용함으로써 표상된다. 또, 이 의문 현상들은 원인적으로 설명하는 설명자들을 차용함으로써 생성된다. 만약 이 과정에서 모든 의문 현상들이 설명자들을 갖게 된다면 하위 의문들은 생성되지 않을 것이다. 그러나 설명되지 못한 현상들이 있다면 그것은 하위 의문으로 남게 된다.

두 번째 단계인 설명자 탐색 과정은 구체화된 의문 현상들에 대한 가설적 설명자들을 찾아가는 과정이다. 이 단계에서 가설적 설명자들은 의문 현상과 유사한 경험 현상을 찾고, 그 유사 경험 현상의 인과적 설명자를 차용함으로써 생성된다. 또, 가설적 설명자들은 의문 현상과 유사한 또 다른 경험 현상을 찾아서 유사성을 비교함으로써 확인된다.

마지막으로, 세 번째 단계인 가설 구성 과정은 설명자 탐색 과정에서 생성된 가설적설명자들 중 최적의 것을 선택하고, 선택된 설명자들을 조합하여 가설을 구성하는 과정이다. 이 과정은 생성된 가설이 초기 의문상황을 설명할 수 있는지 확인하는 과정을 포함한다.

귀추적 탐구 모형

오필석과 김찬종(2005)은 지구과학 교육에서 고려되어야 할 지구과학 탐구 대상의 특징들을 다음과 같이 정리하였다.

첫째, 지구과학의 탐구에서는 과거와 현재, 그리고 미래에 이르는 오랜 시간 규모 동안 발생하는 현상들과 과정들을 다룬다. 그런데 이러한 현상들의 원인이 되는 지구과학적 과정들 중에는 현재에도 계속 진행 중인 것들이 있는 반면,

과거의 어느 시점에서 종결되어 현재에는 그 결과의 일부만이 남아 있는 증거들로부터 출발하여 관찰된 결과들이 어떤 원인으로 인해 만들어진 것인지, 지금과 같은 지구 환경은 어떤 과정을 통해 형성되었는지를 추론함으로써 지구의 역사를 재구성하는 것이 중요한 탐구 목표 중의 하나가 된다(Engelhardt & Zimmermann, 1982).

둘째, 지구과학적 현상들은 다양한 규모에서 발생하는 여러 가지 과정들이 복합적으로 작용한 결과로 나타날 수 있다. 따라서 남아있는 지질학적 기록들로부터 과거에 발생하였던 지구과학적인 과정들을 가늠하거나 현재 밝혀진 사실들로부터 미래의 일어날 변화들을 예측하기 위해서는 지구 환경에 영향을 미칠 수 있는 다양한 과정들을 생각해야 하고 발생 가능한 사건들을 다각도로 모색해 보아야 한다. 다시 말하여, 지구과학의 탐구를 효과적으로 수행하기 위해서는 엄격한 형식 논리를 따라서 추론하기보다는 관련된 여러 가지 요인들과 그들의 역동적인 관계를 고려하는 시스템적(systemic) 사고가 요구된다고 할 수 있다(Kim, 2003).

셋째, 지구과학 탐구에 이용되는 증거나 정보는 제한적이며 부분적인 경우가 많다. 또한 모든 과정들의 결과가 지구 환경에 기록되지는 않을뿐더러, 기록된 정보들조차도 기후의 변화, 풍화, 변성 작용 등에 의해 시간이 지남에 따라 소멸한다는 사실도 지구과학에서 이용되는 증거나 정보가 제한적일 수밖에 없는 이유이다. 이와 더불어, 지구과학에서 다루는 대상들은 실험실 상황에서 재연하기 어려운 경우가 많다. 따라서 지구과학의 탐구에서는 제한적이고 부분적인 증거와 정보로부터 최선의 설명을 구성하기 위한 창의적인 사고가 필수적으로 요구된다(Engelhardt & Zimmermann, 1982; Kim, 2003).

이상과 같은 지구과학 탐구의 특징들은 지구과학에서는 귀납법이나 연역법, 실험적 방법들뿐만 아니라 귀추적 방법을 사용한 탐구가 중요한 역할을 하고 있음을 암시해 준다(오필석, 김찬종, 2005).

오필석과 김찬종(2005)은 탐색(exploration), 조사(examination), 선택(selection), 설명(explanation)이라는 네 단계로 구성되어 있는, Kim(2003)의 모형을 귀추법의 특성을 고려하여 수정된 '귀추적 탐구모형'을 제시하였다.

귀추적 탐구 모형에서 첫 번째 탐색 단계에서는 학생 중심적으로 지구과학적 현상이나 대상에 대한 서술적 탐구 활동이 이루어진다. 이때 학생들은 주어진 현상이나 대상을 직간접적으로 관찰하여 그 특징을 기술한 자료를 산출하게 된다. 이와 동시에 학생들은 무엇이 설명되어져야 하는가에 대하여 생각해 보고, 설명되어야 할 문제에 적절한 형태로 자료가 제공하는 정보를 재배열할 수 있다. 즉, 귀추적 추론에 사용되는 여러 가지 전략들 중에 자료에 대한 재구성 전략이 이 단계에 적용될 수 있다. 탐색 단계 이후의 조사–선택–설명 단계는 현상을 설명하기 위하여 규칙을 추리하고 가설을 제안하기 위한 핵심적인 과정으로서, 이 모형에서 귀추법이 가장 직접적으로 반영된 것들이라 할 수 있다. 조사 단계에서는 학생들이 앞에서 서술한 자료를 설명하는 데 활용될 수 있는 규칙들을 조사하여 주어진 자료에 대한 임시적인 설명을 시도한다. 말하자면 지구과학적 현상을 설명하는데 활용될 수 있는 다양한 규칙들의 목록을 추리해 내는 것이 이 단계의 주된 목표이며, 학생들은 앞 절에서 언급한 여러 가지 귀추적 사고 전략들을 복합적으로 동원할 수 있다. 선택 단계는 학생들이 조사한 여러 가지 가능한 규칙들 중에서 가장 적절한 것을 선택하도록 하기 위한 것이다. 이 단계에서는 사전 평가에 의한 제거 전략이 중요한 역할을 하고, 이미 언급한 다른 전략들도 여전히 적용될 수 있다. 또한 이미 탐색한 현상이나 대상으로부터 새롭게 설명되어져야 할 정보나 문제가 발견될 경우 학생들은 그것에 대한 서술적 탐구를 새로 시작할 수 있고 다른 규칙들을 추가로 조사하는 단계를 다시 밟을 수도 있다. 이러한 순환적인 성격은 화살표를 이용하여 가시적으로 표현되었다. 마지막으로 설명 단계에서는 학생들이 자신들이 선택한 가장 적절한 규칙을 이용하여 자료에 대한 최종적인 설명적 진술을 구성하게 된다. 이때 학생들이 제안하는 설명은 진술을 구성하게 된다. 이때 학생들이 제안하는 설명은 지구과학적 과정들을 연대기적으로 재구성한 것이거나 지구과학적 현상의 원인들을 제시하는 것이 될 수 있고, 문제의 맥락에 따라 이 두 가지 설명이 함께 진술될 수도 있다.

과학적 모형 형성에서 비유와 귀추의 역할

클레멘트와 누네즈(Clement & Nunez, 2003)는 학생들이 과학적 모형을 형성하도록 돕기 위해 비유와 귀추를 도입하는 방안을 연구하였다. [그림 11-4]는 교사가 학생을 도와 학생으로 하여금 과학적 모형을 형성해 가는 과정을 보여준 것이다. 그리고 [그림 11-5]는 학생이 과학적 모형을 형성하는 동안 어떻게 비유와 귀추가 반복되는지를 보여준다.

그림의 두 번째 줄은 학생이 가진 선지식에 자극을 주는 소스들을 보여준다. 학생 자신에 의해서든, 다른 학생에 의해서든, 또는 교사에 의해서든 자극이 주어지는 자원들에 대해 보여주고 있다. 예를 들면 교사가 제안한 비유가 전 시간에 학습했던 어떤 현상에 대한 선지식을 활성화시킬 수 있다. 여기에서는 모형 수정을 생성하도록 하는 귀추들을 위해, "가공되지 않은 자료"를 제공한다. 이것은 비유와 귀추 사이의 관계성을 명확하게 해 준다. 즉, 비유들을 활용하여 가공되지 않은 자료들을 제공함으로써 귀추를 통한 모형 수정 과정(schemata)을 활성화시킬 수 있다. 이러한 관점에서 비유들은 귀추를 통해 좀 더 복잡한 모형으로 수정해 가는데 있어서 지원적 역할을 담당한다.

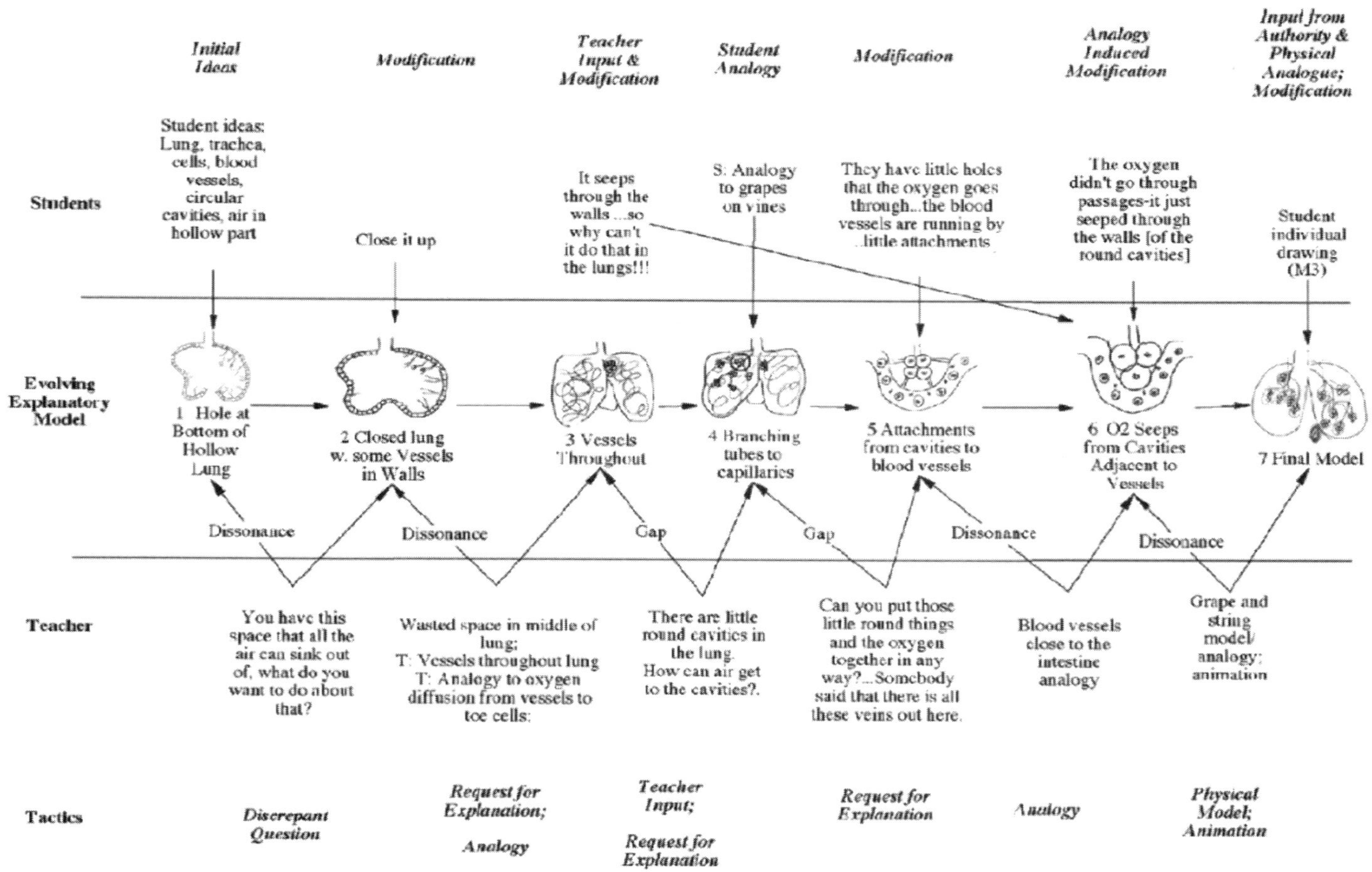

[그림 11-4] 과학적 모형의 형성 및 수정 과정 (자료원: Clement & Nunez, 2003)

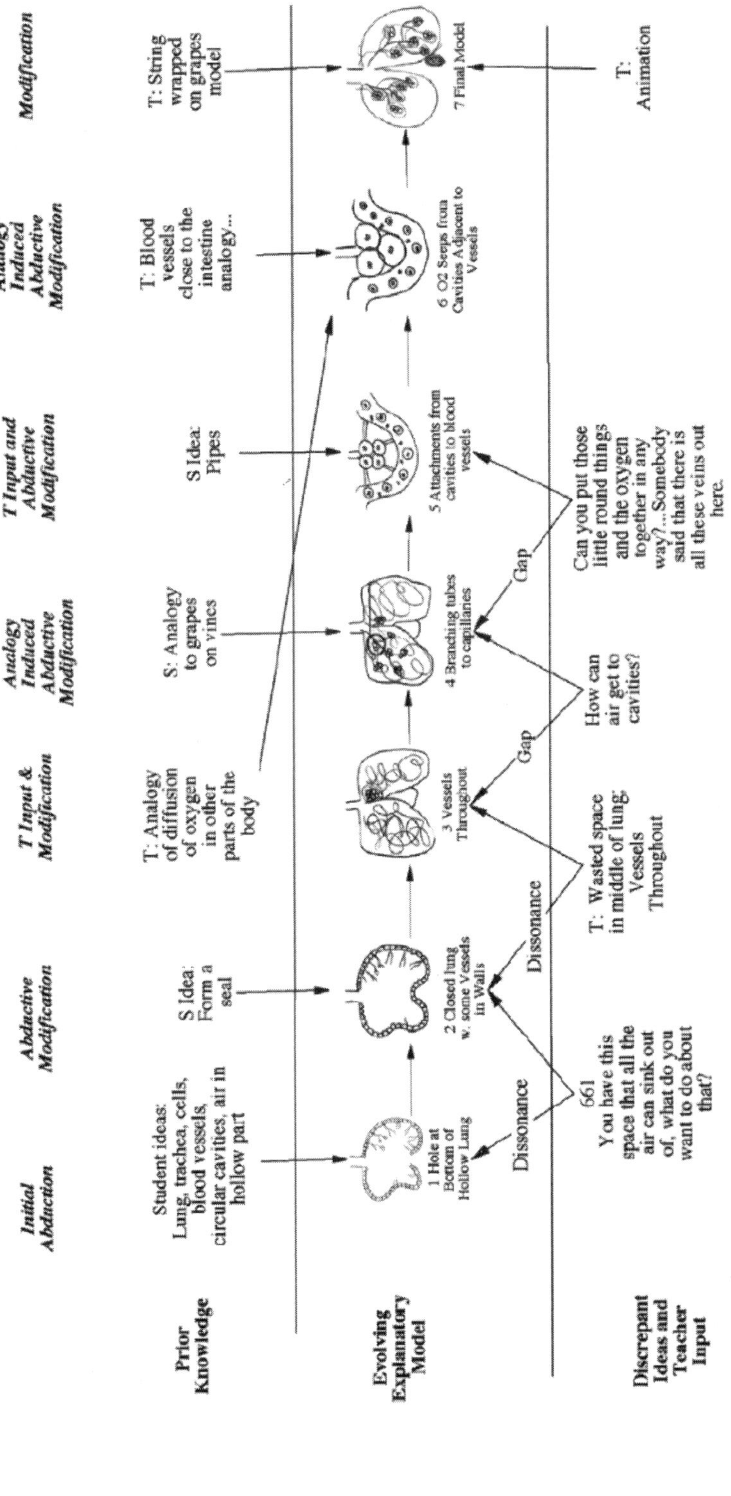

[그림 11-5] 과학적 모형 형성 과정에서 비유와 귀추의 사용 (자료원: Clement & Nunez, 2003)

참고문헌

교학사 (2004). 교학 한국어 사전. 서울: 교학사.

구민아, 김지영, 박종석, 김영민, 서혜애 (2011), 과학영재를 가르치기 위한 창의적 화학자 폴링의 연구과정 분석. 영재교육연구, 21(4), 945-956.

권용주, 정진수, 박윤복, 강민정 (2003). 선언적 과학 지식의 생성 과정에 대한 과학철학적 연구. 한국과학교육학회지, 23(3), 215-228.

김경자, 김아영, 조석희 (1997). 창의적 문제해결능력 신장을 위한 교육과정 개발의 기초: 창의적 문제 해결의 개념 모형 탐색. 교육과정연구, 15(2), 129-153.

김순옥, 김봉선, 서혜애, 김영민, 박종석 (2011), 문제발견 및 가설 설정 능력 신장 과학영재교육프로그램 개발: 멘델의 과학적 사고과정 적용. 영재교육연구, 21(4), 1033-1053.

김영민 (2006). Kepler 망막 상 이론 형성 과정에서의 과학적 문제 발견과 귀추적 사고. 한국과학교육학회지, 26(7), 835-842.

김영민 (2007a). How many Korean Middle-school Students Find the Same Scientific Problem as Kepler Found in Optics and Physiology?, 한국

과학교육학회지, 27(6), 488-496.

김영민 (2007b). 창의적 물리학자들의 귀추적 사고 유형 분석. 새물리, 54(4), 261-268.

김영민 (2010). 물리학 및 물리교육에서의 귀추적 사고와 창의성. 새물리, 60(7), 689-701.

김영민 (2012). 과학교육에서 비유와 은유 그리고 창의성. 서울: 북스힐.

김영식 (1986). 역사 속의 과학. 서울: 창작과 비평사.

김영식, 임경순 (2011). 과학사신론(제2판), 다산출판사.

김원숙 (2014). 빛의 간섭 현상에 대한 중학생들의 설명가설 발달 과정 분석. 부산대학교 대학원 박사학위 논문

김원숙, 김영민 (2016). 빛의 간섭 현상에 대한 영의 귀추적 사고와 물리교육적 함의. 새물리, 66(10), 1292~1299.

김학수 (1998a). 라부아지에의 열소론. 물리교육, 16(1), 44-49.

김학수 (1998b). 말로 물을 끓인 사람. 부산: 부산대학교 출판부.

김학수 (2003). 빛 이야기. 부산: 부산대학교 출판부.

박성익, 조석희, 김홍원, 이지현, 윤여홍, 진석언, 한기순 (2003). 영재교육학원론. 서울: 교육과학사.

박종원 (2001). 학생의 과학적 설명가설의 생성 과정 분석-대학생의 반응 분석을 중심으로-. 한국과학교육학회지, 21(3), 609-621.

박종원 (2003). 과학적 가설 검증을 위한 학생들의 실험 설계 내용 분석. 한국과학교육학회지, 23(2), 200-213.

박종원 (2004). 과학적 창의성 모델의 제안-인지적 측면을 중심으로-. 한국과학교육학회지, 24(2), 375-386.

박종원, 박종석 (2003). 과학적 창의성 평가를 위한 3차원 틀. 제43차 동계학술대회 자료집: 과학영재 평가체제의 구축. 한국과학교육학회, 56-69.

서혜애 (2003). 창의성 계발 과학교육과 과학적 창의성. 과학교육연구지, 26, 113-148.

양재섭, 구미정 (2005). 멘델유전학에서 생명공학시대까지 생명관의 변천. 한국과학사학회지, 27(1), 87-107.

오필석 (2008). 지구과학자와 대학생들의 가설 형성 과정 비교: 태풍의 이상 경로에 대한 사례를 중심으로. 한국과학교육학회지, 28(6), 649-663.

오필석, 김찬종 (2005). 지구과학의 한 탐구 방법으로서 귀추법에 대한 이론적 고찰. 한국과학교육학회지, 25(5), 610-623.

유지영 (1990). 프리스틀리와 라봐지에: 과학사상에서의 보수와 진보. 한국과학사학회지, 12(1), 158-165.

윤경미 (2004). 과학영재와 일반학생의 문제발견의 차이 및 문제발견에 영향을 미치는 제 변인 분석. 부산대학교 대학원 박사 학위 논문.

이충호 역 (2011). 세상을 바꾼 위대한 과학자. 파주: 도서출판 한승.

이필렬 (1997). 라부아지에의 산화이론. 과학사상, 20, 134-146.

임경순 (2001). 현대 물리학의 선구자. 서울: 다산출판사.

임경순 (2016). 한국물리학회 자료실: 물리학의 선구자-밀리컨의 유적 실험. (http://www.kps.or.kr/home/kor/morgue/physicist/)에서 발췌

전윤식, 김정섭, 윤경미 (2003). 창의성 교육의 새로운 접근: 문제 찾기. 교육학연구, 41(3), 215-238.

정범모 (2001). 창의성 계발을 위한 교육 전략 연구 세미나: 창의성은 기를 수 있는 것인가(pp1-11). 한국교육개발원.

정성오, 정진규, 김영민 (2015). 패러데이의 문제해결 과정을 적용한 중학생의 전기와 자기 수업 모형의 개발과 적용. 새물리 65(8), 786-796.

정진수 (2004). 과학적 가설의 생산력 향상을 위한 삼원귀추 모형의 적용. 한국과학교육학회지, 25(5), 595-605.

정진수, 원희정, 권용주 (2005). 과학적 가설의 생성력 향상을 위한 삼원귀추 모형의 적용. 한국과학교육학회지 25(5), 595-602.

조석희 (2002). 과학영재교육 국제학술대회 논문집. 사단법인: 한국영재학회.

조정미 (1997). 산소는 누가 발견하였는가. 성신여자대학교기초과학연구지,

15, 1-15.

최경희, 조연순, 조덕주 (1998). 창의적 문제해결력 신장을 위한 중학교 과학 교육과정 연구-현행 교육과정과 수업현장 분석을 중심으로. 한국과학교육학회지, 18(2), 149-160.

최상돈 역 (2001). 프린키피아의 천재(뉴턴의 일생). 서울: 사이언스북스.

최종덕, 정병훈 역 (1986). 과학철학의 역사, 한겨레. (원저: J. Losse, A Historical Introduction to the Philosophy of Science, 1979).

홍성욱 (1986). Michael Faraday에 있어서 자기력선 개념의 형성과정에 대한 고찰. 한국과학사학회지, 8(1). 48-70.

홍성욱, 이상욱 (2004). 뉴턴과 아인슈타인, 서울: 창비사.

Abraham, M. R., & Renner, J. W. (1986). The sequence of learning cycle activities in high school chemistry. Journal of Research in Science Teaching, 23(2), 121-143.

Adolf, J. W. (1982). Creative thinking through science. (ERIC Document Reproduction Service No. ED 232-785).

Amabile, T. M. (1983). The social psychology of creativity. New York: Springer-Verlag.

Amabile, T. M. (1996). Creativity in context. Boulder, CO: Westview Press.

Anderson, D. R. (1987). Creativity and the philosophy of C. S. Peirce. Boston: Martinus Nijhoff Publishers.

Anderson, H. (2009). Unexpected discoveries, graded structures, and the difference between acceptance and neglect. In J. Neheus & T. Nickles (eds.), Models of discovery and creativity, (pp.1-27). New York: Springer.

Austin, J. H. (1978). Chase, chance, and creativity. NY: Columbia University Press.

Baily, C. (2013). Early atomic models - From mechanical to quantum

(1904–1913). European Physical Journal H, 38, 1–38.

Bansal, M. (2003). "DNA structure: Revisiting the Watson–Crick double helix". Current Science. 85 (11): 1556–1563.

Barron, F. X. (1995). No rootless flower: An ecology of creativity. Cresskill, NJ: Hampton Press.

Barron, F. X. (1969). Creative person and creative process. New York: Holt, Rinehart & Winston.

Barron, F. X., & Harrington, D. M. (1981). Creativity, intelligence, and personality. Annual Review of Psychology, 32, 439-476.

Bentler, P. M., Jackson, D. N., Messick, S. (1971). Identification of content and style: A two–dimensional interpretation of acquiescence. Psychological Bulletin, Vol 76(3), 186–204.

Berlyne, D. E. (1966). Curiosity and exploration. Science, 153, 25–33.

Betts, G. (1985). Autonomous learner model: For the gifted and talented. Greeley, CO: Autonomous Learning Publications and Specialists.

Black, M. (1993). More about metaphor. In Ortony, A. (ed.), Metaphor and thought, 2nd ed., Cambridge University Press.

Bohr, N. (1936). Neutron capture and nuclear constitution, Nature, 137(3461), 344–348.

Bohr, N. (1937). Transmutations of atomic nuclei, Science, 86(2225), 161–164.

Bransford, J., & Stein, B. (1984). The ideal problem solver. New York: W. H. Freeman and Company

Brown, R. (1989). Creativity: What are we to measure. In: J. Glover, R. Ronning & C. Reynolds (eds.), Handbook of creativity (pp.3–32). New York: Plenum.

Bunge, M. (1967). Scientific research 1: The search for system. New York:

Springer-Verlag.

Bybee, R., & DeBoer, G. (1994). Goals for the science curriculum. In Handbook of Research in Science Teaching and Learning (pp. 357-387). Washington, DC: National Science Teachers Association.

Cajori, F. (1899). A history of physics in its elementary branches: including the evolution of physical laboratories. NY: The Macmillan Company.

Carnot, S. (1824). Reflections on the motive power of fire. In E. Mendosa (Ed.) (1988), Sadi Carnot: Reflections on the Motive Power of Fire. New York: Dover Publications, Inc.

Chalmers, A. F. (1982). What is this thing called Science? (2nd ed.). Philadelphia: Open University Press.

Chamberlin T. C. (1890). The method of multiple working hypotheses, Science (old series) 15, p92.

Chargaff, E. (1950). Chemical specificity of nucleic acids and mechanism of their enzymatic degradation. Experientia, 6, 201-240.

Clement, J. J. (2009). Creative model construction in scientists and students. New York: Springer.

Clement, J., and Núñez Oviedo, M. (2003). Abduction and analogy in scientific model construction. Paper presented at the National Association for Research in Science Teaching Conference, Philadelphia.

Cohen, I. B. (1985). The birth of a new physics. (Revised and updated). New York: W. W. Norton & Company, Inc.

Crease, R. P. (2004). The Prism and the Pendulum (pp.59-76). New York: Random House Trade.

Crombie, A. C. (1990). Science, optics and music in medieval and early modern thought. London: The Hambledon Press.

Cropley, A. (1997). Fostering creativity in the classroom: General principles. In: M Runco (ed.), The creativity research handbook, (pp.81–112). Cresskill, NJ: Hampton Press.

Cropley, A. (1999). Education. In: M. Runco and S. Pritzker (eds.), Encyclopedia of creativity (vol. 2, pp. 629–642). San Diego, CA: Academic Press.

Cropley, A., & Urban, K. (2000). Programs and strategies for nurturing creativity In: K. Heller, F. Monks, R. Sternberg, & R. Subotnik (eds.) International handbook for research on giftedness and talent (pp.485–498). Oxford: Pergamon.

Csikszentmihalyi, M. (1996). Creativity: Flow and the psychology of discovery and invention. New York: Harper Collins.

Csikszentmihalyi, M. & Getzels, J. W. (1971). Discovery–oriented behavior and the originality of creative products: A study with artists. Journal of Personality and Social Psychology, 19, 47–52.

Csikszentmihalyi, M. and Wolfe, R. (2000). New conceptions and research approaches to creativity: Implications of a systems perspective for creativity in education In: K. Heller, F. Monks, R. Sternberg, & R. Subotnik (eds.), International handbook for research on giftedness and talent (pp.81–93). Oxford: Pergamon.

Cushing, J. T. (1998). Philosophical Concepts in Physics: The Historical Relation between Philosophy and Scientific Theories. Cambridge, UK: Cambridge University Press.

Dacey, J., & Lennon, K. (1998). Understanding Creativity. San Francisco: Jossey–Bass Publisher.

Davis, G. A. (1989). Objectives and activities for teaching creative thinking. Gifted Child Quarterly, 33(2), 81–84.

Decay, J. (1989). Discriminating characteristics of the families of highly creative adolescents. Journal of Creative Behavior, 23(4), 263–271.

Dellas, M., & Gaier, E. (1970). Identification of creativity: The individual. Psychological Bulletin, 73, 55–73.

Dewey, J. (1910). How we think. Bosten, MA: Heath.

Dillon, J. T. (1982). Problem finding and solving. Journal of Creative Behavior, 16(2), 97–111.

Drake, S. (1957). Discoveries and opinions of Galileo. New York: Doubleday Anchor Books.

Dudek, S. Z. and Côté, R. (1994). Problem finding revisited. In Runco, M. A. (ed.), Problem finding, problem solving and creativity, (pp.130–150). Norwood, New Jersey: Ablex Publishing Corporation.

Duit, R. (1991). On the role of analogies and metaphors in science. Science Education, 75(6), 649–672.

Einstein, A., & Infeld, L. (1938). The evolution of physics. New York: Simon & Schuster.

Eisele, Ch., Nevsky, A. Yu., & Schiller, S. (2009). Laboratory test of the isotropy of light propagation at the 10−17 level. Physical Review Letters, 103, 090401.

Engelhardt, W. von, & Zimmermann, J. (1982). Theory of earth science (translated by L. Fischer). Cambridge, UK: Cambridge University Press.

Engell, J. (1981). The creative imagination. Cambridge, MA: Harvard University.

Eysenck, H. (1997). Creativity and personality. In: M Runco (ed.), The creativity research handbook, Vol 2 (pp.41–66). Cresskill, NJ: Hampton Press.

Faraday, M. (2005). Experimental researches in electricity, vol III. London:

Elibron Classics.

Faraday, M. (1832). Experimental researches in electricity. Philosophical transactions of the Royal Society of London, 122, 125–162.

Farisha, B. (1978). Mental imagery and creativity: review and speculation. Journal of Mental Imagery, 2, 209–238.

Feldhusen, J. F., & Treffinger, D. J. (1985). Creative thinking and problem solving in gifted education (3rd ed.). IA: Kendall/Hunt Publishing Company.

Feldhusen, J. (1993). A conception of creative thinking and creativity training. In: S. Isaksen, M. Murdock, R. Firestien & D. Treffinger (eds.), Nurturing and developing creativity: The emergence of a discipline (pp.31–50). Norwood, NJ: Alblex Press.

Feldhusen, J. (1995). Creativity: A knowledge base, metacognitive skills, and personality factors. Journal of Creative Behavior, 29, 255–268.

Ferguson, K. (2002). Tycho & Kepler. New York: Walker & Company.

Fischer, H. R. (2001). Abductive reasoning as a way of worldmaking. Foundations of Science, 6, 361–383.

Franklin, A. (1997). Millikan's oil-drop experiments. The Chemical Educator, 2 (1), 1-14.

Franklin, J. (2001). The Science of conjecture. Baltimore, Maryland: The Johns Hopkins University Press.

Friedman, G., & Friedman, M. (1998). Medicine's 10 greatest discoveries. New Haven, CT: Yale University Press.

Galilei, G. (1954). Dialogues concerning two new sciences. (Trans. by H. Crew and A. de Salvio). New York: Dover Publications, INC.

Gardner, H. (1993). Creating mind. New York: Basic Books.

Getzels, J. W. (1975). Problem finding and the inventiveness of solution,

Journal of Creative Behavior, 9, 12–18.

Getzels, J. W. (1979). Problem finding: A theoretical note. Cognitive Science, 3, 167–172.

Getzels, J. W. (1982). The Problem of the Problem. In R. M. Hogarth (Ed.), Question forming and response consistency, (pp.37–44). San Francisco, CA: Jossey–Bass.

Getzels, J. W. (1987). Creativity, intelligence, and problem finding: Retrospect and prospect. In S. G. Isaksen (Ed.), Frontiers of creativity research: Beyond the basics (pp.88–102). Buffalo, NY: Bearly Limited.

Getzels, J. W., & Csikszentmihalyi, M. (1976). The Creative vision: A longitudinal study of problem finding in art. New York: John Wiley.

Getzels, J. W. & Smilansky, J. (1983). Individual differences in pupil perceptions of school problems. British Journal of Educational Psychology, 53, 307–316.

Ghiselin, B. (1952). The creative process. Berkeley: University of Carolina Press.

Gillispie, C. C. (1960). The Edge of objectivity: An essay in the history of scientific ideas. NJ: Princeton University Press. (이필렬 역(1983). 과학의 역사. pp.93–119).

Gogh, V. van (1958). The complete letters of Vincent van Gogh (Vol. 3). Greenwich, CT: New York Graphic Society. [Wakefield, J. F. (1994). Problem finding and empathy in art. In: Runco, M. A. (1994). Problem finding, Problem solving and Creativity. Norwood, New Jersey: Ablex Publishing Corporation.]에서 재인용.

Good, R., & Lavoie, D. (1986). The importance of prediction in a science learning cycle. Florida Association of Science Teachers' Journal, 1, 24–35.

Gordon, W. J. J. (1974). Making it strange. Books 1-4. New York: Harper & Row.

Gough, H. G. (1979). A creative personality scale for the Adjective Check List. Journal of Personality and Social Psychology, 37, 1398-1405.

Gruber, H., & Davis, S. (1988). Inching our way up mount Olympus: The evolving-systems approach to creative thinking. In: R. Sternberg (ed.), The nature of creativity: Contemporary psychological perspectives (pp. 243-270). New York: Cambridge University Press.

Grudin, R. (1990). The grace of great things: Creativity and innovation. New York: Ticknor and Fields Press.

Guilford, J. P. (1950). Creativity, American Psychologist, 5, 444-454.

Guilford, J. P. (1959). Traits of creativity. In Creativity and its cultivation. H. H. Anderson (ed.), pp.142-161. New York: Harper.

Guilford, J. P. (1967). The Nature of Human Intelligence. New York: McGraw-Hill.

Guilford, J. P. (1968). Creativity, intelligence, and their educational implications. San Diego: EDITS/Knapp.

Hager, T. (1998). Linus Pauling and the Chemistry of life. New York: Oxford University Press.

Halliday, D., Resnick, R., & Walker, J. (2006). Fundamentals of physics (7th ed.). NJ: John Wiley & Sons, Inc.

Hanson, N. R. (1958). Patterns of discovery. Cambridge: Cambridge University Press. (송진웅, 조숙경 역 (1995). 과학적 발견의 패턴. 서울: 민음사)

Hanson, N. R. (1971). Observation and Explanation: A guide to philosophy of science. (Harper Essays in Philosophy). New York: Harper & Row.

Hardie, D. C., T. R. Gregory, and P. D. Hebert (2002). From pixels to picograms: A beginners' guide to genome quantification by Feulgen image analysis densitometry. J Histochem Cytochem, 50, 735—749.

Harre, R. (1972). The Philosophies of science. New York: Oxford University Press.

Harrington, D. (1990). The ecology of human creativity: A psychological perspective. In: M. Runco and R. Albert (eds.), Theories of creativity (pp. 143–169). Newbury Park, CA: Sage Publications Inc.

Hartl, D., & Orel, V. (1992). What did Gregor Mendel think he discovered? Genetics, 131, 245–253.

Heller, K. (2002). Identifying and nurturing the gifted in math, science and technology. In Proceedings of International Conference on Education for the Gifted in Science (pp.51–90). Korean Society for the Gifted: Seoul.

Helson, R. (1996). In search of the creative personality. Creativity Research Journal, 9, 295–306.

Henle, M. (1971). The snail beneath the shell. Abraxas, 1, 119–133.

Henle, M. (1974). The creative approach: The snail beneath the shell. In S. Rosner and L. Aber (eds.), Essay in creativity (pp.23–44). New York: North River Press.

Hennessey, B. A. & Amabile, T. M. (1988). The conditions of creativity. In R. J. Sternberg (Ed.), The nature of creativity. New York: Cambridge University Press.

Herrmann, S., Senger, A., M hle, K., Nagel, M., Kovalchuk, E. V., & Peters, A. (2009). Rotating optical cavity experiment testing Lorentz invariance at the 10–17 level. Physical Review D 80, 105011.

Hesse, M.B., (1966). Models and Analogies in Science, Notre Dame: University of Notre Dame Press.

Hoover, S. M. (1990). Problem finding/solving in science: Moving toward theory. Creativity Research Journal, 3, 330–332.

Innamorato, G. (1998). Creativity in the development of scientific giftedness: Educational implications. Roeper Review, 21(1), 54–58.

Isaksen, S. G. & Treffinger, D. J. (1985). Creative problem solving: The basic course. Buffalo, NY: Bearly Limited.

Isaksen, S. G. & Treffinger, D. J. (1991). Creative learning and problem solving. In A. L. Costa (Ed.), Developing minds: Programs for teaching thinking (Volume 2, pp.89–93). Alexandria, VA: Association for Supervision and Curriculum Development.

Jay, E. S. (1996). The nature of problem finding in students' scientific inquiry. Unpublished Doctoral Dissertation. Harvard University Graduate School of Education.

Jay, E. S., & Perkins. D. N. (1997). Problem finding: The search for mechanism. In M. A. Runco (Ed.), The Creativity research handbook (Volume Ⅰ), (pp.257–293). NJ: Hampton Press.

Karplus, R. & Thier, H. D. (1967). A new look at elementary school science. Chicago, Illinois: Rand McNally & Company.

Karplus, R., Renner, J., Fuller, R., Collea, F., & Paldy, L. (1975). Workshop on Physics Teaching and the Development of Reasoning. Stony Brook: American Association of Physics Teachers.

Kepler, J. (W. H. Donahue, translation) (2000). Optics: Paralipomena to Witelo and the optical part of astronomy. Santa Fe, NM: Green Lion Press.

Kevles, B. H. (1998). Naked to the bone: Medical imaging in the twentieth century. Camden, NJ: Rutgers University Press.

Kim, C–J (2003). Preparing teachers for systems science methodology. In V. J. Mayer (ed.), Implementing global science literacy (pp.

255–266). Columbus, OH: The Ohio State University.

Klug, A. (1968). Rosalind Franklin and the discovery of the structure of DNA. Nature, 219, 808–810.

Koestler, A. (1964). The act of creation. London: Hutchinson & Co.

Kragh, H. (2010). Before Bohr: Theories of atomic structure 1850–1913. Reposs #10, Centre for Science Studies, University of Aarhus, Denmark.

Lai, L. M. (1991). Selective attention in problem finding. Sandvika: Handelshoskolen BI.

Lakoff, G. & Johnson, M. (1980). The Metaphorical Structure of the Human Conceptual System. Cognitive Science 4, 195–208.

Lawson, A. E. (1995). Science teaching and the development of thinking, Belmont, CA: Wadsworth Publishing Company.

Lawson, A. E. (2000). How do humans acquire knowledge? And what does that imply about the nature of knowledge? Science & Education, 9, 577–598.

Lawson, A. E. (2002). What does Galileo's discovery of Jupiter's moons tell us about the process of scientific discovery?, Science & Education, 11, 1–24.

Lawson, A. E., Abraham, M. R., & Renner, J. W. (1989). A theory of instruction: Using the learning cycle to teach science concepts and thinking skills [Monograph, Number One]. Kansas State University, Manhattan, Ks: National Association for Research in Science Teaching.

Leverington, D. (1995). A history of astronomy: From 1890 to the present. Oxford, UK: Springer.

Lindberg, D. C. (1976). Theories of vision from al–Kindi to Kepler. Chicago:

University of Chicago Press.

Lipps, J. H. (1999). Beyond reason: Science in the mass media. In Schope, J. W. (Ed.), Evolutional facts and fallacies. San Diego: Academic Press.

Longbottom, J. E., & Butler, P. H. (1999). Why teach science? Setting rational goals for science education. Science Education, 83(4), 473-492.

Lubart, T. I. (1994). Creativity. In R. J. Sternberg (Ed.)., Thinking and Problem Solving (pp.290-333). California: Academic Press.

Mackinnon, D. W. (1962). The nature and nurture of creative talent. American Psychologist, Vol 17(7), 484-495.

MacKinnon, D. W. (1967). Educating for creativity: a modern myth? Education for Creativity, 1-20.

Magnani (2002). Epistemic mediators and model-based discovery in science. In: Magnani, L., Nersessian, N.J. (eds.) Model-based reasoning: Science, technology, values, (pp.305-329). New York: Kluwer Academic/ Plenum Publishers.

Magnani, L. (2001). Abduction, reason, and science: Processes of discovery and explanation. New York: Kluwer Academic/Plenum Publishers.

Magnani, L. (2004). Model-based and manipulative abduction in science. Foundations of Science, 9(3), 219-247.

Magnani, L., & Nersessian, N. J. (eds.) (2002). Model-based reasoning: Science, technology, and values. New York: Kluwer Academic/Plenum Publishers.

Magnani, L., Civita, S., Previde Massara, G. (1994). Visual cognition and cognitive modeling. In: Cantoni, V. (ed.) Human and Machine Vision: Analogies and Divergences, (pp.229-243). New York: Plenum Publishers.

Mansfield, R. S. and Busse, T. B. (1981). The psychology of creativity and discovery. Chicago: Nelson-Hall.

Margulies, A. (1989). The empathic imagination. New York: Norton.

Mason, S. F. (1962). A history of the sciences. New York: Collier Books (박성래 역(1997). 과학의 역사Ⅰ. pp.219-225)

Maxwell, J. C. (1873). A Treatise on Electromagnetism. Oxford: Clarendon Press,

Meador, K. (2003). Thinking creatively about science: Suggestions for primary teachers. Gifted Child Today, 26(1), 25-29.

Mendel, G. (1865). Experiments in plant hybridization. http://www.mendelweb.org. (2016. 4. 14)

Mendel, G. (1950). Gregor Mendel''s letters to Carl N. 1866-1873. Genetics, 35, 1-29.

Michalko, M. (1998). Thinking like a genius: Eight strategies used by the supercreative from Aristotle and Leonardo to Einstein and Edison. Futurist, 32(4), 21-25.

Michelson, A. A., Morley, E. W. (1887). On the relative motion of the Earth and the luminiferous ether. American Journal of Science, 34, 333-345.

Miliora, M. T. (1987). The creative attitude. In D. G. Tuerch (Ed.), Creativity mind and liberal learning (pp.131-146). Norwood, NJ: Ablex.

Miller, A. I. (1996). Insights of genius: Imagery and creativity in science and art. New York: Springer-Verlag.

Millar, R. (1989). Bending the evidence: The relationship between theory and experiment in science education. In: Millar, R. (Ed.), Doing science: Images of science in science education (pp.38-61). Lewes:

Falmer Press.

Millar, R. & Driver, R. (1987). Beyond processes. Studies in Science Education, 14(30), 33-62.

Moore, H. (1955). Notes on sculpture. In B. Ghisellin (Ed.), The creative process. New York: Mentor.

Mumford, M. D., Mobley, M., Uhlman, C. E., Reiter-Palmon, R., & Doares, L. (1991). Process analytic models of creative thought. Creativity Research Journal, 4, 91-122.

Mumford, M. D., Reiter-Palmon, R., & Redmond, M. R. (1994). Problem construction and cognition: Applying problem representations in ill-defined domains. In M. A. Runco (Ed.), Problem finding, problem solving, and creativity, (pp.3-39). Norwood, NJ: Ablex Publishing Corporation.

Nagel, E. (1961). The structure of science. London: Routledge & Kegan Paul.

Nersessian, N. J. (1984). Faraday to Einstein: Construction of meaning in scientific theories. Dortrecht, the Netherlands: Martinas Nijiff.

Nersessian, N. J. (2003). Kuhn, conceptual change and cognitive science. (pp.178-211). In T. Nickles (ed.), Thomas Kuhn. London: Cambridge University Press.

Newell, A., Shaw, J. C., & Simon, H. A. (1962). The processes of creative thinking. In H. E. Gruber & M. Wertheimer (Eds.), Contemporary approaches to creative thinking. New York: Atherton Press.

Newton, I. (1952). Opticks: a treatise of the reflections, refractions, inflections and colours of light. (Based on the 4th edition London, 1730). New York: Dover Publications.

Nickles, T (1980). Scientific discovery and the future of philosophy of science. In T. Nickles, (Ed.), Scientific discovery, logic and rationality. D. Reidel Publishing Company.

NRC (2012). A framework for K-12 science education: Practices, crosscutting concepts, and core ideas. National Academy of Science.

NRC (National Research Council, 1996). National science education standards. National Academy Press.

Olby, R. (1994). The path to the double helix: The discovery of DNA. New York: Dover.

Orel, V. (1996). Gregor Mendel: The first geneticist. London: Oxford University Press.

Osborn, A. F. (1963). Applied imagination. New York: Scribner's

Parnes, S. (1967). Creative behavior guidebook. New York: Scribner.

Pauling, L., & Corey, R. B. (1953). A proposed structure for the nucleic acids. PNAS, 39(2), 84-97.

Peirce Edition Project (2017): http://www.iupui.edu/~peirce/peirce.html

Peirce, C. S. (1955). Abduction and induction. In Buchler, J. (ed.), Philosophical writings of Perice, (pp.150-156). New York: Dover Publications, INC.

Peirce, C. S. Collected Papers of Charles Sanders Peirce [ab. CP], 8 vols.: C. Hartshorne and P. Weiss (1931-1958) (Eds.), vols. 1-6; A. W. Burks (1931-1958) (Ed.), vols. 7-8, Cambridge, MA: Harvard University Press.

Perkins, D. N. (1981). The Mind's Best Work. Cambridge, MA: Harvard University Press.

Poirier, J. P. (1996). Lavoisier, chemist, biologist, economist, trans. by Balinski, R., Philadelphia: University of Pennsylvania Press.

Polanyi, M. (1958, 1962). Personal knowledge: Towards a post-critical philosophy. Chicago: University of Chicago Press.

Polanyi, M. (1966). The Tacit dimension. New York: Doubleday.

Polya, G. (1954). Mathematics and plausible reasoning: Vol. 1. Induction and analogy in mathematics, Princeton, NJ : Princeton University Press.

Polya, G. (1954). Patterns of plausible inference. Princeton, New Jersey: Princeton University Press.

Polya, G. (1962). Mathematical discovery: On understanding, learning, and teaching problem solving (Volume I). New York: John Wiley & Sons.

Reiter-Palmon, R., Mumford, M. D., Boes, J. O., & Runco, M. A. (1997). Problem construction and creativity: The role of ability, cue consistency, and active processing. Creativity Research Journal, 10(1), 9-23.

Renner, J. W., Abraham, M. R., & Birnie, H. H. (1985). Secondary school students' beliefs about the physics laboratory. Science Education, 69(5), 649-663.

Resch, B. and Sevin, F. (2008). BSCS Science: An Inquiry Approach, Kendall Hunt Publishing Company.

Resnick, L. (1987). Education and learning to think. Washington DC: National Academy Press. Richards, R. (1999). Four Ps of creativity. In: M. Runco and S. Pritzker (eds.), Encyclopedia of creativity (vol. 2, pp.699-708). San Diego, CA: Academic Press.

Rothenberg A. (1979). Translogical secondary process cognition in creativity. J. Altered States of Consciousness, 4, 171-187.

Runco, M, & Nemiro, J. (1994). Problem finding: Creativity and giftedness. Roeper Review, 16(4), 235-240.

Runco, M. A. (1994). Problem finding, problem solving, and creativity. Norwood, NJ: Ablex Publishing Corporation.

Runco, M. A. (2004). Creativity. Annual Review of Psychology, 55, 657–687.

Runco, M. A., & Okuda, S. M. (1988). Problem discovery, divergent thinking and the creative process. Journal of Youth and Adolescence, 17, 211–220.

Rutherford, E. (1906). Radioactive transformations. London: Constable & Co.

Rutherford, E. (1911). The scattering of α–and $\delta\!\!\!\Omega$–articles and the structure of the atom. Philosophical Magazine, 21, 669–688.

Scheider, W. (1986). Great experiments in physics that students can do: Do the "Double Slit" Experiment the Way it Was Originally Done. The Physics Teacher, 24, 217–219.

Shank, G. and Cunningham, D. J. (2010). Modeling the six modes of Peircean abduction for educational purposes. (http://www.cs.indiana.edu/event/maics96/proceedings/shank.html).

Shank, G. (1987). Abductive strategies in educational research. American Journal of Semiotics, 5, 275–290.

Simon, H. A. (1978). Information–processing theory of human problem solving. In W. K. Estes (Ed.), Handbook of learning and cognitive processes. Hillsdale, NJ: Erlbaum.

Simonton, D. K. (1988). Creativity, leadership, and chance. In R. J. Sternberg (Ed.), The nature of creativity (pp.386–426). New York: Cambridge University Press.

Simonton, D. K. (2004). Creativity in science: Chance, logic, and zeitgeist. New York: Cambridge University Press.

Snyder, L. (1997). Discoverers' induction. Philosophy of Science 64, pp.580–604.

Soth, L. (1986). Van Gogh's agony. Art Bulletin, 68, 301–313. [Wakefield, J. F. (1994), Problem finding and empathy in art. In: Runco, M. A. (ed.). Problem finding, Problem solving and Creativity. Norwood, New Jersey: Ablex Publishing Corporation.]에서 재인용.

Standler, R. B. (1998). Creativity in science and engineering. (www.rbs0.com/create.htm, revised 25 Dec 2002).

Starko, A. J. (1995). Creativity in the classroom. New York: Longman Press.

Starko, A. J. (2000). Finding the problem finders: Problem finders and the identification and development of talent. In R. C. Friedman, & B. M. Shore (eds.). Talents unfolding: cognition and development. American Psychological Association.

Stent, G. S. (1980). The double helix: A personal account of the discovery of the structure of DNA. New York: Norton.

Stern, C., & Sherwood, E. (1966). The origin of genetics: A Mendel source book. San Francisco: W. H. Freeman.

Sternberg, R. J. (1988). The nature of creativity. New York: Cambridge University Press.

Sternberg, R. J. (1994). Cognitive conceptions of expertise. International Journal of Expert System: Research and Application, 7, 1–12.

Sternberg, R. J. (Ed.). (1999). Handbook of creativity. New York: Cambridge University Press.

Sternberg, R. J., & Lubart, T. I. (1991). An investment theory of creativity and its development. Human Development, 34, 1–31.

Sternberg, R. J. & Lubart, T. I. (1999). The concept of creativity: Prospects and paradigms. In R. J. Sternberg (Ed.)., Handbook of Creativity (pp.3–15). Cambridge: Cambridge University Press.

Szpiro, G. G. (2003). Kepler's conjecture. New York: John Wiley & Sons.

Thackray, A. W. (1966). The origin of Dalton's chemical atomic theory: Daltonian doubts resolved. Isis (The University of Chicago Press on behalf of The History of Science Society) 57, 35-55. doi:10.1086/350077. ISSN 0021-1753.

Thagard, P. (1988). Dimensions of analogy. In D. Hellman (Ed.), Analogical Reasoning (pp.105–124). Dordrecht: Reidel.

Thomson, J. J. (1897). Cathode rays. Philosophical Magazine, 44, 293–316.

Thomson, J. J. (1904). On the structure of the atom: An investigation of the stability and periods of oscillation of a number of corpuscles arranged at equal intervals around the circumference of a circle. Philosophical Magazine, 7, 237–265.

Torrance, E. P. (1964). Role of evaluation in creative thinking. Minneapolis, MN: University of Minnesota, Bureau of Educational Research.

Torrance, E. P. (1988). The nature of creativity as manifest in its testing. In R. J. Sternberg (Ed.), The nature of creativity (pp.43–75). Cambridge, MA: Cambridge University Press.

Treffinger, D. J., Isaksen, S. G., & Fierstien, R. L. (1983). Theoretical perspectives on creative learning and its facilitation. Journal of Creative Behavior, 17, 9–17.

Treffinger, D. J., Sortore, M. R., & Cross, J. A. (1993). Programs and strategies for nurturing creativity. In K. A. Heller, F. J. Monk & A. H. Passow (eds.), International handbook for research and giftedness and talent (pp.555–567). Oxford: Pergamon.

Trost, G. & Sieglen, J. (1992). Biographical early indicators of vocational success. In E.A. Hany & H. Nickel (Eds.), Giftedness (pp.95–104). Bern: Huber.

Urban, K. K. (1995). Creativity–A component approach model. A paper presented at the 11th World Conference on the Education for the Gifted and Talented. Hong Kong: July 31~August 4, 1995.

Urban, K. K. (1997). Modeling creativity: The convergence of divergence or the art of balancing. In J. Chan, R. Li & J. Spinks (eds.), Maximizing potential: Lengthening and strengthening our stride (pp.39-50). Hong Kong: The University of Hong Kong, Social Science Research Center.

Wade, N. J. (1998). A natural history of Vision. Cambridge: The MIT Press.

Wakefield, J. F. (1994). Problem finding and empathy in art. In: Runco, M. A. (1994). Problem finding, Problem solving and creativity. Norwood, New Jersey: Ablex Publishing Corporation.

Walberg, H., & Stariha, W. (1992). Productive human capital: Learning creativity, and eminence. Creative Research Journal, 5, 323-340.

Wallace, G (1926) The Art of Thought. New York: Harcourt Brace.

Watson, J., & Crick, F. (1953). A structure for deoxyribose nucleic acid. Nature, 3(171), 737-738.

Wegener, A. (1966) [1929], The Origin of Continents and Oceans, New York: Courier Dover Publications, ISBN 0-486-61708-4.

Weisberg, R. W. (1993). Creativity: Beyond the myth of genius (2nd Ed.). New York: W. H. Freeman & Company.

Weisberg, R. W. (2006). Creativity. John Wiley & Sons. [김미선 역 (2010). 창의성: 문제해결, 과학, 발명, 예술에서의 혁신. 시그마프레스]

Welty, E. (1984). One writer's beginnings. Cambridge,MA: Harvard University Press.

Wertheimer, M. (1945). Productive thinking. New York, NY: Harper.: http://earthobservatory.nasa.gov/Features/SolarMax/)(2017.2. 20)

Westfall, R. (1993). The life of Isaac Newton : Cambridge University Press

[최상돈 역 (2004). 프린키피아의 천재(뉴턴의 일생). 서울: 사이언스북스]

Wightman, W. P. D. (1953). The growth of scientific ideas. New York: Yale University Press.

Young, T. (1800a). Outlines of experiments and inquiries: Respecting sound and light. In G. Peacock (1855), Miscellaneous Works of the late Thomas Young. (pp.64–98). London: John Murray.

Young, T. (1800b). An essay on music. In G. Peacock (1855), Miscellaneous works of the late Thomas Young and one of the eight foreign associates of the National Institute of France. Vol. I., (pp.115–130). London: John Murray.

Young, T. (1801). On the theory of light and colours. The Philosophical Transaction, 1801. In T. Young (1807), A Course of Lectures on Natural Philosophy and the Mechanical Arts. Vol. II., (pp.613–632). London: Printed for Joseph Johnson.

Young, T. (1802a). Harmonic sliders. The Journals of the Royal Institution of Great Britain, 1802. In G. Peacock (1855), Miscellaneous works of the late Thomas Young and one of the eight foreign associates of the National Institute of France. Vol. I., (pp.216–219). London: John Murray.

Young, T. (1802b). An account of some cases of the production of colours not hitherto described. The Philosophical Transaction, 1802. In T. Young (1807), A Course of Lectures on Natural Philosophy and the Mechanical Arts. Vol. II, (pp.633–670). London: Printed for Joseph Johnson.

Young, T. (1803). Experiments and calculations relative to physical optics. The Philosophical Transaction, 1803. In Young, T. (1807). A Course of Lectures on Natural Philosophy and the Mechanical Arts, Vol. II, (pp.639–648). London: Printed for Joseph Johnson.

Young, T. (1804). Dr. Young's reply to the animadversions of the Edinburgh Reviewers, on some papers published in the Philosophical Transactions. In G. Peacock. (1855), Miscellaneous works of the late Thomas Young and one of the eight foreign associates of the National Institute of France. Vol. I, (pp.192–215). London: John Murray.

Young, T. (1807). A course of lectures on natural philosophy and the mechanical arts. In: R. P. Kelland, F. R. S. Lond & Edins (1945), A New Edition with References and Notes, Vol. 1, London: Printed for Taylor and Walton.

찾아보기

ㅈ

ㅊ

ㅋ

ㅌ

ㅍ

ㅎ

A

B

C

D

E

F

G

H

W

X

Y

Z

과학과 과학교육에서 문제 발견과 귀추

2017년 3월 5일 1판 1쇄 인쇄
2017년 3월 10일 1판 1쇄 발행

저 자 ◎ **김영민 · 서혜애 · 박종석**
발행자 ◎ **조승식**
발행처 ◎ (주) 도서출판 **북스힐**
서울시 강북구 한천로153길 17
등 록 ◎ 제 22-457 호

TEL (02) 994-0071(代)
FAX (02) 994-0073
E-MAIL bookswin@unitel.co.kr
www.bookshill.com

값 14,000원

잘못된 책은 교환해 드립니다.

ISBN 979-11-5971-074-2